【典藏】
厦 门 文 史 丛 书

中国人民政治协商会议
福建省厦门市委员会 编

洪卜仁 主编

厦门抗战岁月

厦门大学出版社

《厦门文史丛书》编委会

- ■顾　问　张　健　钟兴国　卢士钢　江曙霞　潘世建　魏　刚
　　　　　　陈昌生　黄世忠　高玉顺　黄培强　黄学惠
- ■主　任　魏　刚
- ■副主任　张仁苇
- ■主　编　洪卜仁
- ■编　委　徐文东　傅兴星　王秀玉

《厦门抗战岁月》编委会

- ■主　编　洪卜仁
- ■副主编　叶胜伟
- ■作　者　洪卜仁　叶胜伟　宋俏梅　李向群　何无痕　黄　挺
- ■编　辑　（按姓氏拼音字母为序）
　　　　　　郭　航　李向群　吴辉煌　谢　挺　张元基
- ■编　务　蔡恬恬　吴慧萍　许雅真

【前言】

　　远自1874年日本派出"孟春"号勘测船来厦探测港区水文地理，日本对厦门就有非分之想。1895年日本占据台湾后，由于台湾与厦门一水之隔，更使日本有得陇望蜀的企图。1897—1898年，日本妄图在厦门强占租界。1900年，日本在厦制造"东本愿寺事件"，欲以此作为出兵借口。民国初年，日本加快侵占厦门的步伐，时常派遣军舰进出厦门，进行武装恫吓。1936年8月，居然组织由1600名将校、2800名士兵、76艘军舰组成的舰队，悍然在厦门海域举行会操，其狼子野心昭然若揭。

　　我们从日方报刊的材料上，也可以了解到日本侵占厦门蓄谋已久。厦门让日本垂涎三尺的原因有三：其一，厦门拥有不冻不淤的优良港口；其二，临近台湾，可作为侵略华南的跳板；其三，是著名的华侨进出祖国的口岸，大笔侨汇通过厦门分发福建各地。抗战爆发后，日本图占厦门的行动紧锣密鼓。1937年9月3日，日本首次派飞机对厦门进行轰炸，日舰三艘进入港区炮击厦门各炮台。10月26日，日军攻占金门，把金门作为进攻厦门的跳板。日军在金门修建机场，整理料罗湾港口，为侵占厦门做准备。之后，日机就经常进入厦门，对平民和军事设施进行扫射和轰炸。日舰多次进入五通，炮击香山等炮台。

　　1938年5月10日凌晨1时，以"加贺"号航母为首的日本舰队从金门出发，3时15分在强大的炮火掩护下，近五千名陆战队队员强行登陆。国军七十五师厦门守备队、壮丁队、武装警察经过三天的浴血奋战，由于兵力悬殊、装备落后，厦门沦落敌手。此后，厦门人民经历了惊心忍命、悲惨痛苦的7年又5个月，厦门进入历史上最残暴黑暗的年代。

在全面抗战的8年期间，为抗击日本的侵略，反抗日军的暴行，不论是厦门的同胞还是身在海外的厦门籍侨胞，抑或分散在全国各地的厦门人，无不万众一心，投身抗战洪流，充分体现了厦门人民爱国爱乡的高贵品德。尤其值得指出的是，在厦门的台湾同胞，自从清末台湾沦陷后，他们为反抗日本残暴的殖民统治，不甘沦为日本二等臣民，背井离乡来到厦门，在厦门人民的支持下，开展摆脱日本殖民统治、重回祖国怀抱的反抗活动。

在全国人民的奋斗下，经过八年的艰苦抗战，日本最终宣告投降，中华民族终于迎来了抗战的伟大胜利和世界反法西斯战争的胜利，厦门重光新生。

历史不能忘记，今天我们回顾这段悲壮岁月，要更加珍惜和平的可贵。当前，以安倍晋三为首的日本右翼势力，企图修改《和平宪法》，否认侵略历史，加强军备，对外扩张的野心不死，值得世人警惕。我们出版此书，就是要揭露日本帝国主义的侵略本质，铭记那段苦难岁月，缅怀英勇不屈的抗敌志士，弘扬伟大的抗战精神。

2015年7月30日，中共中央政治局就中国人民抗日战争的回顾和思考进行第二十五次集体学习。中共中央总书记习近平在主持学习时强调，深入开展中国人民抗日战争研究，必须坚持正确历史观，加强史料收集和整理，让历史说话，用史实发言。要坚持用唯物史观来认识和记述历史，把历史结论建立在翔实准确的史料支撑和深入细致的研究分析的基础之上。要以事实批驳歪曲历史、否认和美化侵略战争的错误言论。抗战研究要深入，就要更多地通过档案、资料、事实、当事人证词等各种物证、人证来说话。要加强资料收集和整理这一基础性工作，做好战争亲历者头脑中活资料的收集工作，抓紧组织开展实地考察和寻访，尽量掌握第一手材料。

习近平总书记提醒全国文史工作者，同中国人民抗日战争的历史地位和历史意义相比，同这场战争对中华民族和世界的影响相比，我们的抗战研究还远远不够，要继续进行深入系统的研究。遵照习总书记的讲话精神，按照"总体研究要深、专题研究要细"的原则，确定研究重点和主攻方向，本书在编撰过程中，依靠厦门党史办、档案馆、政协文史委、方志办、图书馆等单位和新闻媒体以及民间文史研究的力量，细化厦门抗战史的专题研究，从海峡两岸和东南亚及日本搜集材料，通过档案、资料、事实、当事人证词等各种物证、人证来阐述历史，印证事实，具有比较翔实准确的史料支撑和深入细致的研究分析。我们希望，此书能够为后人留下一些珍贵的史实，启迪来者。正所谓"前事不忘，后事之师"。

编者
2015年9月

| 厦 | 门 | 抗 | 战 | 岁 | 月 |

目　录

第一章　日本图占厦门蓄谋已久　/　1

　　第一节　日本强占租界未遂　/　1
　　第二节　制造借口出兵欲占厦门　/　3
　　第三节　日舰炮轰厦门海关缉私舰　/　6
　　第四节　荒诞的"华南国"　/　7
　　第五节　日本舰队武装恫吓　/　8
　　第六节　日本觊觎厦门目的何在　/　11
　　附　录　最近日本对闽之侵略阴谋　/　13

第二章　全面抗战　万众一心　/　19

　　第一节　共产党主导厦门抗战宣传动员　/　19
　　第二节　群众抗战救亡组织如雨后春笋　/　24
　　第三节　厦门人民救亡图存的激昂之声　/　26
　　第四节　厦门军政当局备战紧锣密鼓　/　30

第三章　军民浴血奋战　保卫厦门　/　35

　　第一节　日军密谋进犯厦门　/　35
　　第二节　厦门驻军顽强抵御　/　40

附录一　陆军第七十五师厦门守备队战斗详报 / 52
附录二　闽厦防御战 / 56
附录三　厦门保卫战牺牲将士英雄题名录 / 57
第三节　警民齐赴前线杀敌 / 73
附录一　赞死守厦门的勇士 / 75
附录二　漳属各县旅厦同乡会鼓浪屿分会代表许珊夫密陈
　　　　厦门失陷真相，电请俯准迅派大员督师收复 / 77
第四节　日军登陆后大肆屠杀 / 78

第四章　抗战时期的鼓浪屿 / 82

第一节　救亡运动　如火如荼 / 82
第二节　接济难民　共体时艰 / 86
附录一　龙溪县救济院收留厦门籍难民名单 / 101
附录二　龙溪县救济院收留厦门籍难民死亡名单 / 118
第三节　日夺警权　英美出局 / 119
第四节　血魂团抗日复土 / 124
第五节　兆和惨案　血海深仇 / 126
第六节　袭击敌酋　锄奸惩恶 / 128
第七节　海上花园　坠入黑暗 / 130
第八节　敌我交错　谍影重重 / 143
第九节　交通船往来国统区 / 148

第五章　抗战烽火中的厦门儿女 / 154

第一节　浴血奋战在抗日前线 / 154
第二节　鼓与呼在抗敌大后方 / 165

第六章　厦门籍华侨投身抗战　/　170

　　第一节　祖国抗战后援　南侨先锋　/　170
　　第二节　前线敌后征战　英勇报国　/　181
　　第三节　李林双枪杀敌　芳韵永存　/　187
　　第四节　凌云钢刀翻飞　空军战士　/　188
　　第五节　战时后方保障　科技支撑　/　190
　　第六节　秉笔当剑杀敌　文化义士　/　191
　　第七节　坚守民族气节　威武不屈　/　195

第七章　台胞在厦门的抗日复土运动　/　199

　　第一节　抗战前，在厦台胞掀起抗日复土运动　/　200
　　第二节　抗战爆发，台胞抗战复土总同盟成立　/　212
　　第三节　李友邦与台湾义勇队在厦活动　/　214
　　第四节　厦门人支援台胞复土　/　218

第八章　抗战胜利后的厦门　/　221

　　第一节　智救美军飞行员　/　221
　　第二节　欢天喜地庆胜利　/　225
　　第三节　日军洽降气焰消　/　229
　　第四节　接收厦门波折多　/　231
　　第五节　惩治汉奸伸正义　/　237
　　第六节　遣返日俘与日侨　/　247
　　第七节　战后损失大调查　/　253
　　附录一　厦门市抗战损失调查表　/　256
　　附录二　救济总署沦陷区损失调查　/　260

特　辑　新发现的厦门抗战报道 / 265

厦新任市长高汉鳖昨接事 / 265
敌机飞兴和被击落一架　传厦门昨亦发现敌机 / 265
厦门港外敌舰逞暴　金门难民纷纷逃厦 / 266
敌图犯华南 / 266
敌在鼓浪屿捕我青年　并与英兵冲突 / 266
不受奴化政策诱惑　厦门依然是死市 / 267
敌伪蹂躏下的厦门 / 268
日伪妄图"复兴厦门"　物资榨取的新花样 / 271
日伪利用鼓浪屿作经济侵略 / 274
厦门混乱　民不聊生 / 276
厦门日台浪人竟出售人肉　两月来杀害难民八十余 / 276
厦门血魂团的今昔 / 277
厦门日军大收捐税　搜购原料推销商品 / 279
南进声中的厦鼓 / 279
厦门敌军组伪"贸易公司"　阴谋侵夺华侨商业 / 282
敌伪毒化东北　厦门汉奸亦贩运烟土 / 282
厦敌防务空虚　辎重物资移港储藏　全市粮食用品奇缺 / 283
魔窟惨状　厦门米源断绝 / 283
死岛厦门　敌军力弱内部混乱　米粮缺乏劫案时起 / 283
今日鼓浪屿 / 285
厦门鼓浪屿粮荒　敌伪无处搜括已濒绝境 / 287
厦门鼓浪屿漆黑一团 / 289
美机袭厦门　炸沉敌船扫射机场 / 291
敌寇航运遭受威胁　在港设护航司令部 / 291
盟机三袭上海　厦门、上海敌妇孺疏散 / 292
中美机群袭敌　台湾、厦门亦均被炸 / 293

美机队连日广泛出击　重创湘粤敌供应线 / 293
黄河前线至怒江前线　美机广泛炸敌 / 294
东南海面盟舰艇活跃　闽境敌军慌张 / 295
美机轰击宁波、厦门　豫鄂湘前线继续炸敌 / 295
厦门三童行诗稿　为精神动员示范 / 296
厦门儿童救亡剧团　活跃在西南战场上 / 298
提高警觉　鬼子特务诱骗厦门儿童 / 302
厦门一惨剧　青年不堪饥饿切腹自杀 / 302
陷害鼓浪屿爱国同胞　日战犯十四名提公诉 / 303

后记 / 305

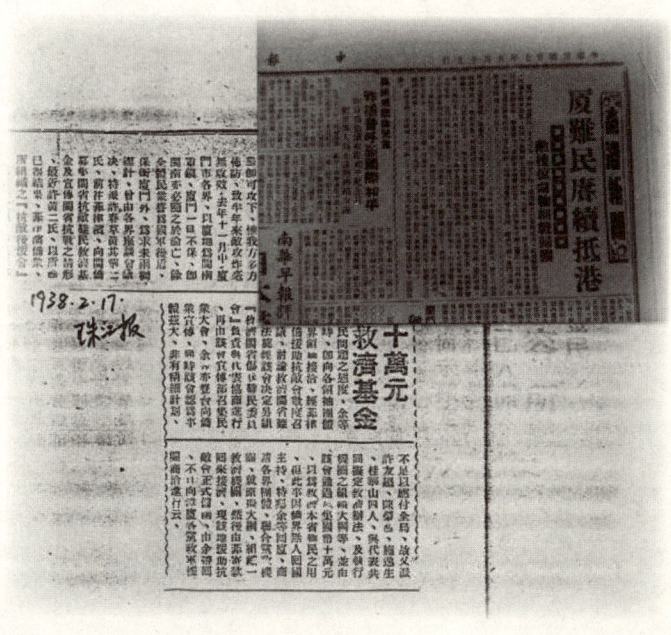

第一章　日本图占厦门蓄谋已久

第一节　日本强占租界未遂

甲午中日战争之前，日本侵略者就已对厦门进行过一系列的侵略活动。1874 年，日本在美国的支持下进攻台湾的同时，曾经派遣军舰以"借地操兵"为理由，前来厦门，刺探厦门港。接着又有日轮"孟春"号到厦门海面测试水文地理。清政府不敢干涉，只是命令守军沈葆桢、李鸿年"严密备御"。甲午战争前夕，日本军队中将伊东祐嘉派军舰八艘到广东、福建海面耀武扬威，首站到达厦门。日本首相伊藤博文也曾经秘密来过厦门，亲自策划对厦门的侵略。

厦门与台湾、澎湖群岛一衣带水，是中国东南的重要门户。《马关条约》签订以后，日本占有了台湾，之后得陇望蜀，更把侵略矛头指向厦门。1896 年，清政府被迫与日本签订《公立文凭》，允许日本帝国主义在上海、天津、厦门、汉口等处设置专管租界。1897 年 3 月，日本政府正式照会清政府，提出要在面对嵩屿的鼓浪屿西北部沿海地带 10 万坪（一坪折合 3.3 平方米）范围内以及厦门岛火仔垵（今虎头山下一带）、沙坡头以及该沿海一带 12 万坪范围内设立日本专管租界。日本此举将占有鼓浪屿 1/3 的面积和厦门本岛西南沿海的部分区域，其意在控制整个厦门港内港，即占据虎头山沿海一线，控制进入厦门港南水道和鹭江，扼住进入厦门港内港的咽喉；把持鼓浪屿西北部，扼制漳州九龙江入海口和进入厦门港北水道的两条水上大动脉。清总理衙门唯命是从，立刻令福建总督边宝泉转饬兴泉永道道台周莲照办。周莲接到命令后，积极准备，后因其他帝国主义对日本欲霸占的地带也虎视眈眈，周莲一时不敢应允。1898年夏，周莲离任后，护道管元善因居民反对，恐滋事，不敢应允。日本向清政府提出"不割让上述地段给别国"的照会，并得到清政府同意。日本以福建为其势力范围，因而在厦门设立租界的野心，也就越发膨胀。1898年11月，衔有扩大侵略重要使命的日本驻厦领事上野专一到任后，日本侵略厦门的野心，就更加昭然若揭。

日本帝国主义与清朝政府签订的厦门、福州口日本专管租界条款

第一章　日本图占厦门蓄谋已久

未遂的厦门日本专管租界（翻拍自 1916 年日文版《厦门事情》）

当年农历七月十八日上午，因反对割让虎头山下地段为日本租界，厦门各行各业罢市，而日本领事上野专一尚未知情。还不到八点，他就带着随员威风凛凛地来到虎头山下的龙泉宫，等候兴泉永兵备道道台来划界。当他与随员们高谈阔论的时候，数百名群众突然从龙泉宫的四面八方涌来，将他团团围住。木棒瓦石，如雨点般地向他掷去；更有妇女们以扫帚抹上粪便，打到他头上去。上野专一见势不妙，抱头鼠窜，一直往码头方向跑。这时，船工们也罢航了，厦鼓海面上一艘小船都见不到。上野唯恐后面群众追来，被逼无奈跳入水中，直向鼓浪屿西仔码头日本领事馆方向泅去。堂堂的大日本领事变成狼狈不堪的落水狗，日本警官日吉、书记官松本等其他随员也作鸟兽散。厦门人民的这场反抗，再加上日本与列强之间的矛盾不可调和，日本强割租界的"美梦"也就胎死腹中。

第二节　制造借口出兵欲占厦门

1899 年，北方发起义和团运动。义和团曾派人到厦门来发动群众，反对外国人对中国的侵略。日本也发现"该地方的所谓企图收回台湾的排日党，亦有进行策动的迹象"，因此企图借着这个机会，制造事端伺机侵占厦

门。1900年6月,日军在福建海面的警备舰,有"和泉"、"筑紫"二舰。6月23日,日本海军大臣训令:"和泉"、"筑紫"中之一,应尽可能碇泊于厦门。另一艘可伺机泊于厦门、澎湖岛,或与台湾通电方便的地点。

8月12日,日海军大臣又令火力强大的"高千穗"号巡洋舰急驶厦门,命以"高千穗"、"和泉"、"筑紫"中之一,务须泊于厦门,担当警备。同日命令佐世保镇守府司令长官,应给"高千穗"、"和泉"、"筑紫"共增加定员100名,乘"高千穗"舰驶赴中国南部,并命令"高千穗"舰长将增加的定员连同固有定员适当编成陆战队,做好以应不时之需的准备。

据日本防卫厅防卫研究所战史室编著的《日本海军在中国作战》一书记录,8月14日,日海军大臣给停泊在厦门的"和泉"舰长斋藤孝至大佐的训令如下:

应做好以"高千穗"、"和泉"、"筑紫"之兵员于必要时机占领厦门港两岸炮台的计划。如与外国协同动作之时机到来时,当然不得落后他国,更应经常有占据主位的准备。应尽量使他国致力于其居留地,而我兵则极力占领炮台。如无力占领全部炮台时,应着眼于夺取主要炮台,希秘密且慎重地制定计划,并应迅速将要点直接报告海军大臣。又,厦门地方,如有不稳状况或其他可乘之机,应与该地驻在之帝国领事协商,以保护帝国侨民之口实,力争使我若干兵员登陆,注意切勿踌躇,坐失良机。特此密令。

此训令的重点,日海军"已通知总理、外务、陆军各大臣。陆相已密令台湾总督儿玉源太郎大将"。8月23日,陆相训令台湾总督:

帝国认为今后一旦有机会,需要立即占领厦门港,已训令在厦门的"和泉"舰长应事先制定占领厦门炮台的计划,机会一到,立即派兵登陆占领该港。据此,当"和泉"舰长向贵官提出请求时,应预先做好从驻屯你地的各队中,派遣步兵一个大队、炮兵两个中队、工兵两个中队以内的兵员,适时地去厦门与海军协力完成准备工作。

海相获得陆相的训令后,即将上述训令意旨,通知了在厦门的首席舰长"高千穗"舰长武并久成大佐。"高千穗"舰已于8月18日到达厦门,成为当地日本海军在厦门的"先任舰"。

1900年8月24日凌晨1点,即日方上述备战令下达后的第二天,日本在厦门的"东本愿寺布教所"发生了火灾。这是日寇煽动指使一些日僧和浪人,自己放火烧毁在今天思明西路山仔顶的一座小寺庙,以为神不知鬼不觉。他们欲把事态扩大,造谣说是厦门人民跟义和团配合烧了日本人

第一章 日本图占厦门蓄谋已久

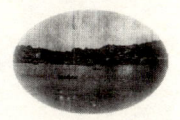

的寺庙。于是按事先的计划,以"保护领事馆和侨民"为借口,两小时后"和泉"舰派出陆战队一个小队,"高千穗"舰于25日派出一个小队,两队共计85人。厦门道台及英、美、德领事要求日本撤兵,日军不但予以拒绝,还在26日又从"高千穗"舰派遣两个小队,进驻东亚书院(今鹭江道东段英迪格酒店附近,原寮仔后妈祖宫埠头),美其名曰"保护东亚书院",其实是将侵厦陆战队的指挥部设于此。日军还架炮于虎头山上,直指城内的提督衙门。日军气焰嚣张地向厦门提督杨歧珍发出通牒,要求厦门驻军撤出炮台的兵备,或交出炮台,并在指定时间内答复。如不答复,即武力占领。

上岸的日本兵在滨海地带站岗放哨。据当时亲身经历过的老人讲,日本兵就部署在沿海(今大同路、镇邦路、横竹路、水仙路和海滨大厦)一带,引起了市民的恐慌。在今天的镇邦路、当时港仔口的地方亦有日本军队驻扎。市民纷纷逃难到内地,商店闭门,市场萧条,厦门的经济损失不小。

28日晨,日本海军总务长官斋藤实少将命在上海的"高雄"、"大岛"舰分别去厦门、霞飞,在霞飞的"筑紫"舰火速返回厦门。

同日清晨,台湾总督儿玉给日本陆、海军大臣电称:根据"高千穗"舰长的请求,已向厦门派遣陆军。第一批次二个中队乘"宫岛丸"运输船,由基隆出发,预定29日晨抵厦门;第二批次派遣由土屋光春陆军少将指挥的步兵二个中队,山炮、工兵各一个中队,乘"台南丸"及"明石丸"运输船于29日出发,预定30日晨抵达。

"东本愿寺事件"后日军的所作所为,损害了西方列强的利益,认为东本愿寺火灾系日本人的"故意行为",当地并无"暴徒蜂起"危及外国侨民的事实。美国驻厦领事馆的报告,则揭露了"纵火"的真相:"事件当天,僧侣们把贵重物品全部搬出去,当夜住宿寺院的只有住持和尚一人,他在凌晨1点跑到日本领事馆报告说中国暴徒放火烧寺。除了住持和尚外,没人看到暴徒,只看到中国士兵和民众帮忙灭火。"

此后,英、美军舰也赶来厦门,向日本施压。8月29日,英舰进入厦门港。8月30日午后,该舰陆战队约60名队员于厦门登陆。此外,德舰也于8月30日进入厦门港。美、法、俄等国军舰也有到达的报告。此时,从台湾赶来的日军不敢贸然登陆,陆相密令儿玉电令运输船折回澎湖。据儿玉的秘书官横泽次郎描述,心有不甘的儿玉眼泪"夺眶而出",咬牙下令部队推迟上岸。8月30日夜,日本驻厦门东亚书院的陆战队只得撤回领事馆及军舰内。

9月3日，中日双方和英美海军指挥官展开谈判，刚开始日本还不想将领事馆内的部队撤离，西方列强群起而攻之。日本内阁研究，感觉自身实力尚不能与西方列强相抗，不得不考虑"本帝国政府独占厦门的计划是否可能实现，既然出兵厦门的阴谋已经外泄，是否中止派兵"等。9月6日，日本被逼无奈，在接受清政府所谓的《烧毁东本愿寺的谢罪书》后，于第二天拉扯上英兵，同时退兵回舰。日本以武力侵占厦门的阴谋再次失败。

清末民初，当时日本鼓励甚至指挥一批罪犯和日籍台湾浪人来厦门肇事，企图制造借口出兵侵占厦门。冲突最厉害的有1913年"台纪事件"、1923年"台吴事件"、1924年"台探事件"等。在这些事件中，日本故意挑事，引发日人和日籍台湾人与厦门老百姓发生冲突，然后以此为借口，利用厦门当局畏缩怕事的心理，出兵压服厦门民众，扩大势力范围。

第三节　日舰炮轰厦门海关缉私舰

甲午中日战争之后，台湾在沦为日本殖民地的同时，也成为福建沿海走私的渊薮。日本发动侵华战争前夕，中国进口关税税率提高，日籍浪人走私活动不断加剧，严重扰乱了中国金融秩序。厦门关税遭受巨大损失，不得已加强了台湾海峡的缉私工作，却遭到了日本当局粗暴的武力干涉。

1934年6月19日，国民政府公布《海关缉私条例》，其中第十条规定："船舶在中国沿海十二海里界内，经过海关巡轮以鸣空放枪空炮信号，令其停驶，而抗不遵照者，得射击之。有前项违抗者，处船长二千元以下之罚金，并得没收其船舶。"1935年5月29日，厦门海关"专条"号巡缉舰在乌龟屿海面缉获两艘走私的中国渔船。5月30日清晨6时许，从乌龟屿自南而下，遇雾停航。日本两艘驱逐舰从马公港驶来，将"专条"号夹于当中，雾散后，日本军舰仍随行。直至九节礁2.5海里海域，日舰升旗命令其停驶，"专条"号置之不理，日舰立即开炮强迫停航。日兵登船检查，擅自查看"专条"号海图，诬指"专条"号在距大担3海里外的公海上缉私，强行索要船上记事簿。"专条"号上的官员严词拒绝，强调即使以武力胁迫也不能交出，日军水兵只好作罢。延至9时25分，日军兵舰始放"专条"号续航。

5月31日清晨，厦门关税务司Goddard向日本领事塚本毅口头抗议，日本领事借以各种理由推托。面对日本领事的蛮横无理，中国政府和军方

第一章 日本图占厦门蓄谋已久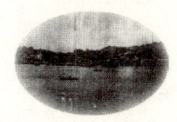

态度也暧昧不明。"专条"号事件后,厦门关的缉私工作受到极大的束缚,日籍浪人走私更加猖獗。后因日军在澎湖设立海军基地,不再对商船开放,台湾海峡走私少了澎湖这个中转站,才逐渐趋于低潮。

第四节 荒诞的"华南国"

1933年冬,福建发生"闽变"后,中国共产党和十九路军订立《抗日作战协定》,这对国民政府是一个严重的打击。蒋介石为了对付十九路军,于1934年派杜起云(原北洋军阀的一个旅长,住在闽西,和闽西南的土匪头子有密切的联系。后来投靠蒋介石,被蒋封为"暂编福建第三师第五旅旅长")任军事特派员来厦,进行拉拢闽西南土匪的活动。

在十九路军的打击下,闽西南土匪头子纷纷逃匿。南安土匪陈国辉的部下陈佩玉等都秘密跑来厦门,匿居在"十八大哥"的"东南旅社"、"福星馆"等处"避难"。杜起云一到厦门,便和日本间谍勾搭起来,阴谋组织成立"华南国"。

日本帝国主义在厦门策划的"华南国"阴谋活动,是和伪"满洲国"、伪"内蒙自治"、伪"华北五省联盟自治"相呼应的。军事特派员杜起云来到厦门以后,就在思明北路"海陆春旅社"二楼设立办事处,以自己为汉奸首领,以日籍浪人吴万来为秘书长兼人事主任,以谢阿发为总指挥。"海陆春旅社"对面就是"十八大哥"之一谢阿发的"东南洋行",活动极为便利。

杜起云和日本间谍泽重信,日籍浪人林滚、谢阿发、陈春木以及王昌盛等笼络、搜罗了漳、龙(岩)、泉、莆、仙各属土匪,颁发伪旗、关防印信,委派伪职等等。厦门地方败类,如流氓头子宋安在、许振润,堕落文人叶沧州和广东军阀余孽梁海余(当时在鼓浪屿以经营"东方旅社"为掩护,专门结交军阀、土匪)也都投入泽重信、杜起云的怀抱,积极参加"华南国"的活动。1934年夏,土匪张雄南潜返德化,和土匪张克武组织、发动附近各地土匪参加的"福建同盟军",就是日本极力撺掇的结果。直到1939年,长泰土匪叶文龙还把伪"华南国"发给他的委任状、军旗、关防印信,当成宝物珍藏在家里。

杜云起出卖祖国的"华南国"阴谋活动被揭发后,面对全国抗日运动风起云涌的形势,国民政府将他抓去南昌枪毙,"华南国"宣告流产,但日本帝国主义并不因此而偃旗息鼓。1936年,和华东的"冀东自治"、"冀察自治"等伪组织相呼应,日本帝国主义者在福建又进行了"福建自治运动"。于是,厦门汉奸团体如"亚细亚大同盟"、"中日亲善会"、"郑成功事业彰显会"、"勋社"等,在日本帝国主义分子和日籍浪人的策划下,活动频繁。4月7日,在鼓浪屿中华旅社,由日籍浪人林火星(**日本在厦警察本部部长、高等特务**)召开所谓"福建自治委员"会议,与会者17人。除林火星外,其余16人,5人为漳、泉土匪头子的代表,11人为厦鼓臭名昭彰的汉奸及所谓"闻人"。会上秘密讨论"福建自治章程"及发展汉奸为日本侵华效命等危害祖国的活动。德化匪首张雄南背叛祖国、拥军称变的事件,肇因就是"福建自治运动"。

第五节 日本舰队武装恫吓

日本凭借庞大的海军舰队,对中国实行武装威胁,以扩大其势力。"东本愿寺事件"后,日军派水兵登陆,进行恫吓。在厦门人民反对日本设立警察所和抵制日货期间,也不断派军舰来威胁,并与厦门保卫团发生冲突。日本海军借口保护侨民,派来军舰,并下令水兵携炮登陆,以武力逼迫厦门当局禁止人民抵制日货。1924年,厦门军警搜查私带军械的日本籍民,日本又派驱逐舰等来厦门示威。1926年4月8日,日本第一舰队由司令率领,浩浩荡荡进入厦门港,接受在厦日本臣民的热烈欢迎,大肆炫耀所谓的日本海上威力。1934年后,大批日舰来厦,水兵登陆"游览",并且声言海军陆战队一连队准备长驻厦门。1935年,日本第三舰队司令亲自到厦门活动。除了日本军舰经常出入厦门港外,厦门海关缉私船也常被日舰包围、监视,甚至开炮威胁。

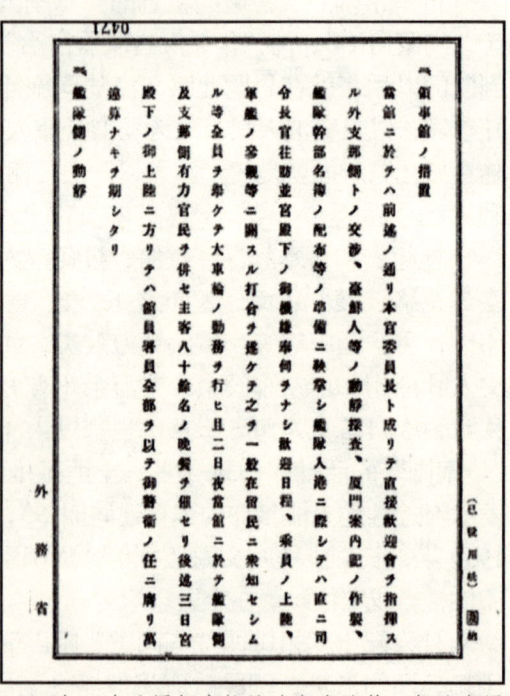

1926年日本驻厦领事馆给外务省的第一舰队来厦门回航状况报告

第一章　日本图占厦门蓄谋已久

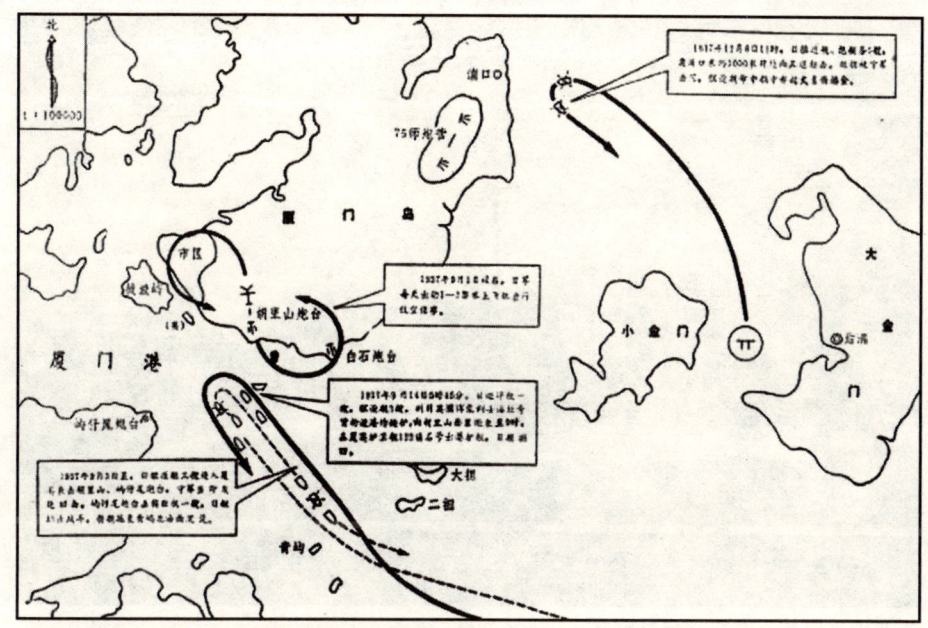

日第三舰队向厦门实施战役火力侦察经过要图

据 1936 年 7 月 11 日的《江声报》报道："日第五次水雷舰队旗舰'夕张'号，离开马江赴厦门各埠，率'朝颜'、'芙蓉'、'刘萱'、'若竹'等舰，沿途演习，定十四日开返台湾。"日军一方面对福建沿海展开试探行动，另一方面，又高唱"中日亲友谈"以迷惑中国人民。1936 年 3 月 2 日，日军松井石根大将在厦门发表讲话，声称日舰造访"非欲侵略福建，乃欲以台湾为楔子"，以促进"中日两国民族之亲善提携"。日本处心积虑地在厦门进行政治、军事活动，是深度考量到厦门是实施南北夹击中国战略的必争之地。而企图息事宁人的国民政府在外交上的软弱无能，更加纵容了日本的勃勃野心。

1936 年 6 月 20 日，10 艘日本军舰到厦门示威。过了不久，日本第十三驱逐舰队司令西岗茂泰，又率带吴竹、若竹两艘军舰由汕头窜进厦门；更有朝颜、芙蓉、刘萱、早苗等日本军舰，不断地在闽南、粤东沿海巡弋，"待机而动"。1936 年 8 月初，日本联合舰队从佐世保军港千里迢迢地前来厦门"会操"，"扶桑"、"长门"、"那珂"、"长良"等 76 艘日舰，官兵 2800 余名，将校 1600 名，自 8 月 3 日到 5 日上午 7 时陆续抵达。此时厦门的港内外已是"一杆杆烟筒，一只只海鸭，洋洋大观"。正值国民政府"西南异动"及华北紧张之际，日军导演如此一出大戏，其司马昭之心早已路人皆

被我军击中的日军若竹型号军舰

知。日本海军大佐须贺彦次郎却百般狡辩地说:"此次大规模演习属于通常演习,并无政治作用";"期待与中华民国军官亲近,正确认识日本帝国海军之实相,以达舰队平时和平之使命。"

上海《申报周刊》对此次"会操"评论指出:"向例外舰赴厦,须于事前数日,由该国领事馆通知厦门要塞司令。民国二十三年(1934年)以后,日舰到厦门,不复履行此项手续,而现在竟进一步要在厦门附近作大规模的演习,真可谓得寸进尺,且不啻视厦门为它自己的禁脔。"

强盗"舞剑",意在华南。主人却开门揖盗,以礼相待,可笑之至。停泊在厦港的"逸仙"号国舰,于5日晨奉命出港,鸣贺炮17响,表示欢迎。福建省主席陈仪因政务"未能躬与盛事",特嘱李时霖市长领取500元进行招待,以尽地主之谊。于是李时霖和外交参事陈宏声等人赴鼓浪屿,邀日本领事山田芳太郎共乘"若叶"驱逐舰赴"长门"旗舰,访问高桥三吉及各舰司令官,以尽"友邦亲善"之谊。

对日舰会操一事,厦门人民的警醒与当局的隐忍退让形成了鲜明的对比。《江声报》犀利地问道:"为什么我们不曾有大的舰队到日本海去会操?""什么时候我们到日本海会操,让他们招待欢迎?"《厦门大报》也呼吁人民和政府警惕日寇的狼子野心。

第一章 日本图占厦门蓄谋已久

除了台面上的耀武扬威，不断试探中国政府的底线和军民抗敌的决心外，暗地里，日本还为战争做了详细的准备。1933 年，日本海军绘制了《厦门港图》和《厦门内港图》，图中既有 1903 年中国海关的厦门内港测量数据和 1905 年英国人测绘的海图参数，又有日本人根据实地踏勘得出的水深、潮水高程等信息。特别明显的军事用途还体现在：图中有关于鼓浪屿信号所（即海上瞭望哨）的经纬度、号炮时间的详细记录。此外，有关篔筜港、思明等处山形、地貌、建筑、道路的等高线也有明确标注。

1937 年春天，日本海军部水上特别攻击队曾多次派遣敢死队队员进入胡里山、白石、磐石等炮台进行秘密侦查，企图摸清这些炮台的大炮口径、炮弹库存量及部队的训练情况等。中国守军发现后，曾追击到五通海边，击毙杉繁春等三名日方间谍，从他们身上找到侦察时所绘的阵地地图和相关情报。

第六节 日本觊觎厦门目的何在

日本从 1874 年起，一直图谋占领厦门，特别是甲午战争后占有台湾，对厦门更是垂涎三尺。为什么日本对厦门如此"情有独钟"？

厦门是福建的主要城市，也是中国东南沿海的重要口岸。日本一直将福建视为自己在华的势力范围，因而对厦门的"区位优势"格外重视。

让我们来听听日寇的自白。

1938 年 5 月 13 日，厦门沦陷。日人创办的《台湾日日新报》在 5 月 12 日发表了一篇社论，题为《占领厦门是必须的》。社论写道：

"南支那早晚要拿下"这句话说很久了……战斧挥向南支那一隅是我们的需要，虽然该岛只不过是一个方圆 40 哩的海岛，但它隔着内港有一个公共租界鼓浪屿。东面海上有金门岛，是南支那海岸要冲，是一个海港。敌人因为海上被我海军封锁，断了物资输入通道，除了利用粤滇铁路外，还企图利用厦门输入物资，很多迹象显示他们利用第三国船只偷偷避开封锁线，所以该岛不能再放任不管了。

另，该岛是南洋华侨的出入口岸，华侨……受反动分子煽动，在南洋抵制日货，对国民政府进行资助。所以必须坚决堵住这个出入口，阻止华侨运动，这是当前最为紧要的大事。

第三，南支那与台湾一衣带水，从国防上看，不能轻视对岸的动向。台湾离敌方基地那么近，总是有害无益。总之，占领离台湾最近的福建省要港厦门，杜绝以此为中心的各种策动，是帝国的必然措施，从国防和作战上看也是必须的。

同一天，该报还有一篇稿件，称：

厦门港是上海至香港航线的中间点，距离台湾和南洋诸岛很近，是沿海五大通商口岸之一，也是向南洋移民的出港地，每年输出5万移民。由于有华侨汇款，金融界异常繁荣，国民政府为了弥补战时财政亏空，近来出台政策鼓励华侨汇款。我军占领厦门后，可截断汇款通道，这对国民政府是一个严重打击。

"蒋介石赌下命运的徐州大会战正在如火如荼进行，我自豪的精锐海军陆战队突然于10日攻下厦门。"5月23日，《台湾日日新报》又刊发一稿，再次强调占领厦门的意义：

自从我海军布下绵延1000哩的封锁线以来，作为蒋介石军需用品输入港的九龙、广州、厦门三港依旧源源不断运转。这次海军占领厦门，将使蒋介石在徐州大会战失利，并加速战败进程。战前号称每年6000万元出口贸易额、南支那福建省第一大贸易港的厦门，如今再也不见繁荣。厦门原本还是2000万南洋华侨的出入口，也是南洋华侨4000万元汇款的接收港。蒋介石已经在上海失去了财政来源的浙江财阀，如今又失去厦门，与南洋华侨的交易被阻断，可以说命数已尽。厦门岛如此重要，却是利用公共租界对外以及南洋华侨恶意宣传反日的舞台，岛上尽是反日标语。从这点看，我海军就该开这一枪。我海军占领厦门还有另外一个重大意义，就是通过断绝与南洋华侨的联系，直掐蒋介石的咽喉。

日本觊觎厦门，看中的是厦门的地理位置：中国东南沿海重要良港，离日本已经占领的台湾最近，离南洋也不远。侵占厦门，占其为海军基地，南可与台湾相呼应，北可断我海上交通，还有利于日本实行"南进政策"，侵略东南亚。此外，厦门是个侨乡，占领厦门，可从心理上打击祖籍地在闽南的海外华侨，切断侨汇，阻止华侨参与抗日救亡。

1937年8月25日，日本宣布封锁中国中部和南自吴淞至汕头一带海域，厦门也属禁区。在此禁区内，不准中国国籍船舶航行。1938年春天，日军对华北的狂野攻略，在台儿庄受到重挫。徐州大战在即，为了达到迅速击溃中国军队，压服中国投降的目的，日本华中方面军司令官松井石根大将认为："日本海军现在闲散无事，应加以利用，在中国沿海扰乱；如能攻占一处要港，华军将被迫分散实力，以巩固海防，不能开往北方前线……沿海如有扰敌，中国军火亦将受阻，不能运入。"日军大本营于是决

第一章 日本图占厦门蓄谋已久

定,在华南另辟战场,让中国军队腹背受敌,同时彻底切断对华中华北的海上补给线。日军大本营在1938年5月3日下达的"大海令112号"中明确提出,为使封锁收到彻底的效果,占领厦门。

厦门沦陷后不到一个半月,连云港、南澳列岛相继陷落。日军终于对中国的华中、华北实施了彻底的海上封锁。

附　录

最近日本对闽之侵略阴谋

编者按:最近我们组织到南京,在中国第二历史档案馆查阅与厦门抗战有关的历史档案和文件,发现其中一份档案封面标题为《最近日本对闽之侵略阴谋》。该档案汇总政治、军事、经济、文化、社会等方面的情报,特别突出福州、厦门两地,将日本密谋侵略福建的规划和行动,系统地加以概述,显现日寇用心的险恶与布局的绵密。现特将全文照录于下,供读者参考。

一、前

国人现均集中视线于华北问题　　　　题,殊不知闽省危急,与日俱增,华南将来之多事,势必　　　　观伪自治委员会,及伪自治军最近在闽之酝酿、日海军在　　　　,土匪汉奸之猖獗,日台浪人之走私与扰乱,在在均足证明华　　　日趋严重化。兹为阐明真相起见,特搜集各方最近情报编成专册,仅供　参考。

二、侵闽之原因

侵闽之主要目的,即实现所谓南进政策之初步。此种阴谋之具体化,实有种种原因,兹举其要者分述如下:

1. 鉴于世界战机日迫,预谋先发制人,以巩固其海军之阵容;
2. 转移国人对华北问题之视线,遂行其侵略野心;
3. 造成伪满第二,利用反动集团以威胁我国屈服;
4. 乘我团结未固,唆使汉奸背叛割据,运用其"以华制华"之毒计;
5. 以台湾为中心之海洋政策,非攫取华南、封锁台湾海峡,不能巩固海防争霸于太平洋；

6. 海军人员感于陆军方面之北进政策，已初步成功，不得不乘机发动，以谋建立与陆军同等之功绩。

总之，帝国主义之向外侵略，原系传统的一贯政策，固无因果之不可言。其所以迟延未发者，惟时机未熟，今者暴日谋闽之种种手段，暴露无遗，而危机四伏，实不亚于华北也。

三、侵闽之种种阴谋

甲、政治方面

日方欲重演华北故技，在闽发动所谓华南的自治政府，乃先组织伪自治委员会，派铃木三郎化名杉村为闽省伪自治委员会军事委员，从事筹备，设通讯机关于福州南台台江路金陵医院，曾与福州领事馆武官须贺一再密商自治会发展事宜，并联络闽省匪首高义、杨汉烈、洪文德、张雄南、钱玉光、黄炳武等为各地策动主脑。先由德化张雄南介绍其侄张克武与其合作，铃木三郎即以该部为大本营，分向闽南各县活动中。福州日领中村，近又委派台人柯保罗、林宝树、王祖德、李全玉、李麻利等五人为福州市第一、二、三、四、五区区长，负指挥台湾浪人乘机扰乱之责。派台人谢阿发在厦门组织伪自治政府筹备处，设总机关于厦门盛发祥洋行内，分两系：（一）台湾系：直属日本领事馆。（二）东京系：直属于海军武官。其计划由日方台湾军部接济军械二千支，并劫夺厦门各银行法币为购买军械之用，拟先夺取厦门、金门为根据地。闻将由汉奸曾少乾之妾名凤仙者前往天津，请前周荫人时代曾任厦门镇守使之臧致平来厦主持。查此伪组织下有二筹款组织：（一）青年铁血团团长江天锡；（二）邢海道负责人谢阿发派陈七至漳属南乡，曾少乾至鼓浪屿，黄国泰至海澄，黄河东至东美，郑凌云至北港一带掳人勒赎，并勒收旗仔费为活动费用。伪自治委员会下设福州青年同志社，受日领馆武官室指挥，任试探军情及捣乱之责。其经费由日方伪造我国法币，分发各浪人及汉奸强制行使，为该社活动费用。组织郑成功事迹显彰会于东京，并派台人江文章组织厦门分会，拟诱拐骗郑成功第十九世孙郑旭为傀儡，勾结各地土匪乘机发难，重演满洲故技。按，郑旭为莆田流氓，非郑氏嫡裔，郑氏族人已登报否认。台督府近派台人（督府职员）白力亚、陶振之来闽，组织福建青年大同盟（又名青年侠义社），设总机关于厦门鼓浪屿岩仔脚二号，由郑天绥（即郑添绍）负责。派杨炳新（又名杨翼）至福州，组织闽中分部。台人阿源逸七（姓未详）

第一章　日本图占厦门蓄谋已久

至延平组织闽北分布，其目的在假借闽人自治，联络各地民军，并引诱闽人加入日籍，以树立伪自治政府。

乙、军事方面

日本参谋本部驻沪情报处军事谍报员高桥，赴闽与日领中村及伪福建自治军事委员会铃木三郎（化名杉村）密商组织所谓自治军事宜。已决定分福建全省为闽东、闽南、闽西、闽北、闽中等五区。各区设指挥一人，计闽东为王其山，闽南为高义，闽西（未详），闽北为钱玉光，闽中为高诚学，以日领中村为各区联络指挥，并委何显祖为闽南自治军总司令，委仙游匪首陈国华为伪福莆仙军区指挥官，林成瑚为伪闽永军区指挥官，委张克武（张雄南之侄）为德化伪自治军司令，委永泰匪首苏泉泉为伪自治救国军司令。已派台湾军部参谋长之外甥铃木鹤子偕台人陈东棋于五月十六日至永泰葱蒲坑点编完毕，二十一日返抵福州。日人河野又派薛二皋为福清平漳联络员，翁桢本为福清平漳特务员，所有用款，概由河野接济。又利用民军首领吴鹏、李法、张静山等联合各地民军领袖及日台浪人组织伪福建人民自卫军军事委员会，接济其枪械，令其在相当时期实行暴动，俟占领厦门后，即组织政治机关。又仿效天津便衣队办法，收集日台浪人及福州流氓，组织福州便衣队，以台人蔡阿猴为领袖，受日人桑原义夫之指挥，用"天机会"名义，设总机关于中当白舍猴二十八号。现已组成八组，共一百六十四人，每人发给六寸白绸，中印黑日字之臂章一枚，必要时在合春埕本租洋行、中亭街德成栈、牛尺街百福洋行等三处集合。平时享受自由设立烟赌机关及走私之权利。近复假借招募矿工为名，在温州、泉州、莆田、惠安一带招募壮丁数千人赴台，实施军事训练。备于必要时迁回原籍，充作各地之先遣队作为内应。一面挑选台湾军在乡军人，由拓殖会社拨资，令其经营华南渔业，准备将来在沿海一带岛屿，为日海军传递讯号。另以二十四名化妆中国渔人分布莆田湄岭岛活动。此外并资助台浪人及在乡军人深入内地，经营小商业或化妆僧道人主各寺院，备作陆军之向导。台督府拨给巨款，作为南澳岛渔民移居台湾之奖励金，拟夺取南澳岛建设军港，以封锁潮汕门户。驻闽日总领事中村丰一于五月二十一日晚八时在须贺寓中召集重要会议，限期完成各地通讯网以利军讯。

丙、经济与文化

经济方面，除唆使日台浪人经营烟赌娼及走私等不正当营业外，台督府驻闽特工特派员桑原义夫曾召集闽报馆馆长松永荣、博爱医院院长小林义雄等开联席会议，决定对华南侵略之手段，须先切实扶助走私之进展，以为政治夺取之张本。又竭力促成台湾与福州、厦门间之定期飞航，以攫取航权，一面计划用严厉手段向中政府威胁，获得福建矿产开采权，以台湾为中心，设立大规模之信托公司，吸收矿产、渔业、土地等权利，并举行日货巡回展览会作普遍之宣传，以扩大推销私货之地区。六月十五日，台督召集福厦汕港粤各领开对岸会议，其决定方针：（1）极力分化京粤合作阻碍统一；（2）加紧闽省自治组织，如各种会社等；（3）供给民军枪械、军费换取安溪矿权；（4）庇护汉奸、浪人扩大走私及垄断广东财政权；（5）扩大厦门旭瀛书院及福州东瀛学校；（6）增设华南科学研究所及文化图书馆；（7）扩充本愿寺之传教机关。在三月间，东京外务省派文化第二部长宫崎至汕厦一带视察，曾面促日领山田从速添设男女示范学校，以培养亲日之教育人才，并添设善堂及医院等施小惠于华民，以造成华民亲日之心理云云。

丁、社会方面

福州日本居留民会，原为日在闽之情报机关，由日领事指定王阿盛、王连盛等数人为该会正选议员，专事领导台人，从事扰乱各种阴谋活动。厦门台湾居留民会专为领导在厦台氓经营烟赌娼寮及其他不正当营业，以扰乱治安为目的。最近奉日领之命，重新改组，以陈长福为该会正会长，简士元为副会长，李庆等为各部委员，督促台氓及汉奸分头加紧侦察、走私、扰乱等破坏工作。驻闽日海军武官近命桑源毅夫在福州组织俱乐部，桑源已密令台人张永铎积极筹备。现已召集会员数百人，多借侨居经商之名，分任侦察及捣乱等工作。最近曾一度召集小林彦雄、水垣辨太郎、大间知林、藏天田盛三郎、濑民昌雄、敦颢直作、竹下二七、下枝茂雄、神岗喜大师、信国鹏介等会议，讨论加紧今后工作问题，并选小林彦雄为会长，水垣辨太郎为副会长，神岗喜大师等会计、书记等职。对走私侦察及扰乱等工作，均有较精密之计划。

福州台湾公会成立已十余年，现有会员六百余人，原为台湾浪人之集团。迨"九一八"事变后，东京外务省令饬驻闽领事监视台民行动，不得有倾向中国政府之举。其目的谋以俱乐部会员拉拢各地汉奸、土匪及失意政客等，作为将来闽省伪自治机关之基础。日人原田幸雄发起组织"敬佛会"，在厦门新南旅社四楼设立机关。原田自居顾问地位，交由台人蔡吉堂、吴万来等主持其事。所需经费概由亚细亚联盟会拨发。在漳泉等处设立分会，以敬佛为名，联络各地流氓、土匪做种种阴谋活动。

驻厦日领山田芳太郎，命山香及庄等组织华南青龙会创立委员会，事

第一章　日本图占厦门蓄谋已久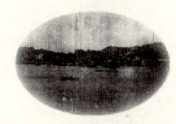

务所于鼓浪屿日领事馆内，山香及庄等奉命后，曾召集厦门十八哥开会密商，决先假借"义务消防队"名义，组织武装团体，为侵略华南之前驱。台湾日人熊井氏组织"华南国防妇人会"，决定福厦港汕澳门等处各设分会。近派台人郑显薰、王苏氏于六月三日至厦，设通讯处于厦门前营街四十一号。现决先参加天理教敬佛会从事活动。

日人土桥大郎秘密来闽，在莆田、安溪、仙游、晋江等处设立生命保险株式会社，专为拉拢各地土匪，扩充汉奸组织为目的。台人来华过去限制极严，出口时虽有台督发之旅券，但沿途检查甚烦，并故意留难，因恐台民受革命思想所熏陶，发生反抗举动。近来台督为鼓励台人来闽起见，已取消旅券制度，改为渡航证矣。

四、在闽之情报组织

日本在华南之情报机关，分福州、厦门、汕头三组，福州组分六区，厦门组分九区，汕头组分五区。每区设区长一人，另派高级特务员日人或台人一人监督指导之。所需经费由日政府月拨六万元，余以烟赌娼寮走私及其他不正当营业所获利益补充之，归各当地领事馆指挥。福州日人最近分配之调查任务：海军武官——着重于华南政局变化、驻军情形及产业投资等项。陆军武官——着重于民军收编，及台氓之组织、训练等项。中村领事——秉承外务省之命，着重于福建政治设施，及地方长官之拉拢及调查等项。台督府驻闽特务人员——着重于台氓汉奸及各侦察机关之指导督促等项。细萱——调查闽粤各港湾情形；及川——探询西南当局对日之意见；松川——探询西南执行部及政委会对日之态度；荻洲——调查中国军事；平田中野——调查经济文化；渡边——调查各地抗日团体之组织及背景。

五、间谍训练及分布

台湾军部国防会议，决定选派汽车司机八十名，加以军事侦探之训练，资遣来闽，混入华南一带各汽车公司服务，借以熟悉各公路情形，备为事变时驾驶铁甲车及军事运输之用。最近挑选大批美女，施以军事侦探术之训练，分遣来华，开设妓院、舞场、旅馆等，专事勾引我青年军政人员，刺探我军政秘密。此种机关，在福州、厦门、澳门、汕头等处触目皆是，均各受当地领事武官等之指挥。驻闽海军武官须贺、台湾军部驻闽情报员桑原义夫等于日前在福州仓前山住所，召集台氓汉奸李少舟、张亚辉、柯保罗等训话，并加以侦探训练。发给以白绸白底绘一太阳，中圈书一蓝色日字之臂章一百余条，分头出发，调查闽省公路线起止点、汽车数量及各学校学生抗日组织背景等，期限完成。

六、日海军在闽海之活跃

四月十二日，闽南莆田湄洲岛尾湾附近，发现日"常磐"战舰一艘，在该处测量绘图并摄取沿海一带形势。据该舰兵士称：该项地图及影片等均系奉命调制者，不日即专送回国。四月二十二日，惠安第七区距海岸十余里之海面，发现日航空母舰一艘，曾派飞机四架，在大岞山小岞港崇武一带上空侦察。同时派小艇四艘，在该处海面用测量水器，测量海深，并有测量队十余人至南澳岛，测量该岛四周海底深度。又于二十三日上午在莆田湄洲一带海面发现日潜水艇吕号第二十七，及潜水舰队第六十五号、第六十六号、第六十七号三艇巡游海面，做细密之侦察。近日，漳浦附近海面十余里之处又发现日舰五六组，每组三艘，来往巡梭。据报共有日舰百余艘，进出于漳浦澎湖间。夜间不断以灯号相互联络，将会同现泊厦门海面之日舰七艘连成一气，横断台湾海峡，准备先占南澳岛建设军港，在漳浦、云霄、东山沿岸上陆，进窥潮汕，有威胁闽粤，促其叛乱之企图。

七、日要员之谈话

松井大将于三月五日由厦门至福州，召集日台侨民于仓前山居留民会训话，其大意为闽之日台居留民安全问题，帝国政府时时在念，而中国政府是不敢以丝毫压力加于居留民的。凡居留民众，应在驻闽领事领导之下，对于本人所提倡之大亚细亚主义，特别加以体认，切实向福建民众宣传，使福建民众大亚细亚主义化。换言之，亦即使福建民众全部日本化云云。又田岛泽丰言于四月六日召集厦门特务机关训话，其要旨谓：福州、厦门、广州、香港、汕头各日领，原受东京外务省指挥，受台湾总督监督。现因我帝国政府以台湾为中心之进取机会以渐次实现。故于本年四月起，所有福厦香汕等领事改为直接由台督指挥，以期迅速。过去台督府所得情报，大都系促成中国政府监视西南并造成台湾敌对之宣传消息。台督认为福厦等情报机关，组织上多不健全，今后应分区统一指挥，加紧工作，并随时与上海方面密取联络云云。

民国二十五年七月

（中国第二历史档案馆　全宗号787　案卷号5199）

第二章　全面抗战　万众一心

第二章　全面抗战　万众一心

第一节　共产党主导厦门抗战宣传动员

1937年7月7日,日本帝国主义者发动卢沟桥事变,开始了全面侵华战争。当年10月26日,与厦门相距仅3000多米的金门岛沦陷。唇亡齿寒,厦门的局势更加紧张。但面对日军的频频挑衅,厦门人民并没有选择沉默。在民族危机日益加深之际,举国上下,到处是"不愿做亡国奴"的吼声,中共厦门工委一如既往,始终坚持抗日民族统一战线,高举抗日救亡旗帜,对唤起厦门群众的民族觉醒,推动厦门的抗日救亡运动,发挥了积极的作用。

在中共厦门工委的主导下,厦门抗战宣传动员活动热烈地开展起来,无论是老人、儿童还是妇女,都加入到了抗日救亡的运动中来,汇聚成一股浩荡的洪流。

在这个特殊的年代,上战场"抛头颅、洒热血"不再仅仅属于年轻力壮的军人,这是一场中国全民族的战争,老人和儿童同样也积极地行动起来,自发参与抗日。

1937年12月20日,就有一场专属于老人的抗日宣传大会。根据《江声报》报道,这场抗敌宣传大会参会的是全市50岁以上的老人,市抗敌会特地印制分发了《敬望全省老人一致起来领导抗战》的传单。

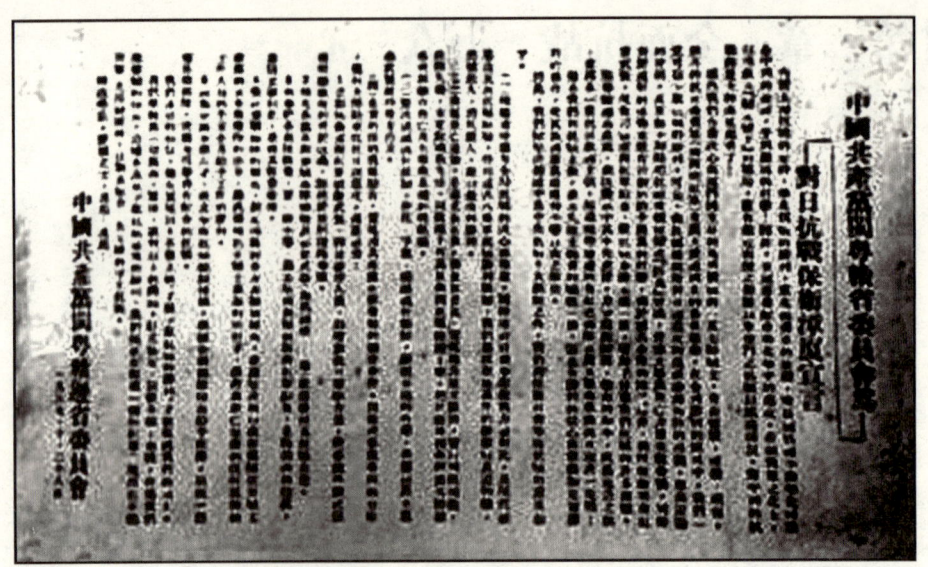

1937年10月26日金门失守、厦门危机，闽粤赣边省委发出《对日抗战保卫厦漳宣言》。

　　而在8月份，厦门的少年儿童已经行动起来。1937年8月3日《江声报》报道了两名孩子请求加入抗敌工作的场景："昨日上午九时，12岁和15岁的两位小朋友到抗敌后援会请求加入工作，说话时态度极为激昂，声泪俱下。"8月4日，禾山萃英小学的百名小学生将节省下来的40.8元零花钱送进银行当作献金。零星的行动随后渐成规模，鳌岗小学倡导组织起儿童抗敌后援会，并在12月19日集合了200多名儿童，集队游行，沿途一边唱着抗日歌曲一边高喊口号。厦门义勇儿童总队部则在12月25日发布告小朋友书，"年无分老幼，都要为民族争生存。我们总队部已在内武庙办公，队伍已在连英小学操场训练，愿大家踊跃参与"。

　　厦门的妇女同样也轰轰烈烈地加入到抗敌阵线中，这其中有太太们、知识分子、家庭妇女，她们纷纷走出厨房，走向街头，走向战场，投入到抗战的滚滚洪流中。

　　1937年7月28日，福建省各界抗敌后援会厦门分会成立。8月29日，在中山公园召开市民动员大会。会场一下子就来了6000多人，可见厦门抗日气氛的浓厚。抗敌后援会厦门分会属下有个"慰劳工作团"，其前身是"中国妇女慰劳自卫抗战将士总会厦门分会"，团员有两百余人，都是由厦门各界妇女和家庭妇女组成，其中大部分是知识界妇女。会址就设在当时

第二章 全面抗战 万众一心

的定安路保生堂三楼。中共党员谢忆仁当时就任团长,她曾撰文提及,分会刚成立时她们就发起了捐献戒指运动,举办了为战士制造短裤、干粮袋的集体劳作,并与其他抗敌团体联合举行了宣传运动,慰劳在日军轰炸中的受伤兵士。

慰劳工作团的大量日常工作是配合另一个抗日团体——宣传工作团做抗日宣传,她们运用歌咏、戏剧、演讲、募捐等形式来唤醒群众。其中,街头宣传是最经常的活动形式,慰工团的同志们手拿小旗,敲锣打鼓,把群众吸引召集在一起,先教唱救亡歌曲,然后进行演讲,最后演街头剧。这种宣传形式非常受群众欢迎,很有鼓动作用。在演讲过程中,群众了解到日军对沦陷区人民犯下的滔天罪行,群情激昂,义愤填膺,大家振臂高呼:"打倒日本帝国主义!"其中,慰工团演出的街头剧《放下你的鞭子》,更是深深地打动了群众,经常出现这样感人的场面:有的观众掏出腰包所有的钱,劝阻老汉别再打自己人,要把力量对准敌人,有的观众愤怒地扭住扮演汉奸的演员,痛骂不已。这时,演员只好摘下胡子,脱掉假发,观众才醒悟了是在看戏,随即松了手,但眼角还挂着激动的泪花。

1938年2月23日,慰工团发起在厦门市教育会召开全市妇女界反侵略运动大会。到会妇女千余人,中有年幼女童,也有龙钟老妇,群情激愤,气氛热烈。该日出版的《江声报》对大会的盛况作了报道。厦门妇女高举抗日救亡的大旗,高喊"走出厨房,负起救亡责任"的口号,冲破了数年来厦门妇女界死气沉沉的气氛。

抗日宣传队下乡鼓动群众

厦门抗战岁月

从抗战爆发至厦门沦陷不到一年的时间里，厦门工委团结一切可以团结的力量，推动厦门地区抗日救亡运动的全面开展，其中就包括组建和领导厦门青年战时服务团。他们行走在祖国大地进行抗日宣传，这些身影不仅令人难忘，更令人感动。

1938年5月10日，日军开始进攻厦门。当天傍晚，为保存革命力量，中共厦门工委领导福建省抗敌后援会厦门分会宣传工作团、慰劳工作团、厦门文化界救亡协会、厦门诗歌会和厦门儿童救亡剧团的骨干和部分团员，有组织地撤至鼓浪屿。他们与鼓浪屿青年抗敌服务团骨干会合，联合成立厦门青年战时服务团（简称厦青团）。厦青团以中共党员施青龙、谢亿仁为正、副团长，共有团员108人，分成9个工作队。厦青团随即撤往漳州，团部设在漳州龙溪简易师范学校。为适应形势的变化和斗争的需要，中共厦门工委也随同撤往漳州，与中共漳州工委合并，成立中共漳厦工委，具体领导厦门、漳州的抗日斗争。

厦青团第一至第八工作队进驻漳州以后，在闽西南各地开展广泛的抗日救亡宣传。他们每到一地，即演唱《义勇军进行曲》《救亡进行曲》《牺牲已到最后关头》等抗日歌曲，演出《放下你的鞭子》等活报剧，刷写"有钱出钱，有力出力"、"武装保卫闽南"等抗日标语。他们还发动群众组织

厦门青年战时服务团

第二章 全面抗战 万众一心

民兵队伍，同民兵一起站岗、放哨、巡逻、捉汉奸，深受各地群众欢迎。但是，他们遭到国民党顽固派的迫害，不但不给任何物资支持，而且从政治上加以限制，最后甚至用武力强迫厦青团前往沙县"受训"，并对团员进行逮捕或遣散。

厦青团第九工作队，就是厦门儿童救亡剧团（简称厦儿团），到达漳州以后不久，厦儿团就按照中共漳厦工委和闽西南特委的指示，前往南洋开展工作。在3年多的时间里，他们辗转香港、越南、柬埔寨等国家和地区及广东、广西等地，行程万余里，沿途演出、募捐，单

厦门青年战时服务团成立时的照片和报道

在香港募捐一万五千元，还有大量的慰问品，有力支援了前方将士的抗日斗争。

厦门儿童救亡剧团是以鸽翼剧社的部分爱国儿童组成的，1937年9月3日正式成立，厦门工委派共产党员洪凌具体领导，陈轻絮协助其工作。厦门儿童救亡剧团有团员三十多人，最小七岁，最大的十七岁，一般都在十二三岁。团部设在厦门定安路保生堂。他们在厦门沦陷前夕，演出了《在炮火中》《小英雄》《打长江》等戏剧和歌曲。在广州演出时，厦儿团受到了邓颖超的接见，她称赞厦儿团的小演员："你们小小年纪就那么热心爱国，真是我们的国宝。"1944年，湘桂大撤退，日军进占广西后，厦儿团被迫解散。

以下是《厦门儿童救亡剧团团歌》：

我们儿童要承担：
把敌人的强暴横蛮，
我们的抗战英勇悲壮，
都搬到舞台上；
揭破敌人的贪婪阴谋，
增强我们的抗争力量，
好朋友！

大家来救亡，
不愧我们是中华民族的主人翁！

第二节 群众抗战救亡组织如雨后春笋

在中共厦门工委的广泛动员下，厦门人民的抗战情绪进一步激发，厦门各界人士同仇敌忾，奋起开展抗日活动。各类抗日组织如雨后春笋般诞生。1937年7月28日上午，厦门文化界抗敌后援会的率先成立拉开了序幕。随后，厦门各界抗敌后援会、厦门动员委员会、厦门市教育人员战时工作团也纷纷成立。所有组织的目标和宗旨都空前一致——抗日！

在1937年7月29日的《江声报》上，一则来自"厦门文化界抗敌后援会成立大会"的消息，已经明确地传递出了信号——厦门各界人士的抗日救亡运动已经开展起来了！消息提及，7月28日早上，厦门文化界抗敌后援会成立大会在中山公园的通俗教育社召开。厦门市文化界人士，包括报馆的新闻记者、副刊的撰稿人、各学校教师和学生、自由职业者的医生和律师，以及许多热心救亡运动的市民均到会。而文抗会成立的当天下午，市党部同时也成立了"厦门各界抗敌后援会"。

很快，厦门市文化界抗敌后援会的宣传部就联络了厦门市蓝天、鸽翼、青年三剧社，筹备了募款援助前方将士的话剧公演。三个组织的宣传部又联合进行了街头宣传和几次演出，引起了厦门市民的热烈反响。9月25日，

《江声报》1937年7月29日报道

厦门文化抗敌后援会发表《保卫厦门宣言》

第二章 全面抗战 万众一心

厦门市抗日宣传周拉开序幕，禾山有宣传队演讲歌咏，水仙路、思明路和鼓浪屿上则有激昂的演讲和户外戏的表演，每场听众都有数百人，场面十分壮观。

士农工商、妇女少儿都行动起来了，甚至连宗教界人士也加入到抗日的队伍中来。伴随着高涨的抗日情绪，1936年冬，中国佛教会认为佛众抗敌，义不容辞，请求国民政府准许僧人另行组织救护训练队，以便参加救死扶伤工作。1937年4月，厦门市佛教会的瑞今法师和广甫（林子青）等人，召集厦门市各寺院山岩住持，组织"厦门市佛教僧众救护训练队"。4月13日，开学典礼在南普陀寺举行，队员们个个"军装束带，精神饱满"。厦门各寺院的98个（也有资料称100个）僧人参加了救护训练队，每天清晨4点，统一在南普陀早餐后，僧人们就跑步集合开始进行军事训练。下午则进行救护训练，直到晚上8点才结束。

训练有素的僧人两次参加了厦门全市性检阅大会操，其中一次在厦门大学演武场举行，"僧众救护队位列大会操队列的第二排，步伐整齐，斗志昂扬。"1937年8月12日，厦门市佛教会响应中国佛教会通令，从救护队中选派5人到上海集中训练后，北上抗战

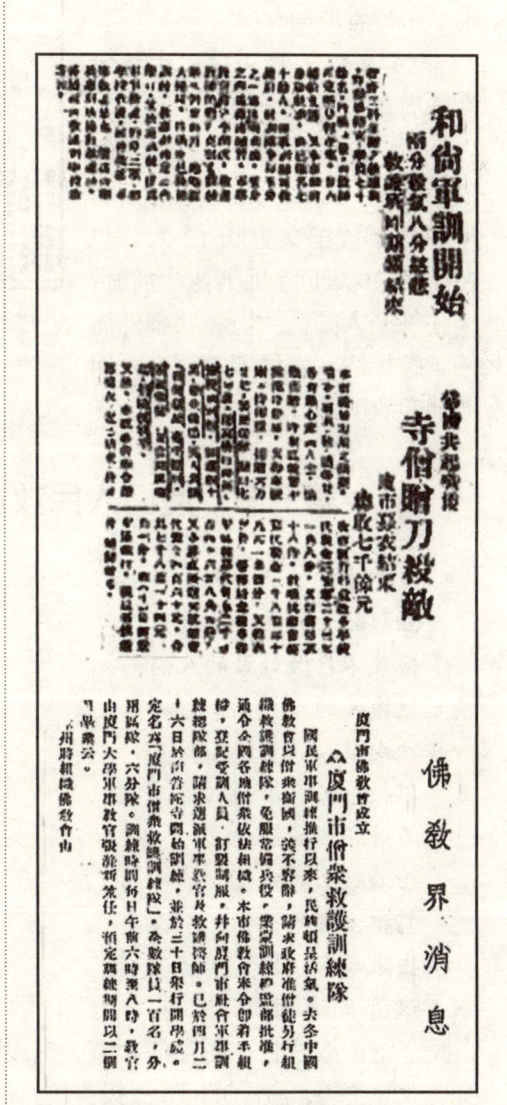

厦门佛教界参与抗日救亡的报道

前线，参加救护工作。这在当时上海的《申报》和厦门的《江声报》中都有报道。

1938年1月8日，福建省旅港粤救亡同志会组织的回乡工作团15人，由团长陈雪华率领抵达厦门；沈尔七带领的菲律宾华侨青年救国义勇队12人，也在1月20日回到厦门。他们带来旅外亲人同仇敌忾、共御外侮的满腔热情，鼓舞着厦门人民勇敢地迎敌抗暴。

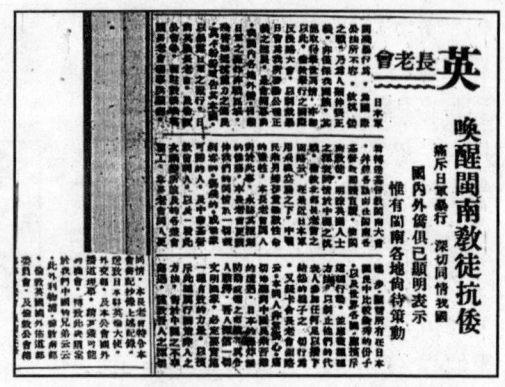

英国长老会呼吁闽南教徒抗敌（《江声报》1938年3月7日）

第三节　厦门人民救亡图存的激昂之声

我们是钢铁的一群！
担起救亡的使命前进！
武装不愿做奴隶的人们，
把战斗的火力，
冲向敌人的营阵。
不怕艰苦，不怕牺牲，
为着祖国的解放，
为着领土的完整，
誓把宝贵的性命，
去跟敌人死拼。

这首"厦门青年战时服务团"团歌《我们是钢铁的一群》，唱出了厦门人民坚定抗战、救亡图存的心声。这段时期厦门的文学艺术形式，紧紧围绕抗战的主题，激励厦门人民投身抗日的洪流之中。

紧随时事的新闻出版刊物，以鲜明的立场加入到反侵略的斗争中，如《抗敌导报》《战时生活》《大家谈》。而厦门《星光日报》《江声报》《华侨日报》三大报则是当时的主要宣传阵地，许多编辑、记者积极投身抗日救亡宣传。

在这些种类繁多的宣传品中，有相当大一部分是宣传特刊，包括由中

第二章 全面抗战 万众一心

共"厦门工委"负责编辑出版的《抗战导报》、厦门流亡宣传队编印的《怒焰》、厦门鼓浪屿青年抗敌后援会出版发行的《战鼓》等。除此之外，还有用画报或诗刊等形式来宣传抗日的，如《抗战画报》和厦门诗歌会负责人童晴岚编的抗日诗刊《中华轰炸机》。这些宣传特刊揭露了日军侵华暴行，真实记录了中国人民特别是厦门人民抗日斗争的情况，并刊登了许多颇具震撼力的抗日歌曲和诗歌。这些宣传品，在当时起到了广泛团结各阶层人民，共同投身于抗日战争的作用。

这其中最出名的抗日刊物要属《抗战导报》，其创刊于1937年9月26日，由中共厦门工委文化支部编辑，以福建省抗敌后援会厦门分会宣传部的名义出版。洪学礼为主编，邓贡直、张兆汉、许展新等为编辑，包括林云涛、施青龙、谢亿仁、戴世钦、陈亚莹等中共党员在内的一大批党员和进步青年围绕其间，成为中共厦门工委领导厦门及闽南地区人民开展抗日救亡运动的主要宣传阵地。《抗敌导报》主要以刊登政论文章为主，从不同角度鼓舞民众的抗敌情绪，宣传中国共产党全面抗战的主张。

《抗敌导报》一出现，就以

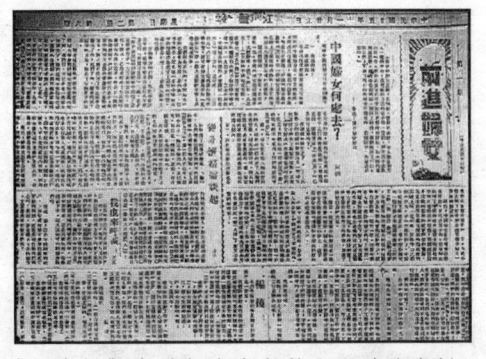

《江声报》发动妇女参与救亡运动的专栏《前进妇女》

报刊上关于"战时厦门妇女该怎么办"的讨论

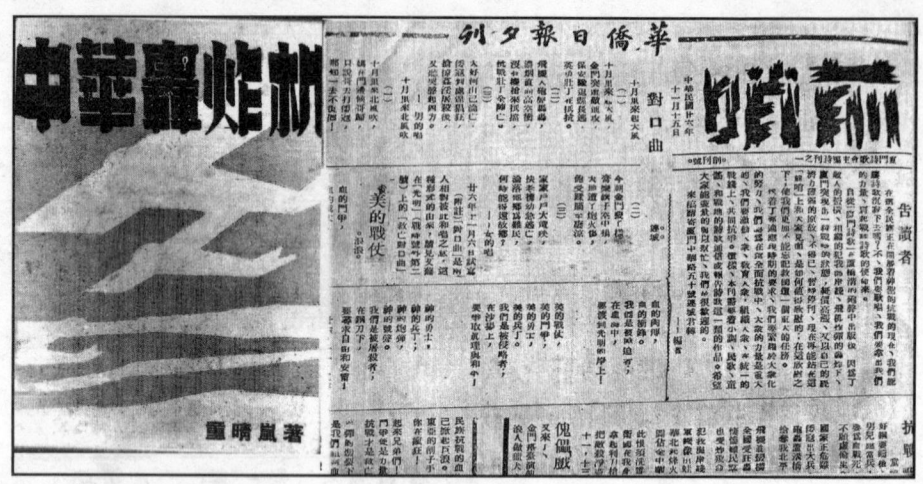

抗日诗刊《中华轰炸机》

鲜明的抗战姿态投入战斗,给厦门人民带来了一股十分强劲的抗战东风。《抗战导报》积极宣传中国共产党全面抗战和发展抗日民族统一战线的主张,热情讴歌全民族抗战的意义,并对国民党片面抗战路线进行了揭露和批评。如陈义生在《关于组织民众问题》一文中,对全面抗战和组织民众问题作了十分形象而深刻的论述,他说:"有人把全面抗战比作高楼大厦,把组织民众、动员民众比作钢骨水泥,这个比喻是非常恰当的。"

不过,《抗敌导报》鲜明的革命性和坚定的抗日立场,始终为国民党地方当局所不容。当第4期刊出后,国民党新闻检查处公然停止了《抗敌导报》的发行。经过据理力争,停刊了将近1个月的《抗敌导报》于11月18日重新与读者见面,但第9期出版后却又遭遇封杀。虽然《抗敌导报》被迫停刊,但它吹响了厦门抗日救亡运动的号角,推动了厦门抗日救亡运动的发展,它的贡献是不可磨灭的。

除了出版物外,从抗战爆发到厦门沦陷,在唤起民众的抗战意识方面,朗朗上口的民谣歌曲和诗歌也走在最前面。1936年12月30日,郁达夫在访日归国途中,经台湾到厦门。1937年元旦下午,由友人陪同,郁达夫前往鼓浪屿拜访弘一法师。晚上,赵家欣、马寒冰、郑子瑜等本土青年作家、诗人到水仙旅社与郁达夫聚会,抗战与文学是谈论的主题。这一年,厦门新诗空前活跃,连早已疏远新文学的弘一法师,也应邀为厦门第一届运动会创作会歌,写下这样的歌词,并亲自谱曲:

禾山苍苍,鹭水汤汤,国旗遍飘扬,

第二章 全面抗战 万众一心

健儿身手，各献所长，大家图自强。
你看那，外来敌，多少披猖，
请大家想想，请大家想想，切莫再彷徨！
请大家在领袖领导之下，把国事担当，
到那时，饮黄龙，为民族争光！

自1937年7月抗日战争全面爆发，至1938年5月厦门沦陷，是厦门新诗成长的收获期。这一时期，声讨帝国主义对中国的侵略与掠夺，呼唤同胞奋起抗战，彻底打垮日本鬼子的主题十分突出。其中最有影响的当推蒲风、童晴岚两人的诗作。

蒲风1937年夏天写出当时的名篇《厦门自唱》，誓赴国难的意志、大败敌寇的信念，在铿锵有力的口号式短句中表达得十分强烈：

我是厦门，
我是炸弹，
我满着杀敌的火焰，
安放在厦门港中。
……
一天他们胆敢尝试，
他们的骨肉
会立刻炸碎成粉，
从他们的兽心上
惊散了野蛮的灵魂。

童晴岚写于1937年的《中华轰炸机》也是当时的名篇，这个善于抒情的厦门新诗人，把满腔怒火喷射出来：

你来，
咱当抵抗到底；
以战争，
夺取生存的真理。
……
轰炸吧，
中华轰炸机！毁灭它们
全部，干净，彻底。

厦门被日寇占领后，抗战诗歌的创作也没有停止。流亡的厦门青年学子和文艺战士于1939年至1944年，还写出了一批新诗，如《一年》（林冰风）、《家乡沦亡曲》（陈莹）、《想一想》（叶芃）、《泥土的儿子》（憨生、岱君）、《走向更远的地方》（陈衷）等，这些诗歌，思乡情切，真意满纸。

除了抗战诗歌外，许多闽南语抗战歌谣因为通俗易记，也得到了广泛的传播，比如这首名为《滚！滚！滚！》的歌谣，押韵的闽南语配上通俗的歌词，将民众对日本帝国主义的厌恶表达得淋漓尽致：

滚！滚！滚！大家起来拍【打】日本。
日本起战争，中国雾【放】大枪。
阿兄做前锋，小弟做后盾。
一阵人，砻砻滚【热气腾腾】，大家合齐拍日本。
刀揭【举】好，枪对准，
将伊日本兵，拍作番薯粉！

而这首名为《锄奸商》的民歌，则对当时奸商贩卖日货的现象进行了有力的批判：

银白心肝黑，脸善人奸雄，
狼心狗肺大奸商，贩卖日货无天良。
认贼作父当奴才，卖国贪钱大不该，
今日破获日本货，罚你站在示众台。
日后若是不悔改，偷卖日货又乱来，
抗日会，锄奸团，就要请你吃"肉丸"。

厦门人民抗日情绪高涨，在厦门居留的台湾同胞也组织起来，参与抗敌复土运动，远居海外的厦门籍华侨也捐款捐物，支持父老乡亲救亡图存，促使当局加紧军事部署，抵御外敌。

第四节　厦门军政当局备战紧锣密鼓

1937年7月7日抗战全面爆发，日本军舰就肆无忌惮地在厦门港口进进出出。7月30日，"夕张"号、"追雨"号两舰停在厦门港口，8月1日突然驶进港内，就厦门报纸的抗日宣传向时任市长李时霖提出"抗议"。8月25日，日本外务省和日军第三舰队司令长谷川又悍然发表声明，宣布封锁包括厦门在内的南中国海域，不准中国船舶在中国领海航行。一夜之间，厦门港外麇集着十多艘飘扬着日本军旗的军舰。

随着日军对厦门的侵犯愈来愈频繁，形势也越发严峻起来，当时国军仅有为数不多的海军陆战队驻守厦门，另有白石、磐石、胡里山、屿仔尾

第二章　全面抗战　万众一心

四个炮台，及五通、何厝临时炮台和清末购自德国克虏伯的大炮数尊，防守力量单薄。消息传到海外，东南亚各地闽籍华侨和爱国人士同仇敌忾，纷纷来函要求国民政府调派得力部队守卫厦门。国民政府当局也开始部署与调整厦门防务。8月21日，一五七师正式进驻厦门，在1937年8月29日的《江声报》上，一篇名为《师部高级长官到厦　昨召各界谈话》的报道，拉开了军事当局部署抗日战备工作的序幕。报道里提到，一五七师参谋长张光、政训处长李育培、参谋处长李宏达，于28日皆由漳州抵达厦门，第一时间去南普陀九四一团部视察并给予指示。下午2点，政训处长李育培与市党部召集新闻界暨各界人士召开谈话会。

粤军一五七师临危受命，"派兵一旅进驻厦门，竭力固守"。一五七师师长黄涛，下辖两个旅，六个步兵团，师直一个特务营，一个工兵营，一个通讯营，一个炮兵连，一个担架医疗队，全师约8000人。由于该师人员配备齐全，武器精良，训练比较有素，闽南人民都寄予厚望。此次受命来厦，黄涛派出两个团、一个炮兵连进驻厦门岛，并加固炮台及防御工事。其余兵力，部署在漳州一带待命。

日本南支舰队司令长官谷川清认为"厦门是一个顽固的抗日据点"，守军司令黄涛令他心寒。他在对手下大熊司令官进行敌情交底时说："黄涛是一个很典型的德派军人，善于用兵。还有厦门的要塞炮台是威力很大的克虏伯大炮，你一定要小心谨慎！"

黄涛毕业于德国陆军大学，留学期间，特别前往德国鲁尔区埃森兵工厂学习大炮操控技术。后又前往捷克学习新式兵器三年。1937年，在上海吴淞口炮台及其他口岸与日军鏖战，黄涛当即总结经验教训，在厦门要塞采取远攻与近守相结合的战略，一方面利用厦门四大炮台（*白石、磐石、屿仔尾、胡里山*）克虏伯大炮能远距离重创日本军舰的优势，重新调整火力，又从漳州调来6门新式克虏伯速射炮，架设在云顶岩上，以弥补白石、胡里山炮台炮战时填弹的空隙，编制绵密的火力网。另一方面，从香港、菲律宾进口一千多桶水泥，在胡里山炮台至五通、霞边、香山

黄涛

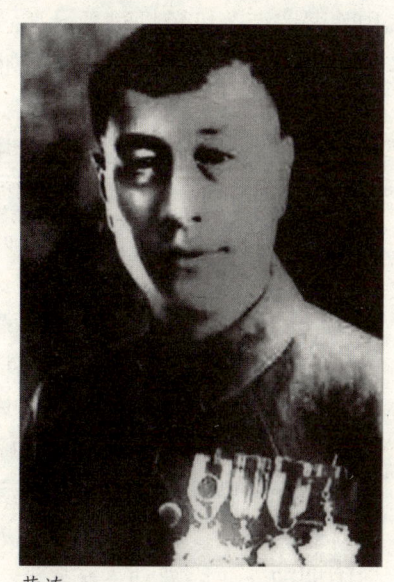

厦门文史丛书
|厦|门|抗|战|岁|月|

一五七师师长黄涛在厦视察留影

等海滨要塞，同时筑建100多个轻重机枪碉堡，以便近距离击退日本登陆部队。

在一五七师入驻厦门不久的9月3日，日本海军驱逐舰"夕张"、"若竹"等3艘舰船来犯，在空军的掩护下向我要塞开火，白石、胡里山炮台和曾厝垵海军机场顿时湮没在硝烟中。黄涛指挥厦门各炮台反击，压制敌人的炮火。胡里山炮台的克虏伯大炮不负使命，击中了日舰"若竹"号，使之失去了战斗力，首开中国战区击伤日舰的辉煌战绩。另两艘军舰见势不妙，马上掉头就跑。

此役大胜，全市振奋，特别是侨胞们扬眉吐气。海外祝捷和慰问的电报，有如雪片纷至。陈嘉庚以新加坡福建会馆主席的名义，发来贺电："黄师长勋鉴：敌视厦如囊中物，肆扰无忌。传三日来攻已为贵师击退，全侨感奋。中央抗敌决心，举国拥护，最后胜利，必属于我。"

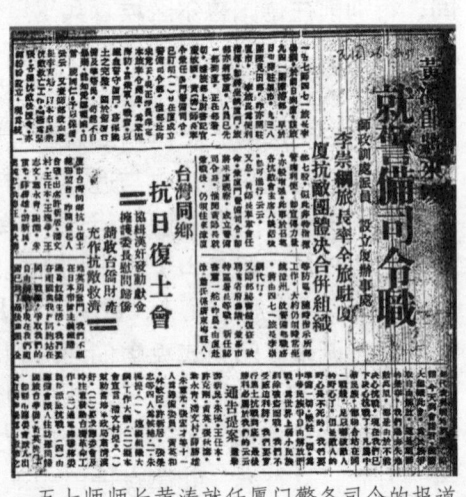

一五七师师长黄涛就任厦门警备司令的报道（《江声报》1937年8月31日）

第二章　全面抗战　万众一心

海外华侨和社会各界纷纷向驻军捐款、捐物慰问，军民士气大涨。

此后，一五七师积极备战，加固炮台，兴筑云顶岩等防御工事，组织训练壮丁义勇队，备战气氛相当浓厚。在奉令驻防厦门后，一五七师师长黄涛又兼任厦门警备司令，派出市区巡查队，加强治安，并勒令喧嚣一时的日本侵闽舆论工具《全闽新日报》停刊。接着，一批罪恶昭著的日本浪人和汉奸被逮捕并枪毙。

在这一时期的报纸中，可以看见军事当局一系列的行动逐渐开展起来。1937年8月28日，各国侨民被禁止窥探军事要区，违者将被紧急处置。8月29日，一五七师再次向厦门增兵，并由驻厦九四一团部督促编练义勇队，凡是受过"社训"（社会训练）的壮丁都被要求入伍，义勇队人数可达万人以上。义勇队指挥部也已组织成立，并在当时的思明西路大厦旅社内办公。9月28日，禾山特区所编壮丁队568人开始训练。兼任厦门警备司令的黄涛，为促进民众武装起来，特地抽编优秀壮丁加紧训练作为常备壮丁队维持后方治安。11月17日，厦门市义勇第一大队组织巡查队实行巡查。12月1日至3日，禾山驻军在吴村（梧村）一带举行实弹射击演习。12月20日，东区警局招募义勇警察200名在中山公园编队。1938年1月24日，高林义勇警察又增加五名，并添置钢盔子弹充实武力。

《江声报》1938年1月12日

《江声报》1937年11月22日
百姓为保家卫国捐献房屋、送子参军的报道

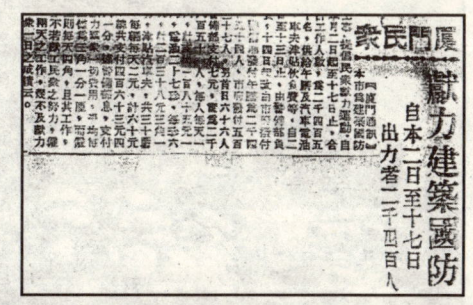

厦门市民积极修筑军事工事备战（《福建民报》1938年4月25日）

【33】

|厦|门|抗|战|岁|月|

抗战爆发后不久，海军驻厦门各机关，如海军要港司令部、海军航空处、海军飞机场、海军无线电台等，先后被敌机炸坏。1938年1月，为减轻经费负担，厦门航空处、海军气象台、海军煤栈等均奉令裁撤。5月，敌军进犯厦门时，禾山弹药库自行炸毁，"以免资敌"。

与此同时，当局的防空消防救护防毒工作也在逐渐部署起来，1937年8月7日，福建省防空协会正式成立。从1937年8月28日，市政府就通知商家预防空袭，"转知全市商民，应在店前赶备沙包五麻袋，清水四桶至五桶，以防空袭"。9月13日，厦门市防空委员会准备举行防空演习，并印《防空问答》5000册、画报5000张送给市民，并在市区内设立民众临时避难所120处。9月22日，市抗敌会救护部、防空会合并组成救护大队，并将于每日下午4点半到6点半进行救急训练。9月26日，市民屋顶上的白灰墙壁都被要求涂黑，以躲避空袭目标。11月9日，厦门的防御工事已构筑完成，对于防御工事军事当局的保护也更为严密。11月29日，厦要港司令部奉海军部命令，厦门的要塞堡垒周围区域皆为要塞堡垒地带，并明确界限，在天空区内禁止防空器飞越，并不得测量、摄影、描绘。

不过，在1938年1月19日的《江声报》上，出现了七十五师师长抵福建省的报道——这意味着当局又一次对厦门军事部署进行调整。一五七师受令调离厦门，由西北军第二集团军暂编第二师改编的七十五师进驻厦门，"元（13）日交接完竣"。

为防范日军登陆，中国军队在厦门构筑了防御工事

第三章　军民浴血奋战　保卫厦门

第三章　军民浴血奋战　保卫厦门

第一节　日军密谋进犯厦门

　　抗战爆发前夕，日本政府就拟定："必要时使用约一个师团的兵力。以主力占领福州，一部分占领厦门。如需要，可占领汕头。"1936年6月，日本政府派10艘军舰到厦门港附近武装挑衅。抗战爆发后，日本帝国主义的武装挑衅更加频繁。当时"厦门、汕头间日舰如穿梭"。1937年8月5日，日本联合舰队司令、海军大将高桥三吉率领大小军舰76艘、官兵2.8万余名，其中将校级军官达1600余人，从佐世保军港出发，驶到厦门港，进行大规模"军事演习"。此后，日本的"秋风"号等四艘驱逐舰，经常在厦门与汕头之间游弋，日本第五水雷舰队司令细萱、第三舰队司令及川、第五驱逐舰队司令江户兵太郎等重要军事长官先后抵达厦门，窥探闽粤防务，随时准备袭击厦门。同时，日本派遣大批浪人，指使汉奸加紧策划所谓"自治运动"，并派遣大小奸细到厦密布情报网。

　　抗战全面爆发后，作为交战国的日本，其驱逐舰"疾风"、"追雨"号和巡洋舰"夕张"、"若竹"号，仍然肆无忌惮地进出厦门港口（据《江声报》1937年8月4日的报道）。日本驻厦门的总领事馆及其主要的经济、文化侵略机构如大阪株式会社、三井洋行、全闽新日报社等，也照样屹然不动，高升他们的太阳旗。日本特务的间谍活动和日本浪人的骚扰破坏，不但没有稍戢,反而更加疯狂。厦门侨务局局长江亚醒曾回忆称,"七七"事变后的头几天,厦门的政府机关几乎都被日本浪人或特务窜入,拍摄机关"首长"的"尊容",以备日军攻占厦门后搜罗汉奸的张本。

1937年8月13日,日军大举进犯上海,十多艘日舰环集厦门港外示威,制造紧张气氛,显然带有武装侵占厦门的意图。东南亚各地的福建华侨闻讯,十分担心家乡的安危,认为厦门是闽南的门户,漳、泉的屏障。厦门一失,漳、泉各县势必受到日本的威胁。因此函电交驰,要求国民政府调遣得力部队守卫厦门。

在海内外要求增强厦门军事力量的舆论压力下,国民政府于8月21日调派第四路军一五七师第四六九旅驻防厦门,开始在各码头站岗,检查来往旅客。23日,一五七师勒令《全闽新日报》停刊,又大张旗鼓地逮捕和枪毙了一批浪人和汉奸,迫使日本总领事馆宣布将撤走日侨。自24日起至28日止,日侨分批搭乘日轮"长沙丸"、"福建丸"离开厦门。驻厦日本

日机对厦门民居狂轰滥炸

第三章 军民浴血奋战 保卫厦门

总领事高桥茂28日降下领事馆的日本国旗，封闭驻厦门的日本总领事馆，将馆务委托英国驻厦门总领事馆代理。高桥茂用心很深，临走前部署40多个日籍浪人潜伏下来，秘密组织"邦人义勇团"，其任务为刺探军情，瓦解驻军，准备在日军进攻厦门时充当内应，扰乱社会治安。一五七师虽然破获"邦人义勇团"这个秘密组织，并且逮捕枪毙了团长柯阔嘴等人，但没有一网打尽，留下后患。

一五七师的官兵有不少是从原十九路军转过来的，抗日情绪较高。他们入驻厦门，立即积极进行备战，着手兴筑云顶岩、何厝等处的防御工事，组织训练壮丁常备队上万人次。此后，日本军舰虽不敢如以前那样直窜港内，但还时常在港外示威。

8月25日，日本第三舰队司令和东京的日本外务相联合发表声明，宣布封锁中国中部和南自吴淞至汕头一带海域。厦门也属禁区。在此禁区内，不准中国国籍船舶航行。声明发布后，就有十多艘日舰在福建海域巡弋，其中两艘停泊厦门港外，"图断厦交通运输"。

1937年9月3日，厦门首次遭受日舰的炮击和日机的轰炸扫射。入侵的日机有12架，分成4排，飞得很低。日机先在漳厦海军警备司令部（今市公安局一带）上空盘

一五七师整编由市民组成的义勇队万人以上

日军轰炸厦门的报道

旋，十多分钟后开始扫射投弹。这次空袭，将近2小时才解除警报。而"羽风"等3艘日舰则驶近大担岛，列成阵势，分别炮轰白石、胡里山炮台和曾厝垵海军机场。胡里山炮台的守军奋起开炮还击，命中日舰"若竹"号。白石、胡里山的大炮也怒吼起来。日舰见势不妙，悻悻离去。这次战役，三个炮台的守军亡5人，伤4人，却赢得击中一艘日舰的战果。今年（2015年）98岁的陈火甲，时任《星光日报》记者，当日就在胡里山炮台目睹了这一幕。

嗣后，在9月12、14日，10月22、25、26、30日，11月8、10、19、25日，12月6、8、27日，1938年1月3日、2月4、8日，都有三五成群的日舰连续不断地向禾山炮击。其中，1937年10月25日、12月8日和1938年1月3日，日舰进入何厝、五通海面，放下小艇，窥探中方反应。据《江声报》1938年1月26日报道，自1937年9月3日起至1938年1月3日止的4个月中，日机空袭轰炸厦门共37次。其中1938年1月25日一天之间，空袭7次，投弹23枚。2月4日，从拂晓鸣警报，到下午3时才解除。瓮王巷、砖仔埕、出米岩和民国路（今新华路）一带被炸毁大小楼房60多间，罹难市民血肉横飞，惨不忍睹。

日军持续轰炸厦门遭到我军反击

日海军不断骚扰我前线的报道
（《江声报》1937年12月9日）

第三章 军民浴血奋战 保卫厦门

日军轰炸毁坏厦门大量民房（《江声报》1938年2月25日）

《大公报》1937年9月5日报道

日本海军航空队空袭厦门海岸炸毁民房（选自《日本侵华图志》）

第二节　厦门驻军顽强抵御

　　1937年10月26日，日军攻占金门之后，开始以金门为基地，觊觎中国东南沿海的主要港口厦门。

　　1938年春天，日本的北进战略在台儿庄受挫，徐州会战在即。为了牵制中国兵力，获取进攻华南的跳板，同时截断通过南太平洋海运输入中国的抗战物资，日本大本营决定由积极主张南进的日本海军单独进攻厦门。日军侵厦还有另外一层目的，占据福建华侨的主要进出口岸获得外汇，并方便日后向东南亚进军。

　　1938年4月起，这一行动紧锣密鼓地展开。

　　日军大本营海军部"大海令112号"文件显示，支那方面舰队司令官川古志郎中将于1938年5月3日对所辖第五舰队司令官盐川喜一郎中将下令，必须攻占厦门岛。

　　而在这之前数月，即1938年1月15日，厦门驻军却偏偏换防，一五七师他调，改由七十五师守卫。七十五师由师长宋天才、副师长韩文

第三章　军民浴血奋战　保卫厦门

英统领，名为一师，实际兵力不足两个旅，武器弹药装备和官兵们的抗日情绪，都不如一五七师。且七十五师师部移设漳州，警卫厦门的厦门守备队伍，仅仅是二二三旅旅部率 4 个步兵营和 2 个炮兵连（每连炮两门），一个工兵排组成，由副师长韩文英坐镇指挥。此时金门已沦陷数月，日本以金门为跳板，准备进攻厦门，军舰不时抵近炮击，军机不断从金门岛飞来厦门侦察、轰炸。师长宋天才接防后，虽然竭力加强沿海岸所有工事，但已把重心移到厦门对岸的大陆。而市长高汉鳌则早早为自己准备退路，在鼓浪屿鹿耳礁租了一幢洋楼，以便厦门战事发生后随时可以托庇于"公共租界"当局。厦门市档案馆的资料显示，厦门市政府也拟就了撤退方案，将辖内所有老幼妇女人数统计成表，拟定角尾路码头、海岸码头、筼筜港码头、小学路码头、外王路码头、担水巷码头、洪本部码头、新填地、旧路头等九处，指定为老幼妇女撤退码头。市政府同时训令："沿海公路未完成者应停工；已完成者必要时应给予破坏，免为敌人利用。公路破坏方法与需用材料及破坏地点应于事先安排妥当，令当地区长明白了解，并于破坏时监视其实行。"市政府并订定战时公路、桥梁、渡船及码头破坏方法，如破坏木桥因火油（汽油）有限，不得以火油焚烧。

五通滩头，我军布置铁丝网阻止日军登陆。

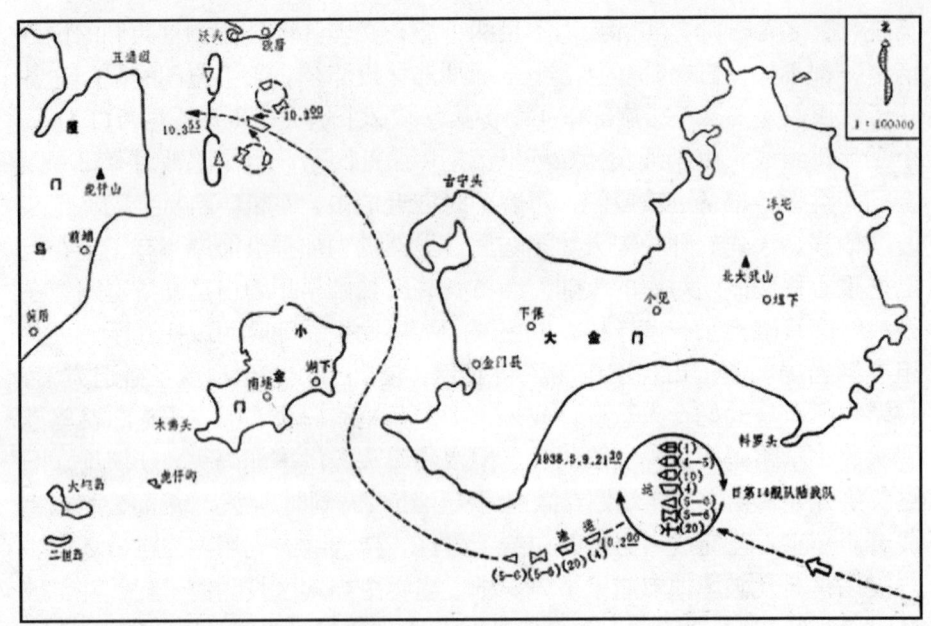

日寇侵厦陆战队由舰到岸运动示意图

七十五师厦门守备队进入厦门后,加紧设防,预判日军将从厦门岛东部地势平坦的五通泥金、何厝一带登陆,决定在东部沿海一带加强防守。

厦门要塞方面,胡里山炮台炮两门,磐石炮台炮两门,白石炮台炮一门,何厝炮台炮一门。敌我相持阶段,这几个炮台曾炮击日军军舰。4月19日,厦门警备司令部召开党政长官会议,称"海面防御之工事,惟经费困难,难以周到。胡里山炮台经加用石灰层掩护(上架铁丝网),但屿仔尾、磐石、白石三炮台因无经费尚未掩蔽,倘被敌机所毁,则胡里山炮台亦难以独挡"。

由于厦门为孤岛,未有海空军参与防卫,七十五师厦门守备队入驻厦门4个月,即感独木难支,防守吃力。

据七十五师师长宋天才警卫员能志成(湖北人)介绍,1938年5月9日夜晚,厦门各界人民正在举行纪念"五九"国耻的火炬游行,七十五师厦门守备队部分官兵赶赴市区参加,深夜徒步走回五通驻地,已人困马乏。谁能想到,早已获知动向的日本侵略者已偷偷揭开进攻厦门的序幕。

日本海军档案显示,日本海军为了增援华南地区海上力量,1938年编成了第五舰队。为了攻打厦门,他们又强化兵力,调派航空母舰"加贺"号和30艘舰艇(旗舰为一等巡洋舰"妙高"号),以及第二联合海军陆战

第三章 军民浴血奋战 保卫厦门

队、舰艇联合陆战队和金门守备队第一防备队,共三支部队,配备装甲战车和重型机关枪。日军陆战队由海军少将宫田义一率领,兵员来自冈本、志贺、福岛三个支队,还有龙田和天龙两个大队,共4895人的兵力。

"加贺"号是日本最强大的航空母舰,三层甲板,可搭载60架舰载飞机。加贺舰上的航空部队,也是日军最有飞行战斗经验和实力的航空部队。加上各舰搭载的飞机,日本各类军机总数达到126架。这样庞大的海陆空阵列,战斗力极其强大,说明日军侵厦志在必得。

5月3日,日本海军陆战队乘运输舰从日本佐世保军港出发。7日上午,到达澎湖马公港,与日本第五舰队会合。5月9日上午,日军舰队共31艘舰艇,在澎湖马公军港补充给养。调整人员后,一路向金门疾驶而来,傍晚进入大小金门之间的料罗湾隐蔽。料罗湾在金门岛的东面,金门岛的西面是厦门岛,军舰隐匿料罗湾,厦门守军监视力所不能及。

10日凌晨1点,日军舰队开离隐蔽之所料罗湾,驶向厦门岛的东南方海域。日本舰队利用农历初十的弦月微光,悄悄地潜入厦门禾山五通浦口海岸外2500米的海面抛锚。日军侵厦拟定了8个登陆地点,最后认为五通突出于厦门东面,与金门接近,防守薄弱;五通附近的香山炮台,在厦门

日寇向中国驻厦军队发动进攻

炮台阵列里威力最小。而且五通海滩平缓，利于登陆。如果从鹭江道直接攻击市区，不但要经过厦门岛南部海域，那里布有香山、白石、磐石、胡里山，以及对岸大陆的屿仔尾南炮台，而且附近还有英国的军舰。因此，日军选择了从五通突破。

5月10日凌晨2时30分左右，日舰开到五通至香山一线海域，满载海军陆战队的登陆艇，分四路悄悄驶向凤头至浦口一线海岸。3点15分，第一大队敌人首先从浦口社南部海岸登陆。接着，第二大队也在浦口社登陆。双方接火，厦门阻击战打响了。

日军舰炮向我四四六团二营阵地猛烈炮击，日寇海军陆战队在炮火掩护下突击上岸。天明后，日军飞机开始轰炸，掩护地面部队强攻，同时开始轰炸我军高射炮阵地、重要军事设施。从3时45分

1938年5月10日，厦门岛上的中国守军与侵厦日军鏖战。

起，日军舰炮也对白石炮台及虎仔山炮台我方阵地进行了掩护射击。

经过三个小时的浴血奋战，我军不支，四四六团二营泥金守兵第五连连长安治国倒在枪林弹雨中。副营长马忠喜重伤无法撤退，爬到树上，待日军经过时，以仅存的子弹射杀敌人。最后被敌军包围射击，尸挂树上。二营营长王建章带领营预备队反复逆袭，与敌人争夺阵地。事后，日军在《作战研究》中承认："敌方在海边展开布设的铁丝网和水泥碉堡等，以机关枪和手榴弹等进行了激烈顽强的反抗。"

日本海军陆战队登陆后，分左右两线进攻。左路从五通的泥金沿着东海岸线直扑鸡山、何厝、前埔、黄厝，直抵白石炮台；右路通过厦门岛中央的全禾公路（即五通到轮渡的公路），从五通的凤头杀向高林、金山、后坑、江头、莲坂，再攻入市中心美仁宫、轮渡、胡里山炮台、曾厝垵，再

第三章 军民浴血奋战 保卫厦门

到白石炮台，与左路部队会师。

五通滩头阵地吃紧时，七十五师师长宋天才急派四四五团一营增援，副师长韩文英亲率队伍上午7点步行到达高林，与日军右路部队第一、二、三联队遭遇。守军官兵与日军展开肉搏，战斗非常激烈。守军虽伤亡惨重，但仍不退却。

从上午5时开始，日军15架战斗机分五个批次，每次三架，轮替飞升在加贺航母和厦门周边上空警戒。与此同时，18架轰炸机和24架攻击机，也分为5个批次，配合陆战队地面作战的进展，对我军阵地、军事设施和村庄、市区、甚至对厦门大学进行轰炸与扫射，一直到傍晚。

而自7时开始，另有13架轰炸机与攻击机混合编组，对厦门周边的闽南大陆，从最近的嵩屿开始，一直到龙溪、漳浦、漳州、南靖、龙岩，以及泉州一带，进行轰炸与机关枪扫射，同时侦察我军的动向。

根据日军《作战研究》的统计，仅舰载飞机，在10日这一天，就投下了222枚炸弹，发射了11629发的穿甲弹、曳光弹和2585发燃烧弹。陆战队耗费的弹药就无法计算了。上午5时20分至7时15分，我军坂尾社南方的战壕与机枪阵地被敌军摧毁，我军撤退至金山南部时，又遭到敌军空袭，抵达高林又遭敌军轰炸。丧失制空权、制海权的我军，渐渐扛不住敌军的狂轰滥炸。且敌军后续部队持续上岸，至8时45分，日本陆战部队全部登陆完毕。

据收藏于中国第二历史档案馆的《厦门守备队战斗详报》记载，到中午12时多，韩文英身先士卒，因伤势严重，流血过多不能行动，下了火线。四四五团一营营长宋天成阵亡。敌人趁势进攻，打到东芳山、龙山、江头一带。我军退到江头抵抗，四四五团团长水清澋从洪山柄率领四四五团二营赶赴增援。激战中，营长杨永山臂部受伤，七十五师二二三旅司令部主任参谋樊怀明（《厦门守备队战斗详报》为"楚怀民"，此以中国第二历史档案馆馆藏阵亡将士名单为准）遂在前线督战。

坚持到下午5时，莲坂、龙山、东芳山失陷，樊怀明上校在莲坂壮烈牺牲。他是此役我军牺牲的最高军衔的军官。下午5时之后我军残部归四四五团三营营长杨永山指挥。七十五师驻守嵩屿的四四六团三营（仅两连，欠一连兵力）赶到莲坂一线支援，在金鸡山、大厝山坚持抵抗。

日军左路部队则于下午1时，突破石胄头、黄厝四四五团三营阵地，在海空军协助下，向我军猛烈攻击。我将士喋血奋战，与敌近距离肉搏，进退反复五六次。何厝、黄厝一线阵地相继失陷后，我军转移到曾厝垵、

日军登陆后向厦门市区推进

虎山、观音山、云顶岩,利用山地殊死抵抗。

下午5时30分,敌军一、二、三大队陆续进入莲坂。敌军四大队在前埔与五大队分开后,沿前埔到江头道路前进,此时也到达莲坂,与一、二、三大队汇合。至此,日军完成了对厦门岛东半部的包围占领。然后合力攻击驻守梧村的我方守军。

敌军五大队则继续往前埔进攻,晚上8时40分进入前埔南部战线。根据日军《作战研究》记载,10日夜我军有屡次的反攻,但悉数被日军击退。

5月11日,太阳冉冉而升,照亮这座在日军炮火下奄奄一息的岛城。经过一天的战火焦灼,日军已占据我厦门岛一半土地。我军多数退守到厦门市区一线。

这一天,四四九团二营营长杨凌岫带领三个连队从漳州赶到厦门,地方壮丁队、警察队等200多人也到金鸡山增援,由梧村向江头发起反攻,拂晓收复了莲坂、江头,并且乘胜夺回东芳山、龙山、薛岭山一带阵地,

第三章 军民浴血奋战 保卫厦门

双方在此拉锯恶战。

11日晨，我驻泉州第八十师二三九旅以汽车两辆装运机关枪二挺、迫击炮五门，由泉赴厦增援，在泉州附近浮桥地方被敌机炸毁。日军知道我方完全没有空中力量，更是嚣张地实施超低空轰炸和扫射。井上小队舰载轰炸机 1 号机被我军战士用步枪击中，子弹贯穿油箱，紧急降落于江头社西边的海岸上。从溪头到胡里山一线执行轰炸任务的江岛中队 1 号机，也被我方用枪弹击穿机体。

日军在鹭岛上狂轰滥炸，仅 11 日一天，又消耗了六十公斤陆用炸弹 168 枚、穿甲弹 4593 枚、燃烧弹 2749 枚及其他炸弹共计 10091 颗。我军下午 4 时被敌压迫，退入市区，展开巷战，血肉搏击至 12 日厦门岛大部分地区被占领。13 日厦门全岛沦陷。不过，在 16 日的日军记录中，高崎仍有日本士兵受到攻击，说明我军还有零星的剩余力量，没有放弃最后的抵抗。

保卫厦门的战斗从 5 月 10 日到 13 日结束，一共四天。我方除了七十五师守军，加上地方警察、壮丁队等等，投入的兵力大约 3000 人。据

日军占领厦门市政府，位于公园南路 2 号，也就是今天的厦门少儿图书馆

《厦门守备队战斗详报》统计，我军阵亡的军官有上校参谋主任、营长、代营长等29人。受伤的长官23人，两位营长生死不明。士兵阵亡597人，受伤177人，失踪134人，连同军官共计伤亡963人。壮丁伤亡虽然没有统计数字，应该也不在少数。日军"作战研究"称，日军战死20人，伤员84名。

厦门要塞的炮台，在保卫战中，也与日寇激战多时，弹尽援绝，相继失守，员兵死伤殆尽。据海军总司令陈绍宽电告国民政府，"胡里山、磐石两炮台台长张元龙下落不明，参谋龚庆霖被俘，生死不明"。

在厦门保卫战中，我军通讯器材匮乏，联络不通，欠缺协同作战；武器陈旧，装备不完整，火力不如日军。但官兵抗敌英勇，连续昼夜作战，即使没有后援，但仍主动攻击敌人，与敌短兵相接，近战肉搏，血肉横飞，无畏牺牲。七十五师在战后总结中，感慨道："厦门一孤岛，我陆军装备既

汉口《申报》1938年5月14日报道

第三章 军民浴血奋战 保卫厦门

汉口《申报》1938年5月14日报道

不如敌人，海空军又属绝无，我军民以血肉之躯守土抗敌，不可谓非壮烈矣！"

厦门陷落，七十五师厦门守备队残部退往嵩屿和集美、排头（今海沧区鳌冠附近）。日军占据了虎头山作为他们的指挥中枢——日本海军厦门根据地队部，并派扫雷艇清除鹭江和厦门海域的水雷，开始着手建立伪汉奸政权。

厦门文史丛书
| 厦 | 门 | 抗 | 战 | 岁 | 月 |

画册中日军庆贺攻占厦门

厦门岛奇袭攻略的旧影是日寇侵厦暴行的自拍照，其作者是当年日本南支舰队新海特派员随军记者蝶野。

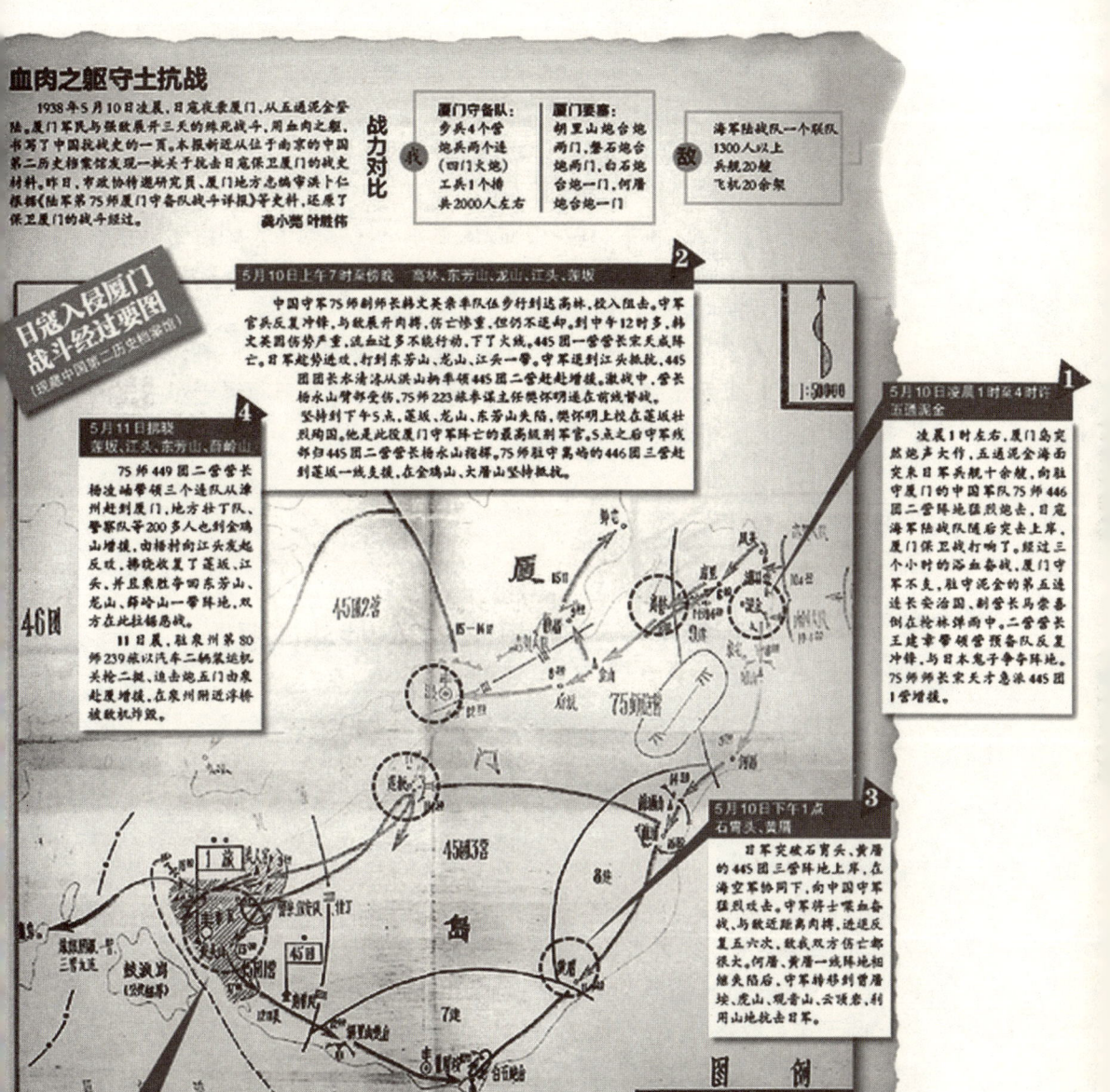

第三章　军民浴血奋战　保卫厦门

血肉之躯守土抗战

1938年5月10日凌晨，日寇夜袭厦门，从五通泥金登陆，厦门军民与敌激展开三天的殊死战斗，用血肉之躯，书写了中国抗战史光辉的一页。本报新近从位于南京的中国第二历史档案馆发现一批关于抗击日寇保卫厦门的战史材料。昨日，市政协特邀研究员、厦门地方志编审洪卜仁根据《陆军第75师厦门守备队战斗详报》等史料，还原了保卫厦门的战斗经过。

魏小莞　叶胜伟

战力对比

我：
厦门守备队
步兵4个营
炮兵两个连（四门大炮）
工兵1个排
兵2000人左右

厦门要塞
胡里山炮台炮两门、磐石炮台炮两门、白石炮台炮一门、何厝炮台炮一门

敌：
海军陆战队一个联队1300人以上
兵舰20艘
飞机20余架

日寇入侵厦门战斗经过要图
（据中国第二历史档案馆）

2 5月10日上午7时至傍晚　高林、东芳山、龙山、江头、莲坂

中国守军75师副师长韩文英率部队任步行到达高林，投入阻击。中军官兵反复冲锋，与敌展开肉搏战，伤亡不轻，但仍不退却。到中午12时多，韩文英因伤势严重，流血过多不能行动。下了火线。445团一营营长宋天成阵亡。日军趁势进攻，打到东芳山、龙山、江头一带。中军退到江头抵抗。445团团长永清从洪山纳率领445团二营赶赴增援。激战中，营长杨永山臂部受伤，75师223团参谋主任樊怀明上校在莲坂社刘泓固。他是此役厦门守军阵亡的最高级别军官。5点之后守军残部归445团二营营长杨永山指挥，75师驻守高崎的446团三营赶到莲坂一线支援，在金鸡山、大屠山坚持抵抗。

1 5月10日凌晨1时至4时许　五通泥金

凌晨1时左右，厦门岛突然炮声大作，五通泥金海面突然来日军兵舰十余艘，向驻守厦门的中国军队75师445团二营阵地猛烈轰击，日军海军陆战队随后突击上岸，厦门保卫战打响了。经过三个小时的浴血备战，厦门守军不支，驻守泥金的第五连连长安治固、副营长马荣泰倒在抢林弹雨中。二营营长王建东率领营预备队反复冲锋，与日本鬼子争夺阵地。75师师长宋天才急派445团1营增援。

4 5月11日拂晓　莲坂、江头、东芳山、薛岭山

75师449团二营营长杨凌峭带领三个连队从漳州赶到厦门，地方壮丁队、警察队等200多人也到金鸡山增援，向捕村向江头发起反攻。很快收复了莲坂、江头，并且取胜夺回东芳山、龙山、薛岭山一带阵地，双方在此拉锯恶战。

11日晨，驻泉州第80师239旅以汽车二辆装运机关枪二组，迫击炮五门由泉州赴厦增援，在泉州附近浮桥被敌机炸毁。

3 5月10日下午1点　石胃头、黄厝

日军突破石胃头、黄厝的445团三营阵地上岸，在海空军协同下，向中国守军猛烈攻击。中军将士浴血备战，与敌近距离肉搏战，连续反复五次，敌我双方伤亡都很大。何厝、黄厝一线阵地相继失陷后，守军转移到曹厝墘、虎山、观音山、云顶岩，利用山地抗击日军。

5 5月11日下午4点后　市区等

由于日军增援部队抵达，还有空军支援，中国守军被敌压境，退入市区，展开巷战。至12日，厦门大部分地区被日军占领。13日厦门全部沦陷。

图例
→ 5月10日情况
→ 5月11日情况
→ 5月12日以后情况

(本版照片由市图书馆洪卜仁工作室提供)

[51]

日军攻占厦门的最强悍兵备"加贺"号航母,于战局逐渐明朗的 12 日撤离厦门,但 17 日,日军另一艘航母"苍龙"号进入厦门,戒备我方可能的反攻。然而,国民政府其实早在 1936 年,甚至已经准备把闽南作为游击区了,并没有反攻收复厦门的打算和力量。

19 日,日军在中山公园举行阅兵式,耀武扬威,宣告胜利。据日军密报估计,日军攻打厦门 4 天,厦门市损失达到 2 亿元国币,相当于福建省三年的财政收入(抗战胜利后,国民政府曾对损失进行过调查统计,因时隔 7 年多,数据并不完整)。

九天后,连云港陷落。此后不到一个半月,攻占厦门的原班人马,复在两三天内攻陷了南澳列岛,华南地区由此全面吃紧。日军终于对中国的华中、华北实施了彻底的海上封锁。

附录一

陆军第七十五师厦门守备队战斗详报

一、地点:厦门

二、时期:民国二十七年五月十日至十二日

三、战斗前彼我形势之概要

本队奉命于二十七年一月十五日,接替一五七师第四六九旅所担任厦门之防务。当时金门业已失隔数月,敌之兵舰飞机不断来厦岛侦察与轰炸,代队长(宋兼队长天才驻龙溪)接防后,即竭力加强沿海岸所有工事,严阵以待,至我阵地之设备及兵力之配备,如态势要图。

四、影响于战斗之天候气象及战场之状况概要

1. 天候气象:温度,平均八十三度。风向,南风多。雨量,每月约十分之一为雨日。日出上午六时〇分,日没下午七时十分。月龄:十一至十三。

2. 战场之状况概要

厦门四面环海,位居金门西约距九公里。该岛除西南一小部为市区较平坦,南部多高山外,其他大都极少树木之小起伏地,而尤以泥金、何厝方面地势平易。敌以主攻,由此登陆作战,为最有利。

五、战斗前彼我之兵力、交战之敌团队号及将帅姓名

第三章 军民浴血奋战 保卫厦门

1. 我守备队计辖步兵四营 223B（—446，—Ⅱ）配属炮兵两连，（每连炮二门）工兵一排。

2. 敌军海军陆战队第十四联队长宫田义一，计辖该队全部兵力，并联合海（兵舰二十艘）空（飞机约二十架）军各一部。

六、防御配备及其主要理由并战斗时所下之命令

1. 防御配备：如作战一览表九日栏内及态势要图。

2. 主要理由：厦门南部多高山，不适于大部之运动，且有炮台掩护，敌登陆困难，故我于此处可节约兵力。东部（泥金、何厝方面）地形平坦，敌上陆便利，战斗容易进展。故判断敌人由东部登陆，公算最大。

3. 战斗时所下之命令（附后）

七、各时间之战斗经过及其关联之邻接团队动作、要塞守兵及炮台之炮战情形

五月九日黄昏，发现敌舰五六艘，停泊大担山附近，并敌陆军队第十四联队由该队长宫田义一率领，有进攻厦门之企图，除已用电话报告兼队长宋外，并令属严防。

五月十日午前三时，据泥金方面四四六团第二营王营长报告：职营阵地海面于午前一时，突来敌兵舰十余艘。该敌舰现正用炮火向我沿海岸阵地猛烈射击，似有登陆之模样，代队长除再饬属严防外，当再据情用电话转报兼队长宋（即师长宋）报告要旨（如报告第一号）。旋奉师电话命令要旨：（如师作命第一号）。除遵办外，并派队分赴我兵力薄弱各部分，时加巡查，以资戒备。四时二十分，又据该王营长建章电话报告：我泥金守兵第五连连长安治国，营付马崇喜，于午前四时阵亡。故我泥金阵地被敌上陆部队（第十四联队主力）突破，职现正率领营预备队反复逆袭中，特报告等语。代队长根据以上情况，即下达命令要旨（如队作命第一号），同时并将敌情决心处置用电话报告兼队长宋（如报告第二号）。

当奉电令要旨（如师作命第二号），奉令后，代队长率领四四五团第一营，即往高林方面增援，于上午七时到达，向高林施行逆袭。敌继续上陆部队，同时亦参加战斗。故战况激烈，反复冲锋，肉搏多次。代队长身先士卒，因督队过勇，于上午十一时，受弹中伤，虽负伤，犹忍痛督战。斯时官兵伤亡奇重，但仍能坚强抵抗。十二时许，代队长因伤势沉重并流血过多，不能行动，同时四四五团第一营宋营长天成阵亡，因此被敌压迫退至东芳山、龙山、江头之线，以行抵抗。当调四四五团团长水清浚由洪山柄率领四四五团第二营（营长杨永山）赶到增援。未几，该团长在江头臂

部受伤，复令参谋主任樊怀民，驰赴督战。

午后一时，又据我右翼方面四四五团之第三营代营长高思宪报告：敌突破我石帽头、黄厝阵地，陆续上陆，刻正激战中，并有海空军之协助，火力异常猛烈。我军喋血抗战，反复肉搏，屡进屡退，达五六次之多，双方死亡甚巨。我何厝、黄厝之线各阵地相继失陷。我军为利用山地，作坚强抵抗，已转移于曾厝垵、虎山、观音山、云顶岩之线等语。

至下午五时，敌顺全禾公路，向我左翼猛攻，因而莲坂、龙山、东芳山失陷。该主任即在莲坂殉难，所有部队统归四四五团二营营长杨永山指挥。但当时我战局甚危，幸我驻嵩屿防军四四六团第三营代营长张星平率领该营（欠一连）赶到，比即增援，得以占领金鸡山、大厝山之线，以行抵抗，始支持战局。当晚战况因双方伤亡过重均无进展。

五月十一日，由漳调厦增援一营（四四九团第二营营长杨凌岫），因敌前渡河极感困难，故仅到达三连，并地方团队（常备队警察约二百余名），由本师发枪合并编成一营，归杨营长凌岫指挥（该增援队到达吴村后统归杨营长永山指挥），经吴村向江头攻击前进。十一日拂晓，已将莲坂、江头次第收复，并乘胜占领东芳山、龙山、江头、薛岭山一带阵地。

是（十一）日与敌互相突击，进退数次，终日恶战，伤亡殆尽，勉维现状。

至上午十时，代队长伤势更形沉重，人事不省，当时由杨代指挥永山着人送回后方。同（十一）日上午八时，接我右翼高代营长思宪报告：敌以有力之一部，由黄厝上陆，经曾厝垵沿河边大道，凭借海空军优势威力，猛烈西进，向厦市攻击。我右翼高营逐次抵抗，且战且退，剩余部队于下午四时被敌压迫，退入厦市，在厦市发生巷战，血肉狼藉，战斗极惨等语。

杨代指挥永山，当即据情转报，兼队长宋旋奉电令：以目前战况，似难挽回危局，着于本（十一）晚由高崎渡河向集美方面撤退。杨代指挥奉令后，即作退却计划，下达退却命令（如队作命第二号），于本晚乘夜暗退却，于十二日上午八时退却集美、排头占领阵地完毕。

要塞有胡里山炮台两门，磐石炮台炮两门，白石炮台炮一门、废炮一门，何厝炮台有炮台一门。十日敌未上陆时，曾发炮对敌兵舰射击。敌登陆后，炮失效用。海军司令高宪申于十二日晚，亦随同本队撤退。

八、战斗之成绩

是役战斗，自十日起，至十二日晚止，计三天。

阵亡官佐自二二三旅参谋主任樊怀民及第四四五团第一营长宋天成，

第三章　军民浴血奋战　保卫厦门

暨第四四六团第三营代营长张星平等官长二十九员。受伤官佐自代队长（二二三旅旅长兼副师长韩文英）、四四五团团长水清浚，及四四五团第二营营长杨永山与四四九团第二营代营长杨凌岫以下，共计二十三员。

失踪官佐二员。

士兵阵亡五百九十七名，受伤士兵一百七十七名，失踪士兵一百三十四名，共计九百六十二员名。

壮丁伤亡虽未统计，其数当亦不在少数。我军民之守土抗敌精神，不可谓非壮烈矣。徒以厦门为一孤岛，我陆军装备既不如敌人，海军、空军又属绝无，使我守厦部队增援作战，均感困难。而敌人则可以尽量发挥陆海空联合作战之威力，故能以较短时间侵占厦岛。

九、战斗后彼我之阵地及行动

我军转移集美、排头、嵩屿、屿仔尾沿海岸之线阵地后，敌每日均有兵舰十余艘或七八艘，向我海岸阵地炮击。我军仍沉着应战，敌卒不能越雷池一步也。

十、可为参考之意见

1. 我之弱点

A. 通信器材缺乏，联络不周，协同动作多欠圆滑。

B. 兵器陈旧，装备不完，故火战及远战不若敌人。

2. 敌之弱点

A. 敌每逢攻击时必先集中火力，摧毁我阵地后，步兵然后前进。如无其海空联合威力，则完全失其战斗力。

B. 敌缺乏攻击精神，既畏夜袭，尤惧近战。

3. 我之优点

A. 我步兵虽无其他兵种援助，亦能单独持久作战，发挥其步兵性能。

B. 我攻击精神旺盛，不惜牺牲，尤在与敌肉搏或近战，常易奏功。

4. 敌之优点

A. 敌装备完善，陆海空能协同动作。

B. 敌对战场扫除，动作甚速，甚少见伤亡者之遗弃。

（中国第二历史档案馆　全宗号787　案卷号8422）

附录二

闽厦防御战

  中日战事发生后,厦门即早为敌方所觊觎,自民国二十六年九月,敌机、敌舰开始向我们厦门口要塞各砲台袭击,并滥炸我海军各机关,要塞各台时遭炸坏,官兵均有伤亡。金门被占后,厦防愈形吃紧,嗣因敌舰艇迭次进犯五通,经将其他部分大砲移装五通、何厝两处;民国二十七年五月十日晨四时敌舰十一艘,敌机十八架,猛向我何厝一带攻击,并掩护敌汽艇二十余艘,装载敌兵由五通附近登陆,何厝滩头相继失守,禾山陷落;十一日晨敌机又复麇集炸我阵地,同时另由厦门口外海边之黄厝、塔头登陆,围攻白石砲台。另有敌驱逐舰三艘、砲舰两艘,在该台正面猛烈攻击,十时半胡里山,磐石两台及白石砲台均被围攻,我官兵伤亡惨重;同时敌机数十架更轮番猛炸,厦门遂于是日陷落,福州省垣顿受威胁。二十三日敌舰向我梅花及黄岐、北港各处砲击,敌机亦相继骚扰,三十一日及六月一日我扼守闽江口封锁之抚宁、正宁、肃宁各艇,均先后被炸沉没,同时南港停泊之楚泰军舰被炸受伤,而海军设在马尾之要港司令部、学校、练营、造船所、医院、陆战队营舍等,前后均被轰炸;复将各沉艇兵官编成巡防队,担任闽江口防守任务。迄三十年四月十八日,敌舰二十余艘、汽艇十余艘,分泊闽江口及连江各地,川石封锁线亦有敌舰艇巡戈,闽江口局势突紧。十九日拂晓,敌陆军在海空掩护下,向福斗、琅岐两岛登陆;我驻防二岛之海军陆战队奋起抵抗,电光山、烟台山、金牌各砲台不断压迫川石之敌,阻其接济。我陆军队在福斗岛与敌相持三小时,全连几告覆灭。琅岐方面战斗激烈,电光山砲台乃发砲助战,但敌之陆军已分由连江、长乐两地登陆,向我砲台两侧包抄,我陆战队死守下岐一带,保护长门砲台,战况尤烈;三时许有敌驱逐舰三艘,向石川、芭蕉尾前进,川石亦驶出汽艇四艘,各炮台俟其驶入我有效射程内,合力向之猛击,伤其驱逐舰一艘,沉其两艘。连江既失,下岐之敌不断迫近长门,是晚连江之敌攻至琯头,我陆战队于二十日拂晓反攻,与敌展开恶战后始集结于马尾、闽安镇之线,分头迎击,敌无进展;此际连江之敌已攻入福州,省垣陷落,马尾海军部队四面受敌,始突围转进。

(选自何应钦著《日军侵华八年抗战史》,第285页)

第三章 军民浴血奋战 保卫厦门

附录三

厦门保卫战牺牲将士英雄题名录

姓名	籍贯	部队番号	军衔	阵亡地点	遗属
张忠福	湖北天门	75师446团2营5连	一等兵晋上等兵	厦门	父：天西 母：周氏
方德元	湖南临湘	75师449团4连	一等兵晋上等兵	厦门	父：守仁 母：丁氏
任长海	江苏铜山	75师446团6连	一等兵晋上等兵	厦门	父：云标 母：周氏
陈喜有	江苏铜山	75师446团2营4连	一等兵晋上等兵	厦门	父：丰年 母：庄氏 妻：贺氏 弟：长虫
佐春林	江苏睢宁	75师446团2营机2连	二等兵晋上等兵	厦门	母：韦氏 妻：丁氏 妹：小凤
蒋学文	江苏溧阳	75师449团4连	一等兵晋上等兵	厦门	父：其夫 母：黄氏
崇同德	湖南汉寿	75师446团8连	一等兵晋上等兵	厦门	弟：同仁
夏生保	湖南衡阳	75师446团2营4连	一等兵晋上等兵	厦门	父：得喜 母：王氏
史九如	江苏沛县	75师446团6连	一等兵晋上等兵	厦门	父：来喜 母：陈氏
刘深亭	江苏沛县	75师446团机枪连	少尉排长晋中尉	厦门	父：觉 母：鲁氏
冯连三	江苏砀山	75师446团3营7连	一等兵晋上等兵	厦门	父：四杰 母：李氏
李云初	安徽六安	75师446团5连	一等兵晋上等兵	厦门	父：为林 母：黄氏
王同义	安徽凤台	75师446团2营5连	上等兵晋下士	厦门	父：西仁 母：汪氏
张玉祥	安徽凤阳	75师446团2营5连	上等兵晋下士	厦门	父：佈生 母：景氏
张鹏	安徽凤阳	75师446团2营6连	二等兵晋上等兵	厦门	父：礼仁 母：王氏

续表

姓名	籍贯	部队番号	军衔	阵亡地点	遗属
崔化义	安徽合肥	75师446团3营7连	二等兵晋上等兵	厦门	父：元生 母：张氏
相长胜	河南开封	75师446团6连	一等兵晋上等兵	厦门	母：石氏
相文正	河南开封	75师445团机3连	下士班长晋中士	厦门	母：贾氏
翟德元	安徽涡阳	75师446团2营6连	二等兵晋上等兵	厦门	母：纪氏
张振山	安徽滁县	75师446团2营5连	二等兵晋上等兵	厦门	父：忠信 母：孟氏
张金富	安徽霍邱	75师446团9连	二等兵晋上等兵	厦门	祖父：全义 祖母：相氏 父：德 母：李氏
张德禄	河南邓县	75师446团机3连	二等兵晋上等兵	厦门	父：水
郑宝清	河南许昌	75师446团2营6连	一等兵晋上等兵	厦门	父：必忠 母：方氏
谢长兴	河南许昌	75师449团2连	一等兵晋上等兵	厦门	父：文章 母：李氏 妻：王氏 子：玉鼎
申全有	河南正阳	75师446团3营7连	二等兵晋上等兵	厦门	父：中才 母：刘氏
徐景山	河南民权	75师446团3营7连	二等兵晋上等兵	厦门	父：九山 母：李氏
黄喜傑	河南叶县	75师446团机3连	上等兵晋下士	厦门	弟：喜（20）
李春荣	河南伊川	75师446团机2连	二等兵晋上等兵	厦门	母：马氏 妻：柳氏 弟：好（18） 妹：闰（13）
孙淂功	河南伊川	75师445团1连	中尉排长晋上尉	厦门	父：三福 母：朱氏
张克运	河南伊川	75师445团3营7连	一等兵晋上等兵	厦门	子：昆元（6）
康顺朝	河南伊川	75师445团9连	一等兵晋上等兵	厦门	弟：新朝（16）
李秀则	河南伊川	75师445团9连	一等兵晋上等兵	厦门	妻：张氏
焦文标	河南伊川	75师445团9连	一等兵晋上等兵	厦门	母：秦氏 妹：妹玉（17）
王树景	河南伊川	75师445团9连	二等兵晋上等兵	厦门	妻：张氏
李根喜	河南伊川	75师445团9连	二等兵晋上等兵	厦门	父：青秀

第三章 军民浴血奋战 保卫厦门

续表

姓名	籍贯	部队番号	军衔	阵亡地点	遗属
张仲颖	河南伊川	75师445团3营机3连	一等兵晋上等兵	厦门	父：克俊 母：尹氏 妻：王氏
王振	河南伊川	75师445团3营机3连	上等兵晋下士	厦门	祖父：守中 妻：李氏
陈玉坤	河南伊川	75师449团2营营部	一等兵晋上等兵	厦门	父：国栋 母：关氏 祖父：平林 祖母：张氏
孙福长	河南伊川	75师449团2营营部	一等兵晋上等兵	厦门	父：德臣 母：刘氏
张书兴	河南伊川	75师445团机3连	二等兵晋上等兵	厦门	妻：刘氏 子：寄闽
李子良	河南伊川	75师446团2营4连	二等兵晋上等兵	厦门	父：保中 母：李氏
刘振铎	河南伊川	75师工兵营2连	上尉连副晋中尉	厦门	父：秉信 母：相氏 妻：李氏
陈绍海	河南光山	75师446团2营5连	一等兵晋上等兵	厦门	父：云贵 母：柴氏 妻：尚氏
付长乐	河南巩县	75师446团3营7连	少尉排长晋中尉	厦门	父：凤竹 母：秦氏 妻：焦氏
康建基	河南巩县	75师446团3营7连	少尉排长晋中尉	厦门	父：朝宗 母：曲氏 妻：孟氏
赵永安	河南巩县	75师445团3营8连	上尉连长晋少校	厦门	父：日德 母：孙氏 妻：高氏
张星平	河南巩县	75师446团3营	上尉营长晋少校	厦门	祖父：池 父：兆福 母：刘氏 妻：李氏 子：建南
刘忠祥	安徽寿县	75师446团2营6连	二等兵晋上等兵	厦门	父：德祥 母：张氏

续表

姓名	籍贯	部队番号	军衔	阵亡地点	遗属
相东殿	安徽阜阳	75师446团1营1连	上等兵晋下士	厦门	父：山 母：毛氏
陈明阳	安徽阜阳	75师446团2营6连	二等兵晋上等兵	厦门	父：胡同 母：王氏
张君玉	安徽泗县	75师446团6连	一等兵晋上等兵	厦门	父：光心 母：孙氏
锁登高	安徽亳县	75师446团6连	一等兵进上等	厦门	父：耒佑 母：王氏
李德君	安徽亳县	75师446团2营6连	二等兵晋上等兵	厦门	父：作守 母：黄氏
杨长富	安徽亳县	75师450团2营营部	下士	厦门	父：德礼 母：柴氏
史勤	安徽巢县	75师446团3营7连	二等兵晋上等兵	厦门	父：大有 母：王氏
鲍光华	河南唐河	75师445团5连	上尉连长晋少校	厦门	妻：陈林玉
陈荣庆	河南南阳	75师446团2营6连	下士班长晋中士	厦门	母：张氏
段绍亭	河南原武	75师445团3连	二等兵晋上等兵	厦门	父：克明
范明燦	河南临颖	75师446团9连	一等兵晋上等兵	厦门	父：守道 母：井氏 弟：明义（13）
郭福田	河南唐河	75师446团2营	二等兵晋上等兵	厦门	父：子材 妻：裴氏 子：小方 女：小红
郭耀誉	河南渑池	75师445团9连	中士班长晋上士	厦门	弟：廷娃（17）
郭宗亭	河南渑池	75师445团3营7连	一等兵晋上等兵	厦门	母：姚氏
胡金堂	河南南阳	75师446团2营	中士司号晋上士	厦门	父：光明 妻：吴氏
黄一更	河南信阳	75师446团6连	一等兵晋上等兵	厦门	父：金玉 母：李氏
康文明	河南汝南	75师446团机2连	中士班长晋上士	厦门	父：吉顺 妻：王氏
李创国	河南原武	75师445团7连	二等兵晋上等兵	厦门	母：岳氏
李念魁	河南洛宁	75师446团2营5连	一等兵晋上等兵	厦门	父：保安 母：王氏
李振坤	河南南阳	75师446团9连	上等兵晋下士	厦门	父：性初 母：孙氏

第三章 军民浴血奋战 保卫厦门

续表

姓名	籍贯	部队番号	军衔	阵亡地点	遗属
娄茂杰	河南原武	75师445团3连	二等兵晋上等兵	厦门	父：和富
马忠喜	河南洛阳	75师446团2营	上尉营副晋少校	厦门	父：天禄 妻：王氏
聂玉林	河南渑池	75师446团3营7连	上尉连长晋少校	厦门	母：尧氏 妻：吴氏
秦文聚	河南南阳	75师446团9连	一等兵晋上等兵	厦门	父：清吉 母：赵氏 妻：吴氏
汪福家	河南西平	75师446团4营	上等晋下士	厦门	父：昭英 母：刘氏
王凌治	河南渑池	75师445团3营7连	一等兵晋上等兵	厦门	妻：姚氏
王培运	河南息县	75师446团8连	上等兵晋下士	厦门	弟：培吉（20）
王学德	河南杞县	75师446团2营5连	一等兵晋上等兵	厦门	父：明正 母：李氏
吴万秀	河南汝南	75师445团2营4连	上等兵晋下士	厦门	父：永成 母：王氏 弟：万禄（16） 妹：妮（8）
武清堂	河南西华	75师446团机2连	上等兵晋下士	厦门	父：果荣 母：郭氏 弟：未娃（13） 妹：鸭仔（8）
相伯祥	河南南阳	75师446团6连	少尉连副晋中尉	厦门	祖父：万福 祖母：石氏 父：金鳌 母：刘氏
薛福生	河南渑池	75师445团3营7连	上等兵晋下士	厦门	母：王氏
薛起兰	河南项城	75师446团机2连	下士班长晋中士	厦门	父：玉松 妻：郝氏 妹：小翠
岳清亮	河南原武	75师445团3营7连	一等兵晋上等兵	厦门	父：振家 母：李氏 妻：蔡氏 子：保丑
张明智	河南汝南	75师446团3营7连	一等兵晋上等兵	厦门	父：文立 母：丁氏

【61】

续表

姓名	籍贯	部队番号	军衔	阵亡地点	遗属
张水青	河南郑县	75师446团机2连	一等兵晋上等兵	厦门	祖母：扈氏 父：少秋 妻：周氏 妹：荷娇
张行良	河南夏邑	75师446团5连	二等兵晋上等兵	厦门	父：好成 母：蔡氏 弟：小生（14）
周学森	河南渑池	75师445团3营7连	一等兵晋上等兵	厦门	母：聂氏 妻：李氏
朱彦明	河南项城	75师446团3营7连	一等兵晋上等兵	厦门	父：留成 母：李氏
徐德标	广东陵水	75师446团2营4连	一等兵晋上等兵	厦门	父：元中 母：于氏 妻：黄氏
易尚琯	广东南海	75师446团6连	上等兵晋下士	厦门	弟：信
王先成	河南登封	75师446团4连	中尉连副晋上尉	厦门	母：刘氏
陈遂忠	河南临汝	75师446团2营6连	上尉连长晋少校	厦门	父：根 母：尤氏 妻：邢氏
刘金山	河南临漳	75师446团6连	一等兵晋上等	厦门	母：林氏
吕士彦	河南卢氏	75师445团机1连	下士班长晋中士	厦门	弟：铁彦（19）
魏成高	河南孟县	75师446团9连	一等兵晋上等兵	厦门	祖父：遂旺 祖母：曹氏 父：学义 母：戚氏
李宣礼	河南南召	75师446团6连	一等兵晋上等兵	厦门	祖父：智 祖母：马氏 父：中心 母：屈氏
梁德聚	河南南召	75师446团2营5连	上等兵晋下士	厦门	父：日新 母：卜氏
刘双林	河南南召	75师446团5连	一等兵晋上等兵	厦门	父：发林 母：林氏
米广运	河南南召	75师446团2营	下士传达晋中士	厦门	母：刘氏
田瑞兴	河南南召	75师446团2营5连	一等兵晋上等兵	厦门	父：金生 母：张氏

第三章 军民浴血奋战 保卫厦门

续表

姓名	籍贯	部队番号	军衔	阵亡地点	遗属
王进保	河南南召	75师446团2营5连	上等兵晋下士	厦门	父：义 母：丁氏 妻：马氏
卢剑齐	河南沁阳	75师446团5连	一等兵晋上等	厦门	父：六合 母：李氏
吴家福	河南商城	75师446团4连	二等兵晋上等兵	厦门	父：永禄 母：吕氏
崔广金	河南商邱	75师446团机2连	二等兵晋上等	厦门	父：胜 母：牛氏
杜万勋	河南商邱	75师446团2营5连	一等兵晋上等兵	厦门	父：之立 母：何氏
尹炳坤	河南商邱	75师446团4连	二等兵晋上等兵	厦门	父：青宾 母：王氏
方俊生	河南遂平	75师446团2营4连	一等兵晋上等兵	厦门	父：玉中 母：王氏 弟：俊昌（18）
郭遂成	河南遂平	75师445团1营1连	二等兵晋上等兵	厦门	父：满生
王先德	河南遂平	75师446团2营4连	一等兵晋上等兵	厦门	父：国栋 母：李氏 妻：殷氏 弟：永年（16）
远天保	河南遂平	75师445团1营1连	二等兵晋上等兵	厦门	父：书公
张儒珍	河南遂平	75师446团9连	二等兵晋上等兵	厦门	父：福祯 母：周氏 妻：王氏
樊怀明	河南宜阳	75师223旅司令部	上校参谋晋少将	厦门	父：宣三 母：赵氏 妻：刘氏
水清超	河南宜阳	75师446团机枪连	中尉排长晋上尉	厦门	妻：李氏
许新年	河南宜阳	75师446团3营7连	中尉排长晋上尉	厦门	母：宋氏
李金山	河南禹县	75师446团2营6连	一等兵晋上等兵	厦门	母：柯氏
杨金发	江西临川	75师446团3营7连	二等兵晋上等	厦门	父：光平 母：刘氏
刘尚武	江西南城	75师446团4连	一等兵晋上等	厦门	父：顺卿 弟：天才
王有金	江西南丰	75师446团6连	上等兵晋下士	厦门	父：来之 母：门氏

【63】

续表

姓名	籍贯	部队番号	军衔	阵亡地点	遗属
阮云章	山东曹县	75师446团2营4连	一等兵晋上等	厦门	父：贤良 母：汤氏 妻：罗氏
王同船	山东曹县	75师446团4连	少尉连副晋中尉	厦门	母：赵氏
王占标	山东单县	75师446团2营6连	二等兵晋上等兵	厦门	父：振邦
刘照兰	山东定陶	75师446团4连	二等兵晋上等兵	厦门	父：天祥 母：丁氏
李长顺	山东历城	75师446团2营6连	一等兵晋上等兵	厦门	父：光心 母：屈氏 妻：王氏
王在田	山东邱县	75师446团2营6连	准尉特务长晋少尉	厦门	父：凤山 母：王氏 妻：张氏
隋金标	山东滕县	75师449团3连	一等兵晋上等兵	厦门	父：贯一 母：于氏 妻：王氏
张振坤	山东掖县	75师446团2营4连	一等兵晋上等兵	厦门	父：长泰 母：卢氏
黄忠胜	山东滋阳	75师446团4连	一等兵晋上等兵	厦门	父：青云 母：鲁氏 妻：陈氏 弟：天星 妹：梅英
安治国	山西临晋	75师446团5连	上尉连长晋少校	厦门	母：姚氏 妻：李氏
蔡彬庆	福建宁化	75师445团8连	一等兵晋上等兵	厦门	父：东玉 母：吴氏
蔡固	福建晋江	75师446团2营机2连	二等兵晋上等兵	厦门	母：柴氏 弟：可仔（11）
曹长天	河南淮阳	75师449团3连	一等兵晋上等	厦门	父：子杰 母：王氏
陈德胜	福建龙溪	75师446团3营7连	一等兵晋上等兵	厦门	父：全有 母：李氏
陈国贵	浙江江山	75师449团4连	一等兵晋上等兵	厦门	父：河中 母：吴氏
陈辉	福建闽侯（林森）	75师446团机枪2连	上等兵晋下士	厦门	母：姚氏 妻：钟氏 妹：阿云（5）

第三章 军民浴血奋战 保卫厦门

续表

姓名	籍贯	部队番号	军衔	阵亡地点	遗属
陈嘉相	福建龙溪	75师446团3营7连	二等兵晋上等兵	厦门	祖父：心平 祖母：赵氏 父：河川 母：周氏
陈立焕	福建古田	75师449团4连	二等兵晋上等兵	厦门	父：深胜 母：魏氏
陈清云	福建思明	75师446团6连	一等兵锦上等兵	厦门	母：林氏
陈文信	福建连城	75师446团2营5连	一等兵晋上等兵	厦门	父：喜永 母：赵氏
陈新年	福建古田	75师446团9连	二等兵晋上等兵	厦门	父：昌盛 母：郜氏
陈学治	河南新蔡	75师445团9连	上等兵晋下士	厦门	父：伯 母：周氏
陈作弼	福建古田	75师446团9连	一等兵晋上等兵	厦门	父：振刚
程良准	福建古田	75师449团4连	二等兵晋上等兵	厦门	父：真民 母：李氏
邓振清	河南嵩县	75师446团二营五连	下士班长晋中士	厦门	父：振芳 母：柳氏
董才文	河南嵩县	75师446团9连	一等兵晋上等兵	厦门	祖父：智 祖母：吕氏 父：全富 母：李氏
董荣保	福建长乐	75师446团5连	二等兵晋上等兵	厦门	父：永泰 母：白氏
樊玉公	河北霸县	75师446团2营6连	中士班长晋上士	厦门	母：蔡氏
方秀溪	福建闽侯（林森）	75师446团2营6连	二等兵晋上等兵	厦门	父：有良 母：金氏
冯淇安	福建思明	75师446团2营6连	一等兵晋上等兵	厦门	父：必勇 母：吴氏
冯胜荣	福建永安	75师446团2营6连	一等兵	厦门	父：君王 母：李氏
付耀华	河南嵩县	75师445团机一连	二等兵晋上等兵	厦门	妻：王氏 子：付作
高鸿标	福建闽侯（林森）	75师446团2营4连	一等兵晋上等兵	厦门	父：宾彬 母：白氏 妻：欧氏

续表

姓名	籍贯	部队番号	军衔	阵亡地点	遗属
郭深胜	福建连江	75师449团4连	一等兵晋上等兵	厦门	父：东山 母：任氏
郭忠山	福建龙溪	75师446团4连	一等兵晋上等兵	厦门	父：清江 母：米氏 妻：赵氏 弟：小青（13）
韩孟路	河南嵩县	75师446团2营5连	二等兵晋上等兵	厦门	父：甲第 母：汪氏
何荣杰	浙江温岭	75师446团2营5连	二等兵晋上等兵	厦门	父：晋江 母：伍氏
黄安标	福建连城	75师446团9连	二等兵晋上等兵	厦门	父：心平 母：刘氏
黄发清	福建顺昌	75师446团5连	二等兵晋上等兵	厦门	父：荣义 母：邱氏 妹：秋芳（13）
黄乞招	福建古田	75师449团4连	二等兵晋上等兵	厦门	父：清和 母：张氏
黄清水	福建厦门	75师446团4连	一等兵晋上等兵	厦门	父：廷轩 母：段氏 妻：毛氏
黄廷发	福建莆田	75师446团2营5连	一等兵晋上等兵	厦门	父：子良 母：伍氏
贾功廷	河南嵩县	75师446团5连	二等兵晋上等兵	厦门	父：芝俊 母：候氏
江春榕	福建长乐	75师446团2营5连	一等兵晋上等兵	厦门	父：白贞 母：王氏
江明亮	福建惠安	75师446团机枪2连	二等兵晋上等兵	厦门	母：郭氏 弟：明德（11） 妹：燕子（9）
江世春	福建龙溪	75师446团机2连	一等兵晋上等兵	厦门	母：高氏 妹：⺕仔（9）
江有明	福建泰宁	75师446团2营5连	二等兵晋上等兵	厦门	父：生金 母：尤氏
解子明	河北冀县	75师446团2营6连	中尉排长晋上尉	厦门	父：兰亭 母：李氏
康书林	河南嵩县	75师446团二营机二连	二等兵晋上等兵	厦门	父：一正 母：郭氏 妻：王氏

第三章 军民浴血奋战 保卫厦门

续表

姓名	籍贯	部队番号	军衔	阵亡地点	遗属
雷二梅	福建福安	75师446团2营6连	一等兵晋上等兵	厦门	母：苏氏
雷福奎	福建福安	75师446团2营6连	二等兵晋上等兵	厦门	弟：福忠（18）
雷金胜	福建福安	75师446团2营5连	二等兵晋上等兵	厦门	父：玉岑 母：尤氏
李得安	福建南平	75师446团3营7连	一等兵晋上等兵	厦门	父：立业 母：余氏
李贵生	河北衡水	75师446团2营6连	二等兵晋上等兵	厦门	父：长发 母：王氏
李建国	福建顺昌	75师446团2营4连	一等兵晋上等兵	厦门	父：得忠 母：丁氏 妻：王氏 子：小毛
李建昭	河南嵩县	74师446团5连	二等兵晋上等兵	厦门	父：正山 母：水氏
李茂廷	福建古田	75师449团4连	二等兵晋上等兵	厦门	父：培根 母：丁氏
李起光	福建寿宁	75师446团2营5连	二等兵晋上等兵	厦门	父：只宾 母：江氏
李胜旺	福建泰宁	75师446团2营6连	二等兵晋上等兵	厦门	母：相氏
李世俊	福建龙溪	75师446团机2连	一等兵晋上等兵	厦门	父：青 母：朱氏 妻：崔氏
李振武	浙江永嘉	75师446团4连	一等兵晋上等兵	厦门	父：清臣 母：宋氏
林金泉	福建思明	75师446团2营5连	二等兵晋上等兵	厦门	父：有金 母：金氏
林伦	福建思明	75师446团2营6连	二等兵晋上等兵	厦门	母：杜氏
林茂锦	福建永泰	75师446团2营5连	一等兵晋上等兵	厦门	父：玉礼 母：吕氏
林荣桐	福建古田	75师449团4连	二等兵晋上等兵	厦门	父：玉堂 母：冯氏
林水官	福建闽侯（林森）	75师446团2营机2连	二等兵晋上等兵	厦门	母：刘氏 弟：领水（9）
林文寿	福建上杭	75师446团3营7连	一等兵晋上等兵	厦门	父：定水 母：王氏
林心	福建龙溪	75师446团2营5连	一等兵晋上等兵	厦门	父：佐贵 母：邓氏

续表

姓名	籍贯	部队番号	军衔	阵亡地点	遗属
林增瑄	福建闽侯（林森）	75师446团2营6连	一等兵晋上等兵	厦门	母：蔡氏
林忠信	福建闽侯（林森）	75师446团机枪2连	一等兵晋上等兵	厦门	父：宏
刘法文	河北邢台	75师446团机二连	少尉连副晋中尉	厦门	父：星辰 母：相氏 妻：梁氏
刘喜中	福建宁德	75师446团8连	一等兵晋上等兵	厦门	父：如玉 母：石氏
柳杰然	河南滑县	75师446团5连	准尉特务长晋少校	厦门	父：清兰
柳木成	福建晋江	75师446团5连	一等兵晋上等	厦门	父：日光 母：李氏
吕镇中	河南嵩县	75师446团4连	一等兵晋上等兵	厦门	父：永宁 母：刘氏
罗日升	福建连城	75师446团5连	一等兵晋上等兵	厦门	父：升才 母：邢氏 弟：日起（17） 妹：云（11）
马鼎昆	福建厦门	75师446团4连	一等兵晋上等兵	厦门	父：天才 母：曾氏 弟：金祥（12）
毛新包	福建寿宁	75师446团2营5连	一等兵晋上等兵	厦门	父：子田 母：任氏
米镜斋	河南嵩县	75师445团8连	一等兵晋上等兵	厦门	父：子福 母：党氏 妻：曹氏
米武升	河南嵩县	75师445团二营四连	一等兵晋上等兵	厦门	父：保完 母：李氏
南三钧	陕西乾县	75师446团5连	中尉连副晋上尉	厦门	父：安魁
申锡庆	河南嵩县	75师445团2连	上尉连长晋少校	厦门	父：万昌 母：王氏 妻：杜氏 弟：锡荣
史嘉种	福建思明	75师446团2营6连	一等兵晋上等兵	厦门	父：成林
宋清华	陕西麟游	75师449团4连	一等兵晋上等兵	厦门	父：九金 母：李氏
宋天成	河南嵩县	75师445团一营	少校营长晋中校	厦门	妻：梁氏

第三章 军民浴血奋战 保卫厦门

续表

姓名	籍贯	部队番号	军衔	阵亡地点	遗属
台日兴	河北广平	75师446团5连	中士晋上士	厦门	父：桂恒 母：苏氏
唐正良	河北宛平	75师446团机枪二连	二等兵晋上等兵	厦门	父：守和 母：朱氏 弟：小牛（7）
童福相	福建长汀	75师446团2营6连	上等兵晋下士	厦门	妻：林氏
王宝贵	河北濮阳	75师446团机3连	下士班长晋中士	厦门	弟：遂上（18）
王殿奎	河南嵩县	75师445团炮连	上等兵晋下士	厦门	祖父：科 妻：席氏 弟：旦
王傅义	河南嵩县	75师446团2营5连	一等兵晋上等兵	厦门	父：良存 母：李氏
王金祥	福建长汀	75师446团4连	一等兵晋上等兵	厦门	父：天寿 母：陈氏
王如龙	福建思明	75师446团2营机2连	二等兵晋上等兵	厦门	母：杜氏 妻：门氏 弟：二小（15） 妹：小兰（11）
王山	河南嵩县	75师445团9连	二等兵晋上等兵	厦门	弟：镯
王同祥	河北濮阳	75师446团2营5连	中士班长晋上士	厦门	父：长其 母：吴氏
王振枝	福建思明	75师446团2营6连	一等兵晋上等兵	厦门	父：？成 母：周氏
王志学	河北元氏	75师446团2营6连	一等兵晋上等兵	厦门	父：坤义
魏阿同	福建古田	75师449团5连	一等兵晋上等兵	厦门	父：忠诚 母：江氏
吴阿五	福建寿宁	75师446团2营5连	一等兵晋上等兵	厦门	父：根水 母：白氏 妻：丁氏 妹：阿双（8）
吴得胜	福建闽侯（林森）	75师446团2营6连	一等兵晋上等兵	厦门	母：李氏
吴明	福建霞浦	75师446团2营4连	一等兵晋上等兵	厦门	父：贵臣 母：田氏
吴奇良	福建古田	75师449团4连	二等兵晋上等兵	厦门	父：化文 母：丁氏

续表

姓名	籍贯	部队番号	军衔	阵亡地点	遗属
吴奇梓	福建古田	75师449团4连	二等兵晋上等兵	厦门	父：木根 母：王氏
吴旭	福建同安	75师446团6连	一等兵晋上等兵	厦门	父：德君 母：王氏
吴永福	福建古田	75师449团4连	二等兵晋上等兵	厦门	父：深田 母：花氏
吴永康	福建思明	75师446团6连	一等兵晋上等兵	厦门	母：黄氏
相得兴	福建南平	75师446团2营5连	二等兵晋上等兵	厦门	父：三进 母：周氏
相光俭	河南新野	75师446团2营6连	上等兵晋下士	厦门	父：有成 母：杜氏
相国庆	福建闽侯（林森）	75师446团机枪2连	二等兵晋上等兵	厦门	父：万三 母：孟氏 妻：郭氏
相心耀	河南新蔡	75师446团2营5连	上等兵晋下士	厦门	父：峰玉 母：朱氏
肖步青	福建龙溪	75师446团2营4连	一等兵晋上等兵	厦门	父：贯中 母：田氏
肖嘉进	福建龙溪	75师446团3营7连	二等兵晋上等兵	厦门	父：光明 母：王氏
谢金水	福建南平	75师446团4连	一等兵晋上等兵	厦门	父：廷臣 母：羊氏
谢新辉	福建闽清	75师446团2营机2连	二等兵晋上等兵	厦门	母：骆氏 妹：绣仔（12）
许永城	福建福鼎	75师446团2营6连	一等兵晋上等兵	厦门	妹：丽珠（15）
薛义山	河北文安	75师446团2营5连	二等兵晋上等兵	厦门	父：文进 母：王氏
杨性民	福建长汀	75师446团4连	二等兵晋上等兵	厦门	父：玉名 母：姚氏
杨芉洲	福建古田	75师445团3营8连	二等兵晋上等兵	厦门	父：立山 母：张氏
叶顺昌	福建古田	75师446团8连	一等兵晋上等兵	厦门	父：立顺 母：王氏
易才火	福建顺昌	75师446团2营5连	二等兵晋上等兵	厦门	父：有方 母：周氏
英作守	浙江龙游	75师446团2营6连	二等兵晋上等兵	厦门	父：桂仁 母：方氏

第三章 军民浴血奋战 保卫厦门

续表

姓名	籍贯	部队番号	军衔	阵亡地点	遗属
游远行	福建古田	75师449团4连	二等兵晋上等兵	厦门	父：木生 母：尤氏
余阿清	浙江绍兴	75师446团2营6连	二等兵晋上等兵	厦门	父：永和 母：陈氏
余阿夏	浙江绍兴	75师446团6连	一等兵晋上等兵	厦门	弟：林玉（15）
余业祥	福建古田	75师445团9连	一等兵晋上等兵	厦门	父：亦亨 母：罗氏 妻：妹
余有林	福建建阳	75师446团2营5连	一等兵晋上等兵	厦门	父：文才 母：王氏
詹瑞甫	福建龙溪	75师446团2营5连	二等兵晋上等兵	厦门	父：人杰 母：许氏
张长发	河南嵩县	75师446团2营5连	一等兵晋上等兵	厦门	父：荣喜 母：杜氏 妻：刘氏
张法顺	福建顺昌	75师446团2营5连	一等兵晋上等兵	厦门	父：永德 母：黄氏 妻：宋氏 妹：旺女（13）
张九才	河南嵩县	75师446团二营五连	一等兵晋上等兵	厦门	父：金 母：康氏
张连芳	河北肥乡	75师446团3营7连	中士班长晋上士	厦门	父：全才 母：刘氏
张起正	福建龙溪	75师446团2营6连	二等兵晋上等兵	厦门	父：子仁 母：李氏 妻：孙氏
张荣生	河南嵩县	75师449团机二连	一等兵晋上等兵	厦门	父：喜娃 母：王氏
张尚敬	河南淮阳	75师449团炮兵营1连	一等兵晋上等兵	厦门	父：文元 母：陈氏 妻：范氏 子：斗楼
张水生	福建沙县	75师446团3营7连	一等兵晋上等兵	厦门	父：子清 母：赵氏
张顺林	福建屏南	75师446团2营4连	一等兵晋上等兵	厦门	父：国安 母：陈氏
张顺义	河北衡水	75师446团3营7连	中士班长晋上士	厦门	父：文元 母：丁氏

续表

姓名	籍贯	部队番号	军衔	阵亡地点	遗属
张阳春	福建建瓯	75师449团4连	二等兵晋上等兵	厦门	父：三山 母：柳氏
张有明	福建寿宁	75师446团5连	二等兵晋上等兵	厦门	母：王氏
张振华	河南嵩县	75师446团机1连	一等兵晋上等兵	厦门	祖父：文才 祖母：金氏 父：拉 母：洪氏
张自立	河南嵩县	75师446团5连	一等兵晋上等兵	厦门	父：心中 母：王氏
赵云	浙江馀姚	75师446团2营4连	一等兵晋上等兵	厦门	父：祥玉 母：陈氏 妻：殷氏
钟振铨	福建福安	75师446团2营6连	二等兵晋上等	厦门	母：蔡氏
周记生	福建政和	75师445团1营1连	二等兵晋上等兵	厦门	父：俊秋
周家良	福建连城	75师446团6连	一等兵晋上等兵	厦门	父：金山 母：李氏
周孟成	福建厦门	75师446团2营4连	一等兵晋上等兵	厦门	父：竹青 母：殷氏 妻：陈氏
周仁俊	福建闽侯（林森）	75师446团2营6连	一等兵晋上等兵	厦门	母：相氏
周吾俤	福建古田	75师449团4连	二等兵晋上等兵	厦门	父：方元 母：王氏
周相周	福建寿宁	75师445团1营1连	二等兵晋上等兵	厦门	父：桂树
朱荣合	河南嵩县	75师445团炮连	下士班长晋中士	厦门	父：金声 母：刘氏 弟：黑子
余得官	福建宁德	海军厦门要塞胡里山炮台	二等兵晋二等炮兵	厦门	
林海旺	福建闽侯	海军厦门要塞胡里山炮台	二等兵晋二等炮兵	厦门	
朱锡卿	湖南湘乡	海军厦门要塞胡里山炮台	下士晋上士炮长	厦门	
李玉生	河南内黄	海军厦门要塞胡里山炮台	二等炮兵晋上等炮兵	厦门	
林保钿	福建闽侯	海军陆战队第二旅3团2营5连	二等兵晋一等兵	厦门	

第三节　警民齐赴前线杀敌

在保卫厦门的战斗中，中共厦门工委动员和组织群众投入支前、劳军，打击汉奸，维持社会治安。当日军的铁蹄踏上厦门，禾山壮丁义勇队立即赶到前线，与守军一起投入阻击敌军的战斗。为捍卫自己的家乡，义勇队正队长、菲律宾归侨林能隐和副队长曾国波及队员们，毫不吝惜地献出宝贵的生命。市区的壮丁常备队和保安警察，也怀着满腔爱国热情奔赴前线。他们乘坐的3辆汽车，5月10日9时48分许在江头被敌机炸毁了两辆。另一辆着火，但未被炸毁的汽车，坚持到达五通的店里村的南侧，参加防守战斗。

5月10日上午，增援的壮丁队、保安警察，在江头街与日军激战半个多小时，不敌弃守。壮丁队大队长程超凡、中队长魏光汉率壮丁常备大队第一中队参加莲坂血战，伤亡惨重，生还者仅廖可立、吴成福等人。

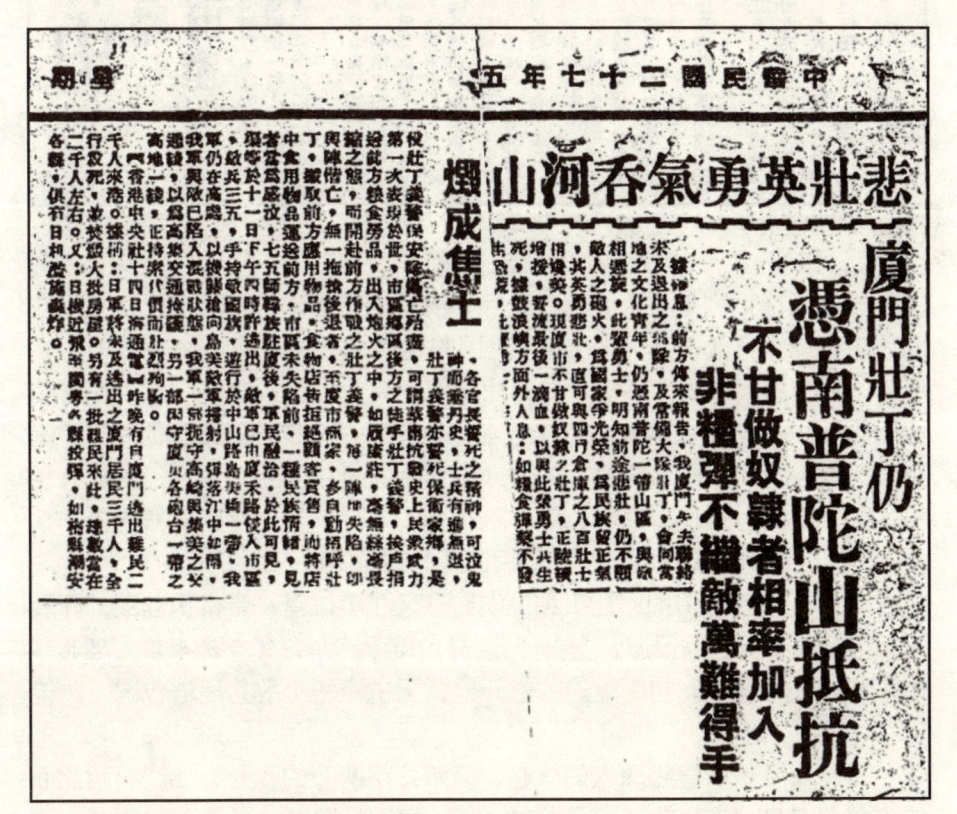

尽管敌我力量悬殊，但厦门义勇队仍凭南普陀山抵抗。

《武汉日报》1938年5月13日报道

  当市区枪声密集、人心惶惶之际，潜伏在市区内的日籍浪民，趁机在海后路台湾银行（今工商银行）、民国路台湾公会（今市公安局对面）和厦禾路新世界娱乐场（临近厦门六中）等建筑物的屋顶上升起"太阳膏药旗"，充敌内应，企图瓦解军心、民心，制造日军全部占领厦门的假象。但我军民不为所动，持续抵抗。5月11日，我正规军有生力量已经大部分耗失，主要抵抗力量是警察队、保安队和民间的壮丁队。尽管武器装备非常简陋，但他们仍以无畏的精神，利用街区的临时工事，抗击敌人。

  当日军逼近将军祠，壮丁和保安警察又在美仁宫一带奋勇迎敌，开展短兵相接的巷战。据报道，"有一个店员自厦禾路车站（今厦禾路、思北路十字路口）的窗口，向街上的敌寇开枪，于击毙两个敌兵后被包围，以枪自杀"。

  日军攻厦采取直线深入的战略，厦禾公路两旁的乡村，如江头西北面的枋湖、安兜以迄高崎，西面自乌石浦、塘边迄殿前，西南面自西郭、湖

第三章 军民浴血奋战 保卫厦门

里至寨上，西北隅沿海的钟宅，市区的蜂巢山、南普陀以至胡里山，都有守军和壮丁、保安警察据险抵抗，体现了厦门人民顽强的爱国卫乡精神。

附录一

赞死守厦门的勇士

厦门市政府与正规军退却之后，我们到现在还有许多壮士与残余兵士，和一部分知识青年，正据守着厦门的一角，南普陀一带山中，与强敌坚决抗战！他们不是没有归路，他们可以缴了枪，受外国人劝告，退至鼓浪屿。但是他们不，坚决地不！他们每个人都坚抱着国家民族交给他们的天职，拼着父母留给他们的最后热血，向敌人讨血债，要代价！一切，都是空前史，泣鬼神！

从去年卢沟桥事变起，直至现在前后十个多月时间，中国好男儿，不知创造了多少可歌可泣、悲壮伟大的空前战迹。讲军队，有南口的罗芳珪将军，宝山的姚子青将军，忻口的郝梦麟将军、刘家琪将军，以至最近临城的王铭章将军，荷泽的李必蕃将军，及多多少少前前后后有名无名的战士！英雄！他们都死守阵地，保住战场，把每块骨肉，填葬了残垣，每滴热血染红了焦土！不投降！不后退！不畏葸！不逃跑！讲民团，有豫皖一带的红枪会，有冀省范筑先领导的游击军，他们与正规军一样，夺取敌人的粮草，截断敌人的归路，牵制敌人的用兵，他们根本没有升官发财的思想，他们卫国、卫乡，肩起国民应尽的天职，不求名，不求利，这样冒着敌人的炮火冲锋！死去！这一切的一切，蔚为中华民族的国魂，在东亚，在世界，放射了万丈光芒，照耀千古！我们应该为他们家家塑像，户户弦歌！

此外还有淞沪血战时，因失守大场阵地而引咎自杀的湘军朱耀华师长。想到朱将军的英爽，对照着今天退出厦门的守军，更值得我们悲痛！看！朱将军举枪自裁的时候，就是要告诉全国军人要知道羞耻！谁知道事过六七个月之后，而竟还有不知羞耻的军人！

现在厦门的驻军老早退出了！而我们的热血壮士、卫国青年，还雄踞一角焦土，孤军奋斗！他们明知道最后必败，更知道最后必死，但他们却握住必败的陨途，拼着必死的决心，向敌人讨血债，要代价！为国家争人格,为同胞做榜样,请大家屏息一思,在厦门的一角,漫天炮火,在敌人海陆空军环攻之中,有我中华民族忠愤填膺、热血潮涌的志士仁人,雄踞着一座孤山,山顶上竖起青天白日满地红的大旗,山下堆满着无数具敌人的尸体,这是何等庄严!何等景象!全世界人们皆知道厦门已为日本所征服,全国同胞都知道厦门已沦入敌手。但是可知道?在那里还活跃着千百个英勇的中国男儿,还高悬着中华民国的国旗。他们的每一颗铁弹,都要洞穿敌人的肺腑,他们的每一滴血,都要洒在祖国领土之上!他们宁死不辱,他们要激发民族的羞耻心!要为民族留一分正气,争一分人格!全世界人要知道:我们的厦门未失去!全国同胞要切记:我们的勇士与日月长存!这牺牲,是中华民族最圣洁的血祭,这悲壮,是中华民国男儿们最崇高赞礼!

孤撑着厦门的数千百男儿勇士们!全世界的眼睛都向你们看着!爱国同胞的心灵都为你们跳跃!特别是福建的父老兄弟姐妹们,都望着你们为国家争气。你们死吧!因为你们不贪生怕死!你们杀吧!因为敌人杀害了我们多少兄弟!你们伟大!你们光荣!敌人的卑怯,哪里比得上你们的英勇!台湾浪人,更是亡了国,忘了祖的老鼠,他们这老鼠的一群,只配在飞机、大炮后面摸索,哪个敢正面儿向着我们舍身报国的健儿?你们的悲壮是空前的,田横的五百壮士不及你们,他们是殉私义,你们是死公忠!项羽渡江的八千子弟更不及你们,他们是保一姓,你们则保全民族!你们的牺牲是三百殉国的斯巴达勇士!你们的精神能唤起七次卫道的十字东征!你们决不孤寂,南北战场上正有多少子弟在流着血、流着泪配合着你们,全国不甘做奴隶的同胞都准备前仆后继为你们报仇!雪耻,歼灭到中国行凶的日本野兽!

人生不过百年,到头来终究一死。你们这样死去,是得到最神圣的死所,你们的血,染红了中国民族的历史!你们的死,必然获得民族的永生!内陆上多少万有志气的军人、壮丁,将踏着你们的血迹而冲锋!一个大国家必然继续着你们的呼吸而永在!你们放心!血染红的祖国领土决定不失!有生命的民族,决定不亡!你们杀啊!这是中华民族最圣洁的血祭!你们死啊!这是中国男儿最崇高的赞礼!

(据《南方日报》1938年5月20日社论)

附录二

漳属各县旅厦同乡会鼓浪屿分会代表许珊夫密陈厦门失陷真相，电请俯准迅派大员督师收复

汉口海陆空军总司令部蒋总司令万急。

厦门敌间谍侦知我七五师与八十师互调防地，尚未齐集之际，灰日即由凤屿监狱内羁押之汉奸重犯吕天宝等领导该监狱犯三百余人反监起事，一哄而群集于中山路天仙旅社（该社系吕天宝所开设，营业前曾挂日籍×××籍牌者），将整个犯人悉数化装我七五师之军服，捣乱后方。俱见该汉奸包藏祸心，蓄谋已久。奈何我市区内无武装军士，仅由壮丁队、警察队看守而已。查前项壮丁队，又泰半出自从前未撤退之台人，而厦门当局贪取其献金，登记脱籍，收编为壮丁受训者。真日该收编台人之壮丁队反戈相向，对我壮丁队以机关枪扫射，死伤枕籍。且宣传日军已由禾山江头登陆，而莲坂、吕厝、何厝等社均有敌兵。

同时盛传厦门水上警察第二大队长邱铮有通敌嫌疑，谓邱以洋油自焚其水上警察电艇，为响影（应）敌人暗号，故该水警队不战而退。而敌方即以电艇驱朝鲜、东北疲敝之兵二三百人，由禾山之江头上陆。恃有水上机二架掩护敌兵耳。同时七五师韩副师长文英带队应战，指挥军事。适被敌方炮火中伤足部，因援军不到，旋向后退矣。市公安局长沈觐康临阵退缩，市长高汉鳌真日即弃城逃匿于鼓浪屿鹿耳礁私寓，不与市城共存亡，至日昨始离鼓他适。故国人皆曰沈觐康、邱铮、高汉鳌可杀，以其守土有责之长官，前方未失守，而后方先退却也。

呜呼！谁实为之，孰令致之。倘当时将汉奸重犯吕天宝等及登记之各台人早置诸重典，厦门断不致有今日发生之变故。遂使我厦禾山河表里，并未取得敌人丝毫代价，拱手而让敌人。坠国际之信仰，失国军之名誉，上违钧座持久抗战之明训，下陷人民火烈水深之痛苦。慨自强盗入寇厦门，敌方自揣实力薄弱，难以立足。故操切以强盗手段，断然处置。凡我厦所有金玉珠礒、五金物品，下至铁门铁床铁枷，均抢劫一空，均由其敌方运输舰数只满载而归。凡我商民遭此空前莫大之损失，奚啻以数千万计耶！

昔郑延平扼守金厦两岛，以抗清廷之师，则此地为军事上必争之据点也可知。倘厦门一日不收复，则福建、广东不保。唇亡齿寒，其闽粤之谓乎！敞会同人心所谓危，难安缄默。不揣冒昧，为厦鼓禾一十八万难民请命。素仰钧座神武天纵，知人善任，恩准迅派大员督师，并派国机二十架援厦。以十五架应付空战，五架掩护我军由禾山牛家村碑头社上陆，一鼓而克复厦禾，则事半而功必倍之。蠢兹流寇，不足平歼。夫泰山不辞土壤，河海不择细流。狂夫之言，圣人择焉。谨电密陈，鹄候察照。俯如所请，以收失地而顺民情，曷胜引领。敬颂戎安。

漳属各县旅厦同乡会鼓浪屿分会代表许珊夫率厦鼓禾一十八万难民同叩。回印。

中华民国二十七年五月二十四日
（中国第二历史档案馆　全宗号七八七　案卷号8428）

第四节　日军登陆后大肆屠杀

日军登上五通之后，前锋继续向前推进，后续部队在五通一线的泥金、东宅、凤头、店里等村社见人就杀，杀死村民116人。至13日厦门沦陷，日寇沿途又杀死村民449人。据1946年抗战胜利后国民政府的调查，4天中，日寇在禾山屠杀村民共565人。至今，在五通、曾厝垵等地，当地居民仍保留在每年阴历四月十一日（即1938年5月10日日军登陆展开屠杀的日子）做"日本仔祭"的传统，祭奠当年被日军残杀的先人。

日寇登陆的第二天，日军第三大队由胡里山炮台攻向白石炮台，途径曾厝垵，村民们纷纷躲进山里。日军利用汉奸，假称凡插上日本旗的房屋将不会被烧毁，诱骗二十多名村民下山。可这些村民还在下山的路上，日寇就已经开始放火焚屋。可怜这些村民下山后即被日军赶至龙眼林，一阵扫射，全部罹难。曾华荣老人回忆道，龙眼树下血流遍地，土地被染成暗红色。

日军行军至将军祠时，曾将三十位青壮年驱赶至羊圈，扫射杀害，唯有两人幸免于难。

日军占领厦门上李水库

第三章 军民浴血奋战 保卫厦门

日军在五通登陆地掩埋战死者（选自《日本侵华图志》）

日军占领厦门后在街道警戒（选自《日本侵华图志》）

日军进攻市区时，市民纷纷扶老携幼，渡海往鼓浪屿避难。《福建民报》1938年5月13日报道，日机丧心病狂地扫射、轰炸渡海中的难民，有许多双桨小船被炸翻沉，死伤的百姓很多。《侨声日报》1938年5月17日报道，13日，又有日军将来不及撤退的壮丁队员逐至鹭江道海岸边用机枪扫射,只有极少数跳进海里幸免于难。同胞们的鲜血,染红了鹭江之水。

厦门军民浴血奋战了4天,挽回不了山河易色的局势。厦门沦陷了,但在它的每一寸土地上,都有义愤填膺、热血潮涌、宁死不屈的人民和爱国将士洒下的热血,表现了中华民族抗击外来侵略的忠勇气节。日军侵犯厦门战役中,守军、武装警察、保安队、壮丁队和市民遭受日军屠杀约7000人。

抗战前,厦门人口18万多,沦陷时骤降到只剩1.4万人。市民逃难,流离失所。市区十室九空,街道七零八落,从水仙路到厦门港民生路(今民族路)一带,荒凉不堪。有一个日军攻占厦门时避居万石莲寺的僧人"文心",后来写了一篇题为《友邦协力建设厦门乐土一周年纪念之感言》的媚敌文章,描述他亲眼看见厦门沦敌时的景况是:

日本海军登陆之际,厦禾群众,均逃走一空。所谓商停于市,士辍于学,农罢于野,工止于业,有屋无人住,有路无人践……20余日之后,余从万石莲寺步返南普陀视察之时,一路所见,城市荒凉,不见行人……寂寞之尘寰,悲惨异常,墙断扉破,户闭垒残,加之炎日如焚,飞鸟不下,鸡犬亡群……呜呼!惨不忍睹矣!

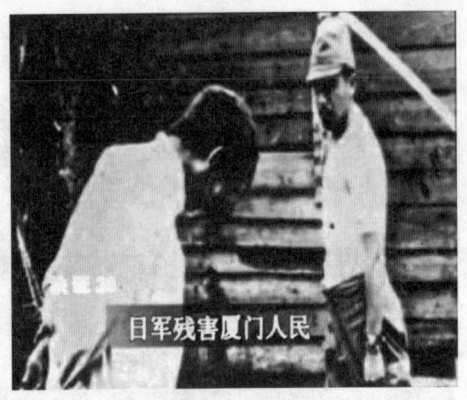

日军残害厦门人民

厦门民众不屈服,惨遭日军残杀。(《福建民报》1938年6月7日)

第三章 军民浴血奋战 保卫厦门

1919年9月设于文渊井21号的厦门图书馆，于1938年5月日本占领厦门初期被烧毁。

东京《朝日新闻》1938年5月11日称"厦门是个抗日的岛屿"

被改名为厦门公园的中山公园

第四章 抗战时期的鼓浪屿

"九一八"事变前,鼓浪屿是个平静的岛屿,公共租界上花树掩映,曲径通幽,是华侨、侨眷和富商定居的好地方。岛民与世无争,生活平静。他们想不到,除了涛声、音乐和教堂的钟声,突如其来的枪炮声,使他们在七年多的时间里惊心忍命,度日如年。

第一节 救亡运动 如火如荼

1931年"九一八"事变,日寇侵略中国的炮声惊醒了生活在"世外桃源"的鼓浪屿民众。平静的日子一下子烟消云散了,鼓浪屿人和全国人民一起,卷入了声势浩大的抗日救亡运动。

在中共地下组织的领导下,鼓浪屿各界人士联合成立了"反日会"、"鼓浪屿抗日救国会",青年学生组织了"抗日宣传队",他们走向街头演讲,用歌声向码头工人及群众宣传抗日救亡思想。1936年初,毓德女中、慈勤女中与厦门大学、双十中学、中华中学、吉祥中学等相继组织学生剧团,在街头表演话剧,向大众宣传抗日救亡思想。个子矮小的童子军站在小椅子上,拿着小旗子演说,领着大家唱抗日歌曲。1936年年底,厦门中山公园举行了一千多人参加的抗日救亡歌咏大会,鼓浪屿中小学学生是这次歌咏大会最活跃的群体。1937年"七七"事变后,同仇敌忾的抗战情绪在厦门市民之间蔓延,年轻人在鼓浪屿英华中学的大礼堂成立了"厦门青

第四章 抗战时期的鼓浪屿

年战时服务团"。

1937年10月,在中共厦门工委的指导帮助下,以鼓浪屿英华中学、毓德女中、慈勤女中等中小学师生为主的爱国青年在普育小学礼堂成立"鼓浪屿青年抗敌服务团",参加者有六七十人,推举周怀立、徐承统、刘角夫三人为主席团。该团出版《战时妇女》刊物,鼓励各阶层妇女参加抗日斗争,组织"七七剧社",排练《收复金门》《晋江的洪流》等抗敌戏剧。1938年春节期间,七七剧社在鹭江戏院举行抗敌戏剧公演,民众抗敌情绪大受鼓舞。剧团还组织学生歌咏队公演,到黄家渡码头工人俱乐部和龙头海员俱乐部向工人群众散发传单,组织演讲,教他们唱抗日歌曲,宣传抗日救亡道理。他们不但在岛内开展活动,还经常渡海到厦门,在街头演出《放下你的鞭子》《打回老家去》《小英雄》等话剧,还带领群众歌唱《松花江上》《义勇军进行曲》《大刀进行曲》《团结就是力量》和《枪口对外齐步向前》等抗战歌曲,甚至深入前线阵地或农村,用方言演唱《厦门,你是我老母》《滚!滚!滚!中国打日本》等歌曲。

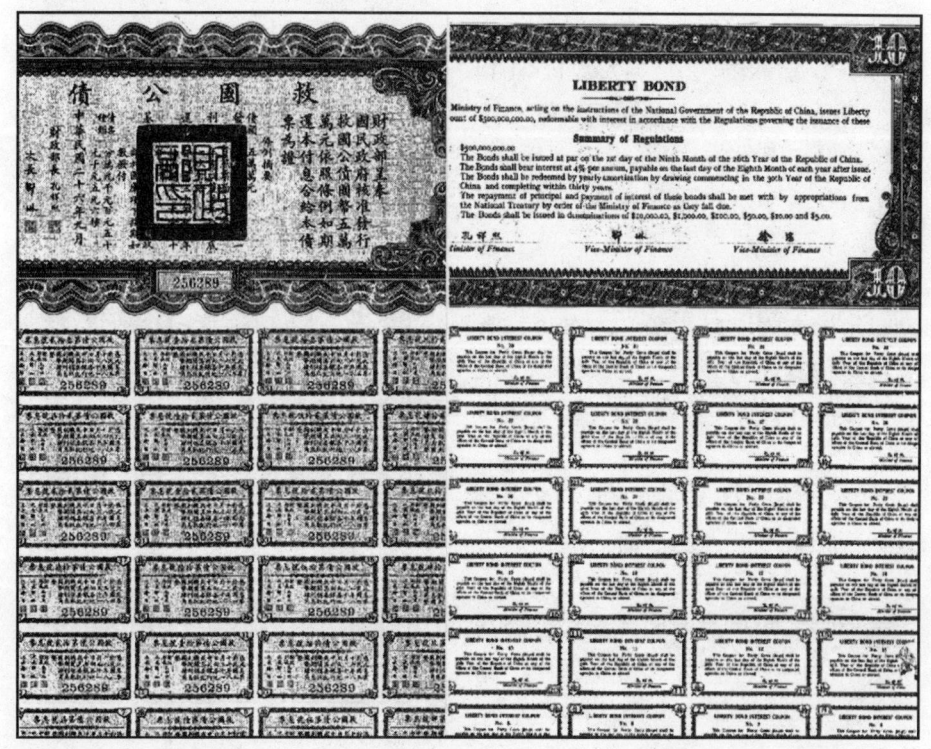

救国公债

鼓浪屿群众的抗日热情被鼓动起来，抗敌的怒火在燃烧，鼓浪屿的街头上，经常响彻着抗日的歌声。同时，各界人士支援抗击日军的钱款物品也不断涌向前线。1936 年 11 月 20 日，鼓浪屿米商一日捐 158.75 元汇往北方前线。1937 年 8 月 16 日，鼓浪屿妇女界踊跃捐款抗敌，第一天就募集到 700 多元。1937 年 9 月 29 日，鼓浪屿各界筹款 717 元，交由本地抗敌会慰劳本市前线抗日守军。据《江声报》报道，其中 400 元犒劳一五七师驻厦将士，150 元慰劳各炮台官兵，167 元奖励水陆警察。1937 年 11 月 5 日，厦门抗敌后援会鼓浪屿支会收到募集而来的棉背心 1191 件、国币 276.8 元，运达前线。1937 年 11 月 14 日，为慰劳前方将士，厦门慈勤女中学生连日加班编织 200 副羊毛手套，募集 700 余件寒衣及慰劳品。1937 年 12 月 11 日，鼓浪屿怀仁、怀德、慈勤、教儒园、维正、毓德等校女生赶制 431 件寒衣，送交厦门市各界抗敌后援会转寄前方。类似捐款捐物的消息，充满《江声报》等厦门各大媒体的版面。

1938 年 5 月 9 日晚，厦门各界民众举行纪念"五九"国耻万人火炬大游行。全市救亡团体响应，鼓浪屿青年抗敌服务团也渡海前往参加。游行队伍从中山公园出发，火龙在中山路行进，口号声和歌声此起彼落。

厦门万人火炬大游行的第二天，

福建省抗敌后援会厦门市鼓浪屿支会收取"救国献金"的收据

福建省抗敌后援会厦门市鼓浪屿支会收据

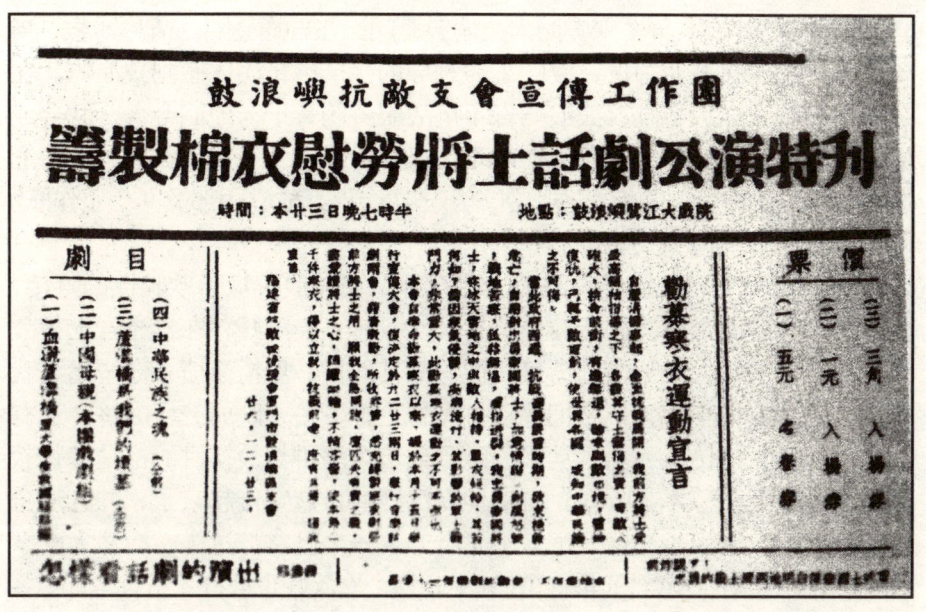

第四章　抗战时期的鼓浪屿

厦门鼓浪屿抗敌支会宣传工作团为筹制棉衣慰劳抗日将士公演话剧的广告

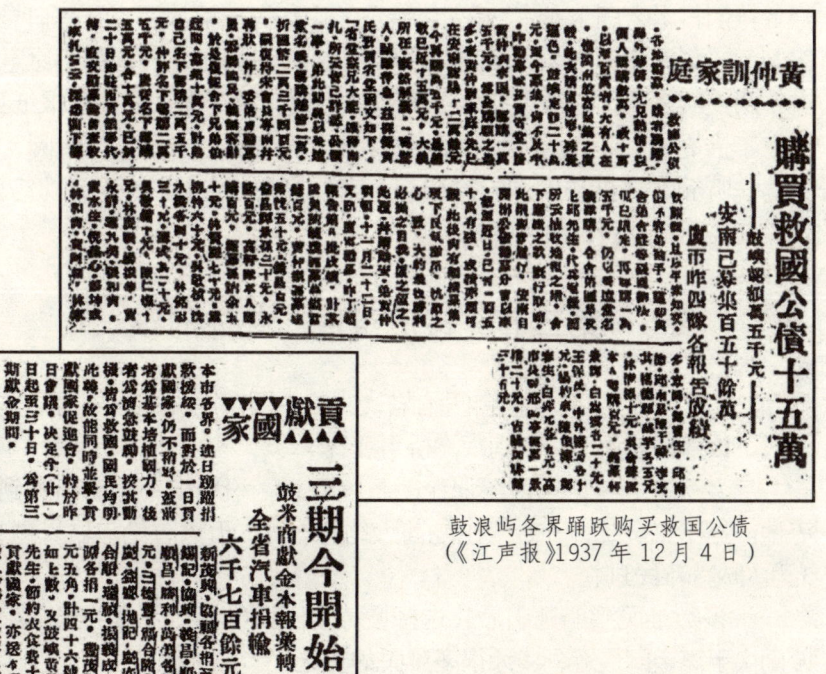

鼓浪屿各界踊跃购买救国公债
（《江声报》1937年12月4日）

1938年5月10日,日军乘虚而入,偷袭厦门,在五通登陆。情势紧急,当天傍晚,为保存革命力量,厦门工委领导的几个抗日团体撤到鼓浪屿。在鼓浪屿英华中学大礼堂,鼓浪屿青年抗敌服务团骨干与他们会合,联合成立厦门青年战时服务团(简称厦青团)。厦青团第二天分批由鼓浪屿渡海经嵩屿到海沧集中,并在海沧小学召开第一次会议,成立团部及9个工作队。随即撤往漳州,继续参加抗日斗争。

厦门沦陷后,日寇经常派遣一些汉奸,到鼓浪屿从事欺骗性的宣传,为建立"东亚共荣圈"制造舆论。有一次,有一个汉奸,在日光岩上替敌人宣传,鼓浪屿人一听他的口气,便识破其面目,群情激愤,你一拳,我一脚,把他打得半死,最后把他从日光岩上推下去,跌成一块肉饼。还有一个女汉奸,借传教为名,从厦门跑到鼓浪屿演讲。最初讲的都是基督教的道理,还吸引了不少听众。慢慢地女汉奸替日寇宣传起来了,并且从身上拿出一面日本旗子。这一下激怒了听众,一个巴掌打过去,而后大家拳脚交加,把太阳旗撕得粉碎,摔在地上,这个女汉奸也被打死了。

鼓浪屿的人民,对敌寇恨之入骨。延平戏院一到晚上,经常放映电影。当灯光昏暗之时,观众便唱起《义勇军进行曲》等抗日歌曲来,还大呼"打倒日本帝国主义"、"歼灭倭寇"、"中华民族解放万岁"等口号。日伪控制的《华南新日报》《全闽新日报》运到鼓浪屿时,群众都不愿意买,偶有一两人买来看,必被大家撕掷于地。相反,香港运来的中文报纸到达时,大家不惜高价,争相购买,如果载有抗日的捷报,一定互相传阅,奔走相告。一听到有飞机和大炮的声音,大家便聚在一起议论纷纷,盼望我军反攻。证实不是之后,大家又相顾叹息。

第二节 接济难民 共体时艰

1937年10月26日,金门沦陷,成为中国东南沿海最早遭日军攻占的地区,该事件被称为"华南卢沟桥事变"。

家乡失守,金门居民不愿沦为日寇奴隶,纷纷携眷乘船出逃到厦漳泉等地。据不完全统计,金门沦陷前大约有居民5万人,沦陷后只剩2万人,3万人成为难民逃亡。

大多数难民乘船逃出后,选择厦漳泉闽南沿海一带作为第二家园,而厦门由于离金门最近,成为很多难民的首选。

为安置这些难民,部分金门旅外的乡侨邀请在厦门、鼓浪屿一带以慈

第四章 抗战时期的鼓浪屿

善为怀关心乡梓的人士，于鼓浪屿成立了"金门难民救济委员会"。至 1937 年年底，从金门出逃的难民总计有万余人，其中流浪在大嶝者约有 3000 人，由海陆逃奔到厦门者约有 500 人，而停留在同安各乡的约有七八百人，到泉漳一带的难民人数无法确定。1937 年 11 月 1 日的《江声报》报道称："金门逃厦已万人，未逃三万余，在途万人。"到了 1938 年年初，留在金门的居民遭受日寇荼毒日益严重，"商不安于市，农不安于野，行旅不安于道，生利无目，粮食百物腾贵"，形容的就是当年金门民不聊生的凄惨景象。虽然日寇多方恐吓，声称外逃居民被抓回将处以酷刑，但仍然挡不住民众的出逃。有时一天逃往厦门的金门难民，竟有百余人之多。

金门沦陷的消息很快传遍海内外，旅居在外的金门人纷纷伸出援助之手。当时住在鼓浪屿的新加坡华侨银行厦门分行（设在鼓浪屿福建路）行长洪朝焕是在厦较有社会地位的金门人，他和在厦的金门籍头面人物一起牵头在鼓浪屿成立了金门难民救济会。菲律宾、新加坡、缅甸、越南等地的华侨听闻金门沦陷之讯后，纷纷集资捐款，开始汇交新加坡金门会馆代转，后直接汇交"金门难民救济会"，以施救流落在厦门各地的金胞。国内各团体与个人也纷纷捐款。

当时厦门的报刊天天刊发各种捐款的消息：集美商业学校的师生甚至节衣缩食半个月，省下 50 元国币作为捐款；厦门儿童团体通过演出筹集救济款 119 元。截至 1938 年 7 月，"金门难民救济会"收到海内外救济捐款合计 415662.6 元。除了捐款外，还有相当部分人士捐棉衣等物资，如陈嘉庚先生出资赈 4 万件棉衣。

在日常生活方面，为了确保金门逃到厦门的难民有饭吃，有屋住，救济会在厦门思明北路租借华侨银行房产设立两处收容所，或按性别，或依亲属，分室而居。一日三餐都是清粥配杂色小菜，膳食标准为每人每日国币一角，均由救济会负担。随后，救济会又先后在鼓浪屿、同安、马巷设立了金门难民收容所。鼓浪屿由于地小人多，收容难民不像厦门那么从容，便改为向未能进入收容所的难民发放生活费，每日生活费国币一角，每十日领款一次，用作各自租房等生计。同安、马巷也效仿鼓浪屿的救济办法。

捐款只能救急，不能救穷。要解决金门难民的长久之计，单靠救济终究不是长久之计，救济会开始寻找合适的地方，帮助金门难民迁徙开荒。救济会在召开各方面会议，反复讨论后决定，马巷东山乡及溪口两处荒田荒地为最合适的难民移垦地点。当时救济会还准备投资马巷商人陈远让国货 2500 元，用作成立织布厂，收纳难妇，约定场内所有女工只能雇佣金门

《福建民报》1938年5月29日报道

难妇。遗憾的是，在历经数月的勘察准备后，两项计划却因厦门沦陷而以流产告终。

金门沦陷后，同样面临的问题还有难童失学。厦门市政府令公私立中小学校免费收纳，大同小学首先遵办，收纳20多名，鼓浪屿方面，收纳40多名。后救济会增设收容所于鼓浪屿，见鼓浪屿上多数失学难童，终日无所事事，决定附设难童半日学校，腾出收容所内的两间厅房作为教室，分上下两班各两级，每级约30名，聘用金门难民中富有教学经验者做教员，给予适当生活补贴。一切刚有雏形，厦门突然沦陷，难民蜂拥而至鼓浪屿，原定用来做教室的房间不得不让为难民寝室，组建学校的计划也就成为泡影。

鼓浪屿居民接济金门难民，辛劳大半年还未喘一口气，厦门的难民又涌入鼓浪屿，让他们应接不暇。

1938年5月10日，日军偷袭厦门。战事发生的头几天，厦门市区民众流离失所，想要投靠外地亲戚也出不去，一时间涌至鼓浪屿，络绎不绝。当年还是十岁孩子的厦门文史专家洪卜仁先生在学校的组织下，到鼓浪屿的码头上，为逃上岛的民众带路。那三天，洪卜仁来回于鼓浪屿的龙头渡口和黄家渡，亲眼看见对岸码头密密麻麻全是人头。虽然厦鼓之间的轮渡在1937年7月就已开通，但主要的交通工具还是小舢板，一艘限坐六人。而逃难之际，这些小舢板几乎都严重超载。洪老先生仍然记得，1938年5

第四章　抗战时期的鼓浪屿

月 11 日至 13 日，日军的飞机"嗡嗡嗡"地盘旋在厦鼓海峡。他们不敢向当时还是租界的鼓浪屿投弹，就将枪口对着厦门轮渡。凶残的日军向海面射击，一些正在渡海的难民中弹，海面留下片片血迹。

短短的几天内，当年 1.78 平方公里的鼓浪屿涌上了 11 万的难民。而当年官方记载的厦门人口数量是 18 万。

由于战争发生得太快，岛上还来不及建立难民营，鼓浪屿居民就把公共场所全部腾出来收容难民。所有学校全部停课，寺庙、礼拜堂全部停止宗教活动，所有室内场地都用作难民的临时避难所。毓德女子中学和英华中学住了二三千人，小学也停课了，还是收容不了。当时因为有回声而没人敢去的"鬼屋"八卦楼、西林别墅（今郑成功纪念馆），甚至教堂、寺庙、医院、戏院和私人楼宇等，都挤得满满。

曾任毓德难民收容所管理主任的朱鸿谟先生回忆说，5 月 11 日上午 10 点左右，大量难民渡海而来，他们宣布停课，并组织高中部同学到各条路上召集逃难的妇孺到校中住宿，还有一些同学则回家向亲友劝募旧衣服和食品。起初，难民们在操场边上烧饭，黑烟滚滚，厕所里则随地大小便，肮脏混乱。但师生们坚持轮流半天上课，半天服务难民。高峰时期，毓德女中曾经收容了 1300 位难民住校，直到同年 9 月 5 日才全部迁出。

随着难民一批又一批地涌上岛，即使所有公共场所都已开放，还是容

鼓浪屿黄家渡用蓆蓬搭盖的难民收容所排屋

鼓浪屿黄家渡难民收容所设置的洗衣场所

纳不下所有人。除一小部分有点资财,得以迅速转往香港、南洋或返回内地原籍谋生者外,大部分都只能噙着眼泪,忍受饥寒,流落在鼓浪屿龙头街、黄家渡……鼓浪屿的住户这时大多打开家门,接纳难民。住在海坛路的许十方曾听长辈说过,他家当时住进了十多户难民,幸好院子里有一口水井,勉强供难民吃喝洗刷之用。

鼓浪屿华人知名人士邵庆元（毓德女子中学校长）等,目睹这无数不愿留于在沦陷区做日军顺民而走上流亡之路的同胞,深表同情,发起组织"鼓浪屿各界联合救济会",一面开放各学校、教堂及其他公共机关等70余处为收容所,提供难民住宿;一面向各殷实富户募捐,并纷电海外华侨,请求捐款救济。

"鼓浪屿各界联合救济会"成立后,虽积极开展难民救济工作,但限于人力、财力,加上遭受来自占领厦门的日本当局的威胁、破坏,开展工作比较吃力。而当年鼓浪屿尚属"公共租界",于是"鼓浪屿各界联合救济会"联合英、美领事和教会等各方面的热心人士,组建新的难民救济机构——鼓浪屿国际救济委员会。

鼓浪屿国际救济委员会（以下简称"救济会"）,也有人称之为"华洋

第四章 抗战时期的鼓浪屿

义赈会"。该会以卜显理牧师（美国教士）、夏礼文博士（救世医院院长、美国医生）、巴士凯（英国人，鼓浪屿工部局秘书兼总巡捕）、丁锡荣（英国驻厦总领事馆秘书、华人）、洪朝焕（华侨银行行长）、沈省愚（英华中学校长）、毛候士（安达银行行长，荷兰人）、李乐白（英国教会牧师）及董鸣皋等为常务委员，推举卜显理为会长（1940 年 5 月，卜显理回国，由魏沃壤牧师继任），副主席为丁锡荣，沈省愚任秘书，毛候士任会计股股长，洪朝焕任经济股股长，夏礼文任医药股股长，李乐白任收容股股长，巴士凯为粮食股股长，董鸣皋为庶务股股长，各收容所管理员，即以原有人员任之（各学校由校长或教员担任）。

救济会成立后的第一项任务，是向国内外发出求援电报，募捐经费。而捐款捐物最快最多的，仍然是一向关怀桑梓的华侨。新、马各地的福建会馆，纷纷召开紧急会议，强调指出，"为国为乡，均不能坐视不理，筹款救济，责无旁贷"，先后汇款回鼓浪屿救济难民。新加坡福建会馆 17 日假怡和轩举行执委、监委暨闽省各邑代表联席会议。会议由陈嘉庚主持，决定先由华侨银行香港分行拨捐国币 5000 元买米运鼓，以免难民断炊。菲律宾华侨闻讯，由"中华总会"会长李清泉召集董事紧急会议，发动救济运动，一方面派桂华山、余清箆赴香港，联络香港福建商会的庄成宗、康镜波、陈伯诚等乡亲，开展救济厦门逃港难民的工作；另一方面，在香港买

毓德女子中学校难民收容所一隅

鼓浪屿毓德女子中学校辟为难民收容所

了大米 2500 袋（每袋 107 公斤），5 月 19 日送达鼓浪屿赈济难民。东南亚各埠福建会馆也纷纷召集紧急会议，马来亚的吉隆坡、怡和、麻坡侨团分别先电汇国币 8000 元、10000 元、5000 元，以解燃眉之急；太平的侨团在电汇国币 5000 元的同时，还托运白米 1000 包，交李硕果（缅甸华侨，曾任《民钟报》经理）、洪朝焕代为施赈。缅甸华侨红十字会、仰光的闽侨各属筹赈会，也几次汇款前来发放赈济。印尼的厦门籍华侨许启兴，在雅加达主持"华侨慈善夜市"，筹款赈济受难同胞。旅居新加坡的同乡发动成立"新加坡厦门公会"，先后举办话剧义演筹款和书画联合展览筹款助赈。远至南美洲秘鲁的垄川华侨妇女赈灾会，也先后汇寄国际救济会 5000 元。这一切，充分体现华侨爱国爱乡的深厚情谊。

　　此外，国内外一些团体和个人也都纷纷慷慨解囊，捐款捐物。1938 年 6 月 30 日，救济会公布了一次财政报告。之后，又收到了一些财物，到 1938 年 12 月 31 日，捐赠现金从 37.8 万元提高到 42.6 万元，捐赠物资的价值从大约 8.8 万元增加到 15.63 万元，总计达 58.24 万元。此外，还通过售米等获到 2.69 万元现金。在救济会的第三次报告和财政综述中，公布收到国内外团体和个人捐款、捐物的数字和付出粮食、医药等各种救济费用的详细账目，其中包括 1938 年 6 月 30 日至 1938 年 12 月 31 日的捐赠表，向国内外关心难民救济的团体和个人报告该会工作情况。

第四章 抗战时期的鼓浪屿

鼓浪屿国际救济会捐赠收支表
（1938年6月30日—12月31日）

单位：元

现金捐款	本地货币		312267.94	储备	米	345袋	5175.00
	港币		95242.50		木薯种	293袋	2490.50
	英镑		2026.66		漂白粉	336箱	5151.00
	上海		16536.76		水泥	477袋	3152.24
物资捐赠			156307.00		黄豆粉	25袋	450.00
星期日收益	售米所得		10122.83		漂白粉	69桶	759.00
	运米所得		1490.64		其他		1177.00
	救济售米		690.00	开支清单	米	4677袋	80749.94
	香港中国红十字会付款		6564.04		电报费		2224.52
	所售105袋水泥		821.76		医疗费		35962.88
	出售米袋		3246.70		牛奶		1162.87
	扣除供给难民营的电费		116.90		医疗设置		3190.03
	扣除供给难民营的水费		473.77		文具、邮票等		1107.16
	来自泉州救济会		1500.00		燃料、灯、水		16929.36
	鼓浪屿罐头厂（免费加工）		1849.26		食物、蔬菜等		22458.51
	其他杂项		14.90		席子、帐篷等		35695.85
	合计		26890.80		劳工工资		14117.28
应付票据			7278.08		改善难民生活		30180.25
交易差额			1790.75		杂项支出		4913.53
柴火账目			45724.10		合计		248767.18
银行收支平衡	荷兰印度商业银行	本地货币	36192.56	发放捐赠	大米	7842袋	117630.00
		港币	118202.31		木薯种	955袋	8117.50
		英镑	20693.33		黄豆	550袋	7700.00
	中兴银行	港币	10200.00		油	1050罐	1050.00
		本地货币	5781.19		糖	98袋	882.00
现金	小额现金		129.74		奎宁	4箱	2000.00
	鼓浪屿医院		526.46		浓缩乳	60箱	1980.00

国民政府中央赈济委员会也先后汇到15万元。

随着地方人士越来越多地参与进来，以及来自海内外捐款源源不断地汇入，难民救济工作有条不紊地展开。

一、食宿问题

由于还有许多难民露宿街头,救济会首先将捐款用于在黄家渡空地搭盖了30多座简易竹棚厝,为所有难民提供栖身之地。收容所原来只计划设20所,后来增加到50多所,还是不够用。有亲戚朋友可以投靠的还好,其余的便只好露宿街头。后来,救济会又在海滨空旷的地方临时搭盖一些竹棚、草厝,供难民住宿。开始几天是发给难民白米,供其自煮,但因柴薪缺乏,难民又多没带炊具,分到米也无法煮。救济会遂得到厦门淘化大同公司鼓浪屿制造厂及兆和食品罐头公司的支持,成立了粥厂,委托淘化大同和兆和两家罐头制造厂承担煮粥任务,每天为难民们提供两餐稀饭,每人每餐两碗,并配咸菜、豆腐乳等佐餐。食品的准备和分发全由两家罐头厂负责。救济会分发捐赠从1938年6月的13.48万元上升到1938年12月的39.11万元,其中大米占据了绝大部分,煮了12519袋。救济会还和鼓浪屿工部局合作,筹措资金进口大米约1.2万包到市场出售,防止有人投机倒把,抬升米价,给难民营以外的难民造成生活上的困难。

难民营设立了行政总部,建了一座大开水炉。此外,设立了换衣间,成立了由难民组成的消防队。

解决难民的饮食,柴火必不可少。鼓浪屿是孤岛,四面环海,做饭所需柴火极为缺乏,救济会经多方协调,由福州方面提供有限的供应。后来,救济会做出安排,由6艘大帆船挂IQCK(国际难民救济会)旗帜从漳州运送,凭票供应,最低限度地满足了柴火的需求。

以下是1938年8月到1939年3月的难民营和难民的数目:

日期	难民营数(个)	难民数(人)
1938年8月底	15	19300
1938年9月	15	17500
1938年10月	15	15450
1938年11月	15	14095
1938年12月	10	11394
1939年1月	7	10292
1939年2月	4	
1939年3月	3	8500

第四章 抗战时期的鼓浪屿

鼓浪屿难民送粥队用煤油桶装粥,分送到八卦楼、英华中学、黄家渡、毓德女中等难民住处。

厦门淘化大同公司鼓浪屿内厝澳制造厂自始即担负炊粥工作,每日两次由难民轮值到该厂挑粥至难民住地分发。

二、医疗卫生问题

救济会救济的难民，最多时超过 4.3 万人，分别住在 54 座难民营中，一旦瘟疫流行，后果将不堪设想，医疗救济因此也是救济会的重要工作。救济会委托鼓浪屿医院和救世医院协助治疗难民病患；并在难民营中设立了医疗所，对病人进行检查；在黄家渡选一座较小的竹棚厝作为小医院，以医治那些病情还没有需要转移到正规医院的病人；在救世医院附近建立了一个大难民营，作为医治犯有肺结核病的难民；将一些难民营中的女孩进行培训，以应付急救和从事基本护理。此外，婴儿门诊部也拯救了不少婴孩的性命。

救济会还注重难民营中的卫生清洁工作。当时，由于难民太多，难民营肮脏不堪，厕所尤其如此。行政总部设法改善卫生状况，设立了专门的厕所检查员，改善包括住房和卫生在内的生活设施。许多热心人士充当义务巡察员，到各收容所安抚难民，维持秩序，调剂饮水、食品、医药，尽力清洁、防病防疫等，不厌其烦。

失控的人员流动，拥挤、住房不足，生活设施不足，在这样艰难的卫生和医疗条件下，难民营居然没有发生霍乱，是很令人惊讶的。

鼓浪屿黄家渡用席蓬搭盖的难民收容所附设之临时医院

第四章 抗战时期的鼓浪屿

以下是医药和门诊部的工作统计（1938年12月31日前）：

医疗机构	住院人次（人）	门诊人次（人）
鼓浪屿医院	771	39946
救世医院	2900	38902
隔离医院	479	264
旋转俱乐部门诊部		65815
永春路救世医院分部		42046
志愿医生在他们的诊所		10000
总数	4150	196973
护士出诊难民营		约5000
预防霍乱		约50000
接种天花疫苗		约25000

三、婴儿问题

许多带着婴儿的母亲，仓皇逃难，受到惊吓，加之饥饿、营养不够，往往断奶或奶水不足。鼓浪屿虽有一些牛奶储备，但不够喂养营区里的三四百个婴儿。1938年5月15日，由外国传教士的妻子发起组织的奶水厨房成立了。奶水厨房设备只有1个煤油汽油两用炉、2把汤勺和2个平底锅。另外，医院提供了汤锅。鼓浪屿市政委员会给了4个新的煤油罐用来盛开水，还有两听油及一箱甜牛奶。找不到用来给婴儿补充维生素C的紫苜蓿，女志愿者决定用卷心菜汁代替。奶水厨房组织了志愿童军帮忙。很快地，奶水厨房引起了人们的注意，传教士成员及一些船员加入了志愿者队伍，随后添加了一个浴缸，用来给婴儿洗澡，又有一群传教士的妻子来给婴儿洗澡。在各界人士的帮助下，奶水厨房条件更为改善，有豆浆及无糖牛奶供应。

难民母亲带着婴儿在奶水厨房

怀抱乳婴到鼓浪屿难民营育婴处的母亲们正在等待发放牛乳

四、就学问题

避鼓难民，人数众多，至1938年年底，由救济会负担食宿的难民，尚有1.4万余人，其中学龄儿童三四千人。这些适龄儿童，无处念书，终日流浪街头，使家长们担忧。当时难民所中有位原厦门全民小学的女教师钟慧贞，为使难童不致失学，她热心发动窦丽贞、施于治（钟慧贞以前教过的学生）等人，召集数十个难童，在福民小学附近的树下，为难童补习功课，受到家长赞扬。可是难童人数越来越多，难于应付。救济会中的人员到收容所巡视之时，他们将情况反映，一个多月后，国际救济会尽力与岛上各学校磋商，组织了难童义务学校，搭一竹草棚作为校舍。虽设备十分简陋，钉长条木板做课桌椅，但对所有适龄难童提供了教育便利，招生人数达2000多名。

难民营运转耗资繁多，再添办学不免捉襟见肘，颇为棘手。救济会遂以副主席丁锡荣和经济股股长洪朝焕的名义，致函新加坡福建会馆主席陈嘉庚先生，请求资助。一向重视教育事业的陈嘉庚很快就复函救济会："顷接大函，藉悉贵会救济桑梓避鼓难民之梗概，良慰渴怀。承示举办难童学校，在此长期抗战之中，遭灾而流离失学之儿童，比比皆是，实应注意亟加设法救济也。本会馆至表赞同。兹谨遵命将前各方热心侨胞汇存赈款计叻银五千八百零一元三角八占（分），悉数由华侨银行汇上。附呈该银行汇票列六——六六三号一纸，折合国币一万九千零二十元九角二占（分），至

第四章 抗战时期的鼓浪屿

希查收,掣给收据,并盼赐复是幸。"(该信发表于1938年12月22日的新加坡《南洋商报》)这样,举办难童学校有了经费上的保障。

"难童学校"不设校长,由国际救济会先后指派美国人卜显理(时任私立同文书院院长)和福懿慕姑娘(原系毓德中学主理)、李禄白(英国传教士)等负责处理校务。聘用的教员,均系厦门逃难的中、小学教员或中学生,其中除了一位体育教员林洞天,全系女性。教务主任吴君英,教员有范文英(曾任集美中学语文教员)、蔡萱芬、蔡萱英、吴淑和、施于治、吴菊贞、王宝治、窦丽贞、蒋淑勤、冯素心等人。每月薪金初定白银10元,后因物价不断膨胀,经过教员数次向主管反映,月薪渐增至15元。

在救济会的发动下,许多学校积极响应,为难童受教育而努力。英华中学和怀仁女子学校做出安排,由高年级学生上课及管理班级,上课时间为15:00到17:30;毓德女子中学也一样,不同的是上课时间为9:40到12:10;普育小学则由该校教师放学后,自己管理难童班级;同时,救济会启用了两个附设于福民小学的闽南职业学校大厅(该校当时因厦门沦陷停办,刚好有空校舍安置难童读书),由难民中有教师经验但已失业几个月的教师授课,有800多个学生得到教育;有100多个学生在八卦楼地下室入了学;还有一座学校在美华学堂的地下室开办,有400多个渔民子弟在那就学。全校学生分成高、初级10班,幼稚园4班。高年级每周加授英语一

难民学校的师生合影

节。每日晨会，举行祈祷仪式，吟唱基督教圣诗。

入学的难童不收学杂费，课本由学校发给，教师们感到难童每天仅食两餐稀饭，不能充饥。经向当局反映后，学生每日另发给"面煎糕"或黑面包一块。凭借这些有限的条件，难童们得到了一定的教育。

1939年年初，2123个小孩是这样分派在不同学校上学的：

学校	人数（人）
闽南职业学校	850
美华渔民子弟学校	378
英华书院	307
毓德女子中学	221
怀仁女子学校	142
普育小学	120
八卦楼	105

难民们逃到鼓浪屿半个多月后，也就是1938年6月后，日军派遣一批汉奸登上鼓浪屿，与岛上的日本浪人里应外合，组织了"维持会"，花言巧语动员难民回归厦门岛。同时，日寇禁止粮食、燃料运往鼓浪屿，拒绝食用水出口，并指使汉奸操纵，使鼓浪屿粮食紧缺，生活紧张。难民中一些有社会地位的中产阶级动了心，不少人跟着汉奸回到了厦门本岛。一些难民不为所动，不愿"复归"为"顺民"，先后向救济会请求疏散入内地。该会经与慈善会、赈济会等多方联系，派电船或提供旅费膳宿补助，鼓励难民自谋出路。凡难民离开难民营，成人每人发给10元，儿童每人发给5元。救济会先后疏散难民回福州、莆田、晋江、漳州、同安、永春等原籍，并移送难民入德化、大田等处垦荒。同时，也有部分难民出国到南洋。

1940年1月，救济会的难民营还有难民5160人。同年7月1日，难民营的难民已减到1309人，到了同年12月31日，留在难民所的难民仅有260人。

厦门沦陷，是厦门百年来最惨痛的历史记忆。国难当头，金门、厦门、鼓浪屿民众团结一致、共体时艰、相互救助，外国友人、华侨无私援助，帮助难民熬过了沦陷后这一段最艰难的时光。

1941年年初，难民营宣告解散。同年12月8日，鼓浪屿被日寇占领。

附录一

龙溪县救济院收留厦门籍难民名单

姓名	性别	年龄	籍贯	逃亡日期（民国）	从哪里来	具体家庭地址	遣散何处	职业	病情
吴杰夫	男	46	同安	28年6月春	安溪				
吴林氏	女	36	思明	28年6月春	安溪				
吴幼杰	男	3	同安	28年6月春	安溪				
陆水生	男	56	思明	28年5月	鼓浪屿				
蒋汝成	男	60	浙江	28年5月春	惠安				
张小孩	男	1	思明	28年6月春	在龙溪出生				
方山仔	男	25	思明	28年5月1日	原鼓浪屿现田第一收容所移来				
王春花	女	6	安溪	28年5月1日	鼓浪屿				
王春冶	女	8	安溪	28年5月1日	鼓浪屿				
王来发	女	11	安溪	28年5月1日	鼓浪屿				
王木土	男	13	安溪	28年4月20日	鼓浪屿				
李相	男	50	厦门						
姚天益	男	44	厦门						
陈炳坤	男	29	同安						
刘朝	男	44	厦门						
林才	女	53	同安				同安		
陈花	女	30	思明				同安		
陈两德	男	29	同安				同安		

续表

姓名	性别	年龄	籍贯	逃亡日期（民国）	从哪里来	具体家庭地址	遣散何处	职业	病情
吕磅	男	38	同安				同安		
王牛	男	60	同安				同安		
林发资	女	46	思明				海澄		
黄氏	女	50	鼓浪屿				龙岩		
陈买	男	33	同安	28年11月10日	鼓浪屿第六区署	鼓浪屿黄家渡门牌二十六号	嵩岭屿？社	卖茶水	
李成武	男	34	南安	28年11月10日	鼓浪屿第六区署	鼓浪屿龙头街门牌290号	南安县九都坪乡	烟枝贩	
林瑗	女	30	同安		鼓浪屿第六区署	厦门打铁路头门牌36号	海沧社		
林李	男	57	安溪		鼓浪屿第六区署	鼓浪屿六礁门牌	安溪县莲斗尾乡	土匠工	
王振成	男	18	晋江		鼓浪屿第六区署	厦门靖山门路101号	晋江县？灶乡	颜料合伙	
李天水	男	35	晋江		鼓浪屿第六区署	鼓浪屿厝澳门牌533号	晋江县土门外	烟枝贩	
洪黎	男	53	惠安		鼓浪屿第六区署	鼓浪屿龙头巴黎门牌89号	海沧社	路头工	

第四章 抗战时期的鼓浪屿

续表

姓名	性别	年龄	籍贯	逃亡日期（民国）	从哪里来	具体家庭地址	遣散何处	职业	病情
林汉清	男	23	大埔		鼓浪屿第六区署	鼓浪屿广东路门牌250号	大埔县同仁社	烟枝贩	
林位	男	45	同安		鼓浪屿第六区署	鼓浪屿六礁门牌31号		捕锈工	
陈皆得	男	48	同安		鼓浪屿第六区署	鼓浪屿乌地角门牌38号		点心贩	
蔡水	男	35	同安		鼓浪屿第六区署	鼓浪屿黄家渡门牌4号		花生贩	
柯晃	男	43	莆田		鼓浪屿第六区署	宾椰屿打铁街门牌326号		油漆工	
江进治	女	50	同安		鼓浪屿第六区署	厦门打石字门牌57号			
李冰	男	28	同安		鼓浪屿第六区署	宾椰屿观音亭后门牌53号		木匠工	
林建连	男	25	同安		鼓浪屿第六区署	新加坡加仁后街门牌17号		布袋店	
李在出	男	48	同安		鼓浪屿第六区署	巴城新港北街门牌80号		皂文店	

【103】

续表

姓名	性别	年龄	籍贯	逃亡日期（民国）	从哪里来	具体家庭地址	遣散何处	职业	病情
陈唇	男	48	惠安		鼓浪屿第六区署	鼓浪屿邱田街		路头工	
王挩	男	34	晋江		鼓浪屿第六区署	鼓浪屿安？门牌144号			
陈黑雷	男	40	思明						
？讚德	男	50	厦门						
？永章	男	14	厦门						
？注	男	19	厦门						
彭才	男	31	厦门						
？东阴	男	40	厦门						
？皆成	男	38	厦门						
？阿贤	男	19	厦门						
陈启裕	男	28	金门	28年7月15日	龙岩		晋江		
吴得发	男	38	同安	28年7月15日	龙岩		同安		
吴正金	男	31	同安	28年7月12日	龙岩		同安		
许佰桑	男	21	金门		龙岩				
吴德同	男	26	同安		龙岩		同安		
吴清金	男	21	金门		龙岩		安溪		
冯松基	男	54	思明		原鼓浪屿		华安		
冯生	男	18	思明		原鼓浪屿		华安		
卓一柴	女	14	福清		原鼓浪屿		华安		

第四章 抗战时期的鼓浪屿

续表

姓名	性别	年龄	籍贯	逃亡日期（民国）	从哪里来	具体家庭地址	遣散何处	职业	病情
李茶	女	36	厦门						神经病
李阿金	男	60	厦门						脚疯
陈红枣	女	35	厦门						神经病
苏環仔	女	34	同安						神经病
谢曾氏	女	52	同安	28年7月1日至22日	鼓浪屿		龙岩		
谢阿珠	女	10	同安	28年7月1日至22日	鼓浪屿		龙岩		
路胡氏	女	70	江苏	28年7月1日至22日	鼓浪屿		本市烈女门牌6号		
路爱娘	女	37	江苏	28年7月1日至22日	鼓浪屿		龙岩		
路大柴	男	10	江苏	28年7月1日至22日	鼓浪屿		龙岩		
路二柴	男	7	江苏	28年7月1日至22日	鼓浪屿		龙岩		
路阿宝	女	5	江苏	28年7月1日至22日	鼓浪屿		龙岩		
郭临安	男	63	山东	28年7月1日至22日	鼓浪屿		本市救济院？		
陈进	男	34	江苏	28年7月1日至22日	鼓浪屿		龙岩		
李美環	女	31	江苏	28年7月1日至22日	鼓浪屿		龙岩		
陈淑金	女	10	江苏	28年7月1日至22日	鼓浪屿		龙岩		
陈广汉	男	6	江苏	28年7月1日至22日	鼓浪屿		龙岩		

续表

姓名	性别	年龄	籍贯	逃亡日期（民国）	从哪里来	具体家庭地址	遣散何处	职业	病情
施如龙	男	83	漳浦	28年7月1日至22日	鼓浪屿		龙岩		
赵一标	男	54	江苏	28年7月1日至22日	鼓浪屿		龙岩		
李文火	男	22	诏安	28年7月1日至22日	鼓浪屿		龙岩		
李唐武	男	12	诏安	28年7月1日至22日	鼓浪屿		龙岩		
许振兴	男	31	厦门	28年7月1日至22日	鼓浪屿		龙岩		
许金狮	男	6	厦门	28年7月1日至22日	鼓浪屿		龙岩		
郑难叶	女	29	汕头	28年7月1日至22日	鼓浪屿		龙岩		
林大狗	男	6	汕头	28年7月1日至22日	鼓浪屿		龙岩		
林二狗	男	4	汕头	28年7月1日至22日	鼓浪屿		龙岩		
林狗妹	女	2	汕头	28年7月1日至22日	鼓浪屿		龙岩		
何凤交	男	25	思明	28年7月1日至22日	鼓浪屿		龙岩		
王德胜	男	47	安徽	28年7月1日至22日	鼓浪屿		龙岩		
叶随花	女	38	安徽	28年7月1日至22日	鼓浪屿		龙岩		
许福水	男	31	江苏	28年7月1日至22日	鼓浪屿		本市大岸头救济地		
许河池	男	13	江苏	28年7月1日至22日	鼓浪屿		本市大岸头救济地		

第四章 抗战时期的鼓浪屿

续表

姓名	性别	年龄	籍贯	逃亡日期（民国）	从哪里来	具体家庭地址	遣散何处	职业	病情
郑述齐	女	30	江苏	28年7月1日至22日	鼓浪屿		本市大岸头救济地		
汪呈榜	男	38	同安	28年7月1日至22日	鼓浪屿		龙岩		
林娇娥	女	22	诏安	28年7月1日至22日	鼓浪屿		龙岩		
萧福安	男	3	诏安	28年7月1日至22日	鼓浪屿		龙岩		
萧宏升	男	1	诏安	28年7月1日至22日	鼓浪屿		龙岩		
沈瑞清	男	48	诏安	28年7月1日至22日	鼓浪屿		本市公园内		
谢好利	女	43	诏安	28年7月1日至22日	鼓浪屿		龙岩		
郑金治	女	20	金门	28年7月1日至22日	鼓浪屿		龙岩		
吴雪娇	女	2	金门	28年7月1日至22日	鼓浪屿		龙岩		
邓长祥	男	48	闽侯	28年7月1日至22日	同安		龙岩		
邓江氏	女	28	惠安	28年7月1日至22日	同安		龙岩		
江陈氏	女	57	惠安	28年7月1日至22日	同安		龙岩		
邓阿妹	女	11	惠安	28年7月1日至22日	同安		龙岩		
邓应栋	男	7	惠安	28年7月1日至22日	同安		龙岩		
陈秀贞	女	28	惠安	28年7月1日至22日	鼓浪屿		龙岩		

续表

姓名	性别	年龄	籍贯	逃亡日期（民国）	从哪里来	具体家庭地址	遣散何处	职业	病情
林阿花	女	7	惠安	28年7月1日至26日	鼓浪屿		龙岩		
郑王氏	女	72	闽侯	28年7月1日至27日	鼓浪屿		长泰		
杨炳煌	男	47	思明		晋江		龙岩		
杨王氏	女	47	思明		晋江		龙岩		
陈文明	男	27	思明		晋江		龙岩		
吴孝	女	24	思明		晋江		龙岩		
潘邱氏	女	74	思明		鼓浪屿		本市巷街门牌金记号		
陈宝珠	女	50	思明		鼓浪屿		龙岩		
陈银花	女	2	思明		鼓浪屿		龙岩		
邱国铜	男	55	晋江		晋江		龙岩		
黄大震	女	29	思明		晋江		龙岩		
施陈氏	女	34	思明		鼓浪屿		本市巷口街门牌		
施磺治	女	11	思明		鼓浪屿		本市巷口街门牌		
施嘉河	男	3	思明		鼓浪屿		本市巷口街门牌		
李锦生	男	47	思明		晋江		本市巷口街门牌		
白文彬	男	57	安溪		鼓浪屿		龙岩		
吴文华	男		金门	28年7月	原鼓浪屿		龙岩		
陈?祥	男	29	思明	28年7月	同安		警察所		

第四章 抗战时期的鼓浪屿

续表

姓名	性别	年龄	籍贯	逃亡日期（民国）	从哪里来	具体家庭地址	遣散何处	职业	病情
林氏？	女	62	思明	28年6月	鼓浪屿		龙岩		
白育秀	女	16	安溪	28年6月	鼓浪屿		龙岩		
谢洪氏	女	50	惠安		鼓浪屿				
谢美有	女	10	惠安		鼓浪屿				
谢美珠	女	9	惠安		鼓浪屿				
殷召文	男	44	山东		鼓浪屿		龙岩		
杨金花	女	32	山东		鼓浪屿		龙岩		
朱银市	女	2	厦门		鼓浪屿		龙岩		
张建成	男	26	厦门		鼓浪屿				
张李氏	女	52	厦门		鼓浪屿				
陈治	女	24	厦门		鼓浪屿				
曾建利	男	44	惠安		鼓浪屿		龙岩		
杨清？	男	27	同安		同安		龙岩		
杨士钟	男	10	同安		同安		龙岩		
杨士能	男	4	同安		同安		龙岩		
杨陈氏	女	37	同安		同安		龙岩		
陈锦泉	男	11	海澄		同安		龙岩		
康水龙	男	37	厦门		鼓浪屿		本市？门牌75号		
许雪花	女	27	厦门		鼓浪屿		本市？门牌76号		
康金泡	女	3	厦门		鼓浪屿		本市？门牌77号		
康泡治	女	1	厦门		鼓浪屿		龙岩		
施罗朴	女	85	山东		鼓浪屿		龙岩		

续表

姓名	性别	年龄	籍贯	逃亡日期（民国）	从哪里来	具体家庭地址	遣散何处	职业	病情
施大板	女	40	山东		鼓浪屿		龙岩		
施广宝	女	16	山东		鼓浪屿		龙岩		
施勇	男	10	山东		鼓浪屿		龙岩		
施宝山	男	2	山东		鼓浪屿		龙岩		
施小孩	女	8	山东		鼓浪屿		龙岩		
马温柔	男	40	禾山		同安		本县		
马真利	男	16	禾山		同安		本县		
马真森	男	13	禾山		同安		本县		
马秀月	女	12	禾山		同安		本县		
马明彩	女	6	禾山		同安		本县		
何锦绸	女	35	禾山		同安		本县		
吴陈氏	女	40	江苏		鼓浪屿				
吴传连	男	44	江苏		鼓浪屿				
吴秀阴	女	1	江苏		鼓浪屿				
陈大川	男	39	禾山		同安				
吴伴治	女	34	禾山		同安				
陈温化	男	14	禾山		同安				
白永	男	12	安溪		鼓浪屿				
白林氏	女	56	安溪		鼓浪屿				
黄番婆	女	53	思明		海澄				
陈光耀	男	28	福清		鼓浪屿				
陈俞氏	女	19	福清		鼓浪屿				
陈小孩	男	2	福清		鼓浪屿				
黄铇	女	4	安海		鼓浪屿		龙岩		
陈秀枝	女	11	安海		鼓浪屿		龙岩		
陈秀治	女	4	安海		鼓浪屿		龙岩		

第四章 抗战时期的鼓浪屿

续表

姓名	性别	年龄	籍贯	逃亡日期（民国）	从哪里来	具体家庭地址	遣散何处	职业	病情
盛国光	男	32	江苏		鼓浪屿				
盛刘氏	女	27	江苏		鼓浪屿				
盛阿海	男	4	江苏		鼓浪屿				
郑泡	女	29	安徽		同安	本市东桥亭门牌１２号			
杨彩鹅	女	8	安徽		同安	本市东桥亭门牌１３号			
杨彩芬	女	5	安徽		同安	本市东桥亭门牌１４号			
杨明	男	4	安徽		同安	本市东桥亭门牌１５号			
林哼	男	33	云霄		海澄		云霄		
杨清池	男	34	同安		同安		同安		
曾金榜	男	40	晋江		鼓浪屿		本市		
曾林氏	女	30	晋江		鼓浪屿				
林绥	男	22	晋江		同安				
洪李氏	女	58	同安		同安		同安		
刘白水	男	47	晋江		同安		同安		
陈蛎	男	42	思明		原鼓浪屿				
柯景福	男	34	思明		晋江		龙岩		
饶全旺	男	37	龙岩		鼓浪屿				
饶全海	男	17	龙岩		鼓浪屿				

续表

姓名	性别	年龄	籍贯	逃亡日期（民国）	从哪里来	具体家庭地址	遣散何处	职业	病情
饶文?	男	12	龙岩		鼓浪屿				
饶?仔	男	12	龙岩		鼓浪屿				
奂月娘	女	38	龙岩		鼓浪屿				
邱植才	男	25	晋江		龙岩		晋江		
林长喜	男	38	金门		龙岩		安溪		
温李玉	男	28	安溪		龙岩		安溪		
蔡珠	男	31	同安		龙岩		同安		
林陈氏	女	35	诏安		鼓浪屿				
林容美	女	14	诏安		鼓浪屿				
林阿治	女	4	诏安		鼓浪屿				
朱文堂	男	39	同安		鼓浪屿				
朱光济	男	12	同安		鼓浪屿				
朱林氏	女	46	同安		鼓浪屿				
夏连贤	男	50	汕头		鼓浪屿				
夏永清	男	11	汕头		鼓浪屿				
吴笑	女	24	思明		晋江				
曾江河	男	12	晋江		鼓浪屿				
曾石头	男	6	晋江		鼓浪屿				
陈长明	男	13	思明		鼓浪屿				
陈长日	男	3	思明		鼓浪屿				
吴松	男	43	思明		鼓浪屿				
洪耀宗	男	29	思明		鼓浪屿				
黄明南	男	29	晋江		鼓浪屿				
陈厚托	男	37	安溪		鼓浪屿				
陈白氏	女	31	安溪		鼓浪屿				
陈川仔	男	2	安溪		鼓浪屿				

第四章　抗战时期的鼓浪屿

续表

姓名	性别	年龄	籍贯	逃亡日期（民国）	从哪里来	具体家庭地址	遣散何处	职业	病情
郑白氏	女	57	安溪		鼓浪屿				
谢月霞	女	21	龙岩		鼓浪屿				
郑佛函	男	5	同安		鼓浪屿				
林国宝	男	29	晋江		鼓浪屿				
王文忠	男	53	安溪		鼓浪屿				
王林氏	女	40	安溪		鼓浪屿				
林文?	男	15	思明					小贩	
陈??	男	20	思明					小贩	
洪木	男	25	思明					小贩	
杨清玉	男	21	厦门		厦门色仔街			驮工	
陈氏印	女	54	思明						
廖玉露	女	22	思明						
黄常	男	44	思明						
沈永镇	男	16	思明						
陈吟美	女	33	思明						
林成	男	15	同安	民国29年2月16日					
卢福顺	男	18	思明	民国30年6月11日				工人	
吴氏好	女	32	思明	民国30年11月6日					
薛王氏	女	55	思明	民国30年11月6日					
萧林氏	女	37	思明	民国30年11月6日					
蔡氏	女	50	思明	民国30年11月6日					

续表

姓名	性别	年龄	籍贯	逃亡日期（民国）	从哪里来	具体家庭地址	遣散何处	职业	病情
陈少华	男	21	思明	民国31年1月20日					民国31年2月6日亡故
陈北未	男	21	思明	民国31年1月20日					
陈广树	男	26	思明	民国31年1月15日					民国31年2月7日出院
杨冲年	男	42	思明	民国31年1月20日					
吴松	男	20	思明	民国31年1月20日					民国31年2月7日出院
周炎	男	31	思明	民国31年1月20日					民国31年2月3日病故
林泰来	男	48	思明	民国31年1月21日					
杨刘氏	女	75	思明	民国31年1月22日					
魏玉女	女	50	思明	民国31年1月23日					

第四章 抗战时期的鼓浪屿

续表

姓名	性别	年龄	籍贯	逃亡日期（民国）	从哪里来	具体家庭地址	遣散何处	职业	病情
王大？	男	17	思明	民国31年1月24日					民国31年2月4号病故
欧阳邦	男	38	思明	民国31年1月29日					
林风狗	男	10	思明						
陈北来	男	23	思明						
饶鸾仔							同安		
吴月娘							同安		
业清池							同安		
方山							同安		
陈浓	女	24	思明						
康右龙	男	38	同安						
康金治	女	4	同安						
康银治	女	2	同安						
吴沣治	女	35	福建						
陈恩化	男	13	福建						
施陈治	女	11	思明						
黄玉霞	女	29	思明						
谢好彩	女	43	金门		鼓浪屿				
郑阿妹	女	11	惠安		同安				
郑应栋	男	7	惠安		同安				
吴笑	女	24	思明		晋江				
朱光涛	男	12	同安		鼓浪屿				
陈进	男	34	江苏		鼓浪屿				

【115】

续表

姓名	性别	年龄	籍贯	逃亡日期（民国）	从哪里来	具体家庭地址	遣散何处	职业	病情
李美环	女	21	江苏		鼓浪屿				
赵一标	男	54	江苏		鼓浪屿				
李广武	男	12	诏安		鼓浪屿				
郑难业	女	29	汕头		鼓浪屿				
王得胜	男	47	安徽		鼓浪屿				
业随花	女	38	安徽		鼓浪屿				
许何池	女	13	江苏		鼓浪屿				
路大业	男	10	江苏		鼓浪屿				
路二业	男	8	江苏		鼓浪屿				
谢河珠	女	10	同安		鼓浪屿				
?召文	男	44	山东		鼓浪屿				
陈治	女	24	厦门		鼓浪屿				
杨清辉	男	37	同安		同安				
施勇	男	10	山东		鼓浪屿				
马真力	男	16	禾山		同安				
吴家余	男	46	江苏		鼓浪屿				
吴秀英	女	1	江苏		鼓浪屿				
白永	男	13	安溪		鼓浪屿				
黄麴	女	45	安海		鼓浪屿				
郑泡	女	29	安徽		同安				
杨明	男	4	安徽		同安				
林哼	男	33	云霄		海澄				
吴鸾	女	35	思明		鼓浪屿				
傅江海	男	31	南安		晋江				
傅陈氏	女	31	南安		晋江				
傅孙敏	男	13	南安		晋江				
傅孙提	男	7	南安		晋江				

第四章 抗战时期的鼓浪屿

续表

姓名	性别	年龄	籍贯	逃亡日期（民国）	从哪里来	具体家庭地址	遣散何处	职业	病情
蔡江声	男	31	安溪		晋江				
蔡张氏	女	33	安溪		晋江				
王木玉	男	13	安溪		鼓浪屿				
王春治	女	8	安溪		鼓浪屿				
盛小孩	男	1	江苏						
李指镭	男	23	泉州		汕头				
林同	男	29	福州		汕头				
李竹相	男	50	厦门	5月18日					
姚天蓝	男	44	厦门	5月18日					
刘朝	男	44	厦门	5月18日					
谢永清		30	思明	民国31年5月15日				商人	
吴聪猛		43	思明	民国31年5月15日				侨商	
郑玉明		28	思明	民国31年5月15日				商人	
许天赐		40	思明	民国31年5月15日				商人	
叶勇池		18	思明	民国31年5月15日				?	
袁献?		42	思明	民国31年5月15日				?	
黄?		46	思明	民国31年5月15日				工人	
洪?		30	思明	民国31年5月15日				失业	
钟?		29	思明	民国31年5月15日				工人	
高树		24	思明	民国31年5月15日				失业	

附录二

龙溪县救济院收留厦门籍难民死亡名单

序号	姓名	性别	年龄	籍贯
1	陈氏印	女	50	思明
2	林金	女	40	同安
3	魏玉女	女	不详	思明
4	郭德森	男	38	思明
5	蔡氏	不详	50	思明
6	廖玉露	不详	32	思明
7	杨刘氏	女	75	思明
8	王大掷	男	17	思明
9	沈永镇	男	16	思明
10	陈？	女	25	思明
11	林太来	不详	48	思明
12	李臭头	男	不详	同安
13	黄东英	男	41	思明
14	陈开川	男	24	思明
15	陈有治	女	14	思明
16	陈火	男	39	同安
17	陈仲麟	男	60	同安
18	杨市	女	90	思明
19	吴讨海	男	35	同安
20	黄国绸	男	51	思明
21	王陈氏	女	72	同安
22	胡石羡	女	65	同安
23	陈钟	男	22	同安
24	陈成枝	男	20	同安

（龙海市档案馆提供 林婷、陈莲根协助）

第四章　抗战时期的鼓浪屿

第三节　日夺警权　英美出局

日寇占领厦门岛后，原来比较繁荣的厦门一下子陷入混乱和恐慌。许多居民逃离厦门，不少店面关闭了。

日寇过去鼓吹什么"东亚共荣圈"，而现在市面萧条，一片肃杀。于是他们千方百计引诱逃到鼓浪屿的居民和商人回到厦门，但无济于事。海外华侨过去乘船回国，大都是先靠站厦门，现在都改靠鼓浪屿，而后转到内地。厦门的一些专门接待华侨的旅行社、餐馆等也都迁移到鼓浪屿。鼓浪屿人多了，市面也比厦门繁荣。日寇对此十分恼火，厦门日酋曾说："厦门居民大多迁居鼓浪屿不肯回归，使'皇军'繁荣厦门工作遭遇不少阻碍，欲排除厦门的威胁（按：指鼓岛潜伏抗日分子）及繁荣厦门，必须占领鼓浪屿租界。"

厦门沦陷后，为打击日寇嚣张气焰，厦鼓志士多次狙击日酋汉奸。1939年5月11日，厦门沦陷一周年，汉奸洪立勋陪同日本舰队总司令在鼓浪屿"招摇过市"，走至龙头路段，被抗日志士狙击，左肺受伤，当场毙命。同行日寇海军司令部参谋亦中弹负伤。

洪立勋，化名洪涛，加入日籍，曾是厦门"台湾记"煤炭行东，长期勾搭日伪，狼狈为奸。厦门沦陷后，参加日伪组织，任厦市伪商会会长，是所谓厦门和平维持委员会成员，为虎作伥。

以洪立勋被刺为借口，日本借口"保侨"，在未通知鼓浪屿工部局情况下，于5月11日21点30分派海军陆战队约二百人进入鼓浪屿挨家挨户搜查。日军发言人称，鼓浪屿内近日屡发生反日事件，日方曾屡次向当局交涉，今者日军既已登陆，则必须等反日活动停止后始

鼓浪屿被日军封锁，引发众怒。

《中央日报》1938年6月8日报道

能撤退。同时辩称,"当时行动,日实无暇通知各领事"。

5月12日,日军宣布鼓浪屿戒严,满布岗哨,把守鼓浪屿各出入口,中断鼓浪屿与内地交通。日军继续大肆搜捕抗日志士,至14日已有青年壮士百余人被押送厦门,其中1人为英籍,均生死不明。鼓浪屿工部局已无法行使行政权,商店关闭,陷入恐怖状态,英美侨民亦"异常惊惧"。

英、美、法等国对日本的行为,朝野震动,纷纷对日采取了强硬措施,先后派遣军舰至鼓浪屿。日本"深虞事态扩大",将军队撤离鼓浪屿,仅留42名水兵在岛上。

1939年5月15日,日本干涉鼓浪屿行政,提出改组工部局5项条件:(1)彻底取缔抗日反日活动;(2)由日本人担任工部局长兼巡捕长、秘书长。其他职员,也应尽可能聘用日本人;(3)日籍台湾人在工部局董事会内应享有选举

剪报1939年5月15日

权和被选举权;(4)董事会悬缺的中国人纳税者三名代表应立即递补;(5)日本总领事警察可以协助工部局巡捕、搜查、检举反日抗日分子。

日本要包揽工部局的一切权力,成为鼓浪屿的主宰。这五条侵犯了英、美、法等国的利益,它们当然不会同意,工部局拒绝了日寇的要求。5月17日下午,即日寇派兵登陆鼓岛后的第五天,英、美两国也派出与日军同等兵力的海军陆战队登陆。接着,法国也派出陆战队20名。19日,日本当局派巡洋舰二艘来厦,英、美、法各国也有十多艘军舰停泊鼓浪屿海面。双方剑拔弩张,形成对峙局面。

鼓浪屿作为公共租界,与上海公共租界地位相等,因此上海外交界密切注视鼓浪屿事件,认为日方举动是一种试验性行动,想借此试探将来日方若对上海和天津公共租界或其他外国人享有特权地带,采取相似之行动时,英、美、法会有何种反响。

第四章 抗战时期的鼓浪屿

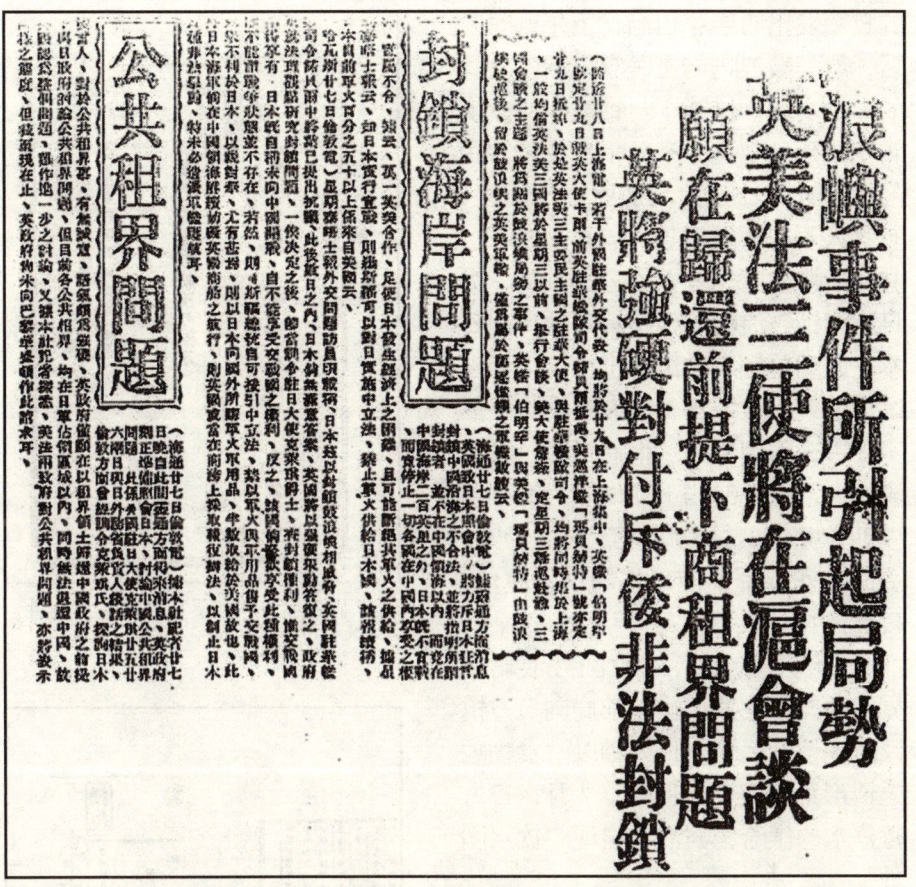

《东南日报》1939年5月29日报道

继武装干涉鼓浪屿公共租界行政权之后,日本果然提出修改《上海土地章程》要求,美国政府于18日对日本要求予以严词拒绝,反而催促日本将占领的苏州河以北区域交还上海工部局;英国则对日要求置之不理,并声明不容日本变更租界制度,同时督促日本遵英、美、法三国建议,撤退在鼓浪屿的日兵。

日寇看到英、美、法等国也采取武装行动,实力相当,一时无利可图,便转入政治谈判。日本外相在内阁会议上也表示,各国海军一律撤退,友好解决。5月22日,英、美、法、日四国海军谈判在英巡洋舰"伯明罕"号上举行。但四国海军巨头三次会议"无何决定",探讨撤兵方案失败,谈判陷入僵局。"鼓浪屿事件"引起全世界的关注。

日寇采取多种措施,使鼓浪屿局面更加纷乱不堪。5月25日,在厦门的日军发出布告：自当日下午五时以后，严禁鼓浪屿与国民党统治区之间的海上交通。这等于封锁鼓浪屿，使它变成死岛。这一来，粮食及日常用品运不进来，鼓浪屿居民活不下去，有些人不得不迁返厦门。6月23日，驻鼓浪屿的英、美、法三国领事，对日方封锁鼓浪屿导致粮食奇缺，向日本驻厦门总领事内田提出抗议，但被内田拒绝。日寇正希望鼓浪屿难民活不下去，回到厦门。他们指使日籍台湾浪人，在鼓浪屿上胡作非为，如遍设烟摊赌馆，抢劫绑架，敲诈勒索，造成治安混乱，使工部局难以应付。日寇还指使汉奸，于7月29日举行"时局大会"，高呼"收回鼓浪屿租界"的口号。鼓浪屿工部局向日方抗议封锁粮食运输，日方则以"食物缺乏情形不能避免"回应。7月，日方暂停水的供给，鼓浪屿出现"饮水困难"。

1939年9月欧战爆发，英、法内忧外患，难以兼顾在华利益。"鼓浪屿事件"持续5个多月，英、美、法等国领事经不起日寇的胡搅蛮缠，态度逐渐由强硬变为软弱。9月1日，英法陆战队退出鼓浪屿，而美国"孤掌难鸣"。鼓浪屿租界当局表示承认日方最后方案，由参事会议长答复日本总领事。

经过几个月的谈判后，终于在10月17日，双方签订了《鼓浪屿租界协定》，其内容如下：

日方有关鼓浪屿租界问题的机密文件

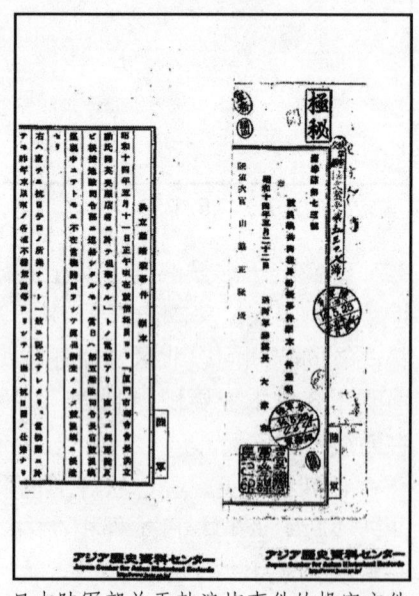

日本陆军部关于鼓浪屿事件的机密文件

第四章　抗战时期的鼓浪屿

（1）工部局立即实施日总领事馆警察与工部局警察合作之事项；

（2）工部局即时采用日本人为监督及警官部长，日本人监督直接辅佐工部局警察局长，并管理关于日本方面事件，及日本与工部局合作事项；

（3）工部局在财政方面如有可能，则考虑采用台湾人警官若干名之问题；

（4）台湾人参政权及华人董事之承认问题，暂行延期实行；

（5）关于租界扰乱治安行为之取缔，由日本领事馆与工部局协力，并由两方交换种种情报。

此外，还有"取缔反日行动"协定三条，执行"反日行动之取缔"协定五条。

10月18日，日美两国陆战队同时撤退，鼓浪屿与漳属大陆交通恢复。同一天，工部局发出布告，文云：

鼓浪屿问题经完备解决，尔等住民，不得在鼓有何轨外行动。

一、凡反日出版物、教科书、标语、通讯等，禁止流通使用；

二、不得有反日集会结社；

三、禁止在鼓浪屿公共租界悬挂青天白日旗；

四、不得携带未经许可枪械、爆炸物。如有上述违禁行动，由本局驱逐出境，或引导日本当局惩办。

这份向日寇妥协屈服的布告贴出后，鼓浪屿居民群情愤激，联名呈文致外交部，据理向英、美、法各国提出严重抗议，并请会审公堂就地交涉。鼓浪屿会审公堂堂长罗忠谌也对协定中所谓取缔"反日运动"，逮捕"反日分子"，由日本特务机关供给工部局情报一节，提出抗议。

工部局虽布告自称事情"圆满解决"，实际上鼓浪屿租界问题是以英、美、法之妥协宣告结束的。日寇见工部局已控制在自己掌中，逮捕"抗日分子"已有"协定"做依据，便开始到处抓人。自19日起，日本领事馆的警察到各教会、学校、书店、居民住宅严行搜查，把认为有反日嫌疑的人随意抓走，许多青年惨遭杀害，有的被拘捕后便失踪了。

同时，厦鼓由日本"军事侵略据点"转而成为日军"经济进攻之大本营"，日本人控制鼓浪屿商会及厦门海港检疫所（原设鹭江道，后搬至鼓浪屿），在鼓浪屿大肆敛财，收买原料，推销劣品，征收保护费。公开抽收棉纱每件五十元，肥料每包三十元，布匹每箱四十至五十元，大豆小麦及面粉等，每包五元至十元，只此数种每月可抽收五十万元以上。在鼓浪屿，日寇非但不禁鸦片，反而加紧毒害中国人。他们攫取染料，走私"菜籽"，收编土匪、杀人犯等为伪军,横行霸道。鼓浪屿人民宛若生活在地狱中。

第四节　血魂团抗日复土

　　1938年5月10日,日军登陆厦门。5月13日,厦门沦陷,厦门进入最黑暗的年代。1938年7月,由不愿做日本顺民的热血青年,自发组织起来的"厦门青年复土血魂团"成立了,简称"血魂团"。血魂团初期的领导人是黄月(船员)、黄白戈(船员)、林明(身世不明)等人,后期由黄耀明(身世不明)、张弩(厦门大学印刷所排字工)、吴明泉(印刷工)、潘文川(印刷工,台胞)等人领导。其中大部分成员是船员、建筑工、印刷工、小贩等,只有极少数的知识青年。这个组织以鼓浪屿为基地,除了在厦门沦陷区,也在逃难到鼓浪屿公共租界的群众中发展组织,其中有一部分成员为开展抗日活动,又潜回厦门市区居住,暗中从事活动。组织成员共有多少人,缺乏确切数字,无据可考。

　　血魂团成员一般是3~5人一个小组,在厦鼓各处设有秘密工作联络点,总联络点设在黄家渡难民收容所。据团员窦丽贞、蒋淑勤回忆,已知的几个联络点是:鼓浪屿内厝澳、康泰垵、三丘田,厦门第四市场冰店、厦港以及大元路郭金枪开设的茶馆(地点在现在鹭江戏院对面)等。其中一个小组租了内厝澳一间8平方米的小房间,以供开会、刻蜡板、油印传单,秘密送交团员散发。活动经费除团员自筹外,初期主要是负责人林明搞来一条帆船,从内地运载蔬菜、柴炭等生活必需品到鼓浪屿贩卖,取得一些利润来供给。团员叶万世在鼓浪屿电影院内开设小店铺,卖些糖果、饼干和香烟等。他哥哥是菲律宾华侨,常有侨汇,凭借这些收入,为血魂团提供资助。

　　据《泉州日报》1939年3月1日报道:最近台湾革命青年大同盟,配合厦鼓中华青年复土血魂团,在厦鼓一带,甚为活跃,近日屡发现两团体联合署名之传单……一日午前,突于锣鼓喧腾之中,发现台湾革命青年大同盟及厦鼓青年复土血魂团联合署名之传单飘扬于人群中。

　　血魂团在厦鼓的抗日行动,像是乌云密布的天空中一道耀眼的闪电。他们在黄家渡码头散发传单,在中山路张贴抗日标语,放火焚烧在双十中学校址的日寇海军警察本部驻地,向日寇在后江埭的兵营投掷手榴弹,在中山路南田巷口埋伏,枪击敌酋所乘的汽车,数次在禾山及厦港沙坡尾袭击日寇哨兵,夺取枪支弹药……除了抗日宣传,当时一些成员勇敢地对日

第四章 抗战时期的鼓浪屿

厦门血魂团的今昔
— 本报特派福建记者赵家欣 —

过去两年间，海内外报纸不断刊载「厦门青年复土血魂团」活跃的消息，在佈满日人爪牙的孤岛上，环境决定了爱国活动的困难，血魂团神秘的行动，在同胞们的感觉中几乎是传奇一类的故事，对於这神秘的团体，人们始终用惊奇的眼光来看它，血魂团究竟是怎麼样一个组织呢？

在内地一个山城中，记者看到几个血魂团团员，男的有女的，他们是在去年冬天日人大举搜捕血魂团员时逃亡出来的，他们曾经在那沦陷的土地上跟日人搏斗过，当日人先後捕去他们四十多个同志後，为了避免无谓的牺牲，在一个没有月亮的夜晚，二十四个青年，在满腔悲愤的情绪中，悄悄地离开孤岛，让风浪把他们吹送到自由的祖国大地，在厦门公园，他们活泼地活着，山城中，他们活泼地活着，在这故乡沦陷後的第一个佳节举行成立会，他们用另一种方式努力守着他们的岗位。

二十七年五月，日人跨上了闽南第二门户的厦门岛，两三天中，十八万的人口祗剩下几个老弱，厦门对岸的鼓浪屿，三万人口骤增至十万以上，日人的残暴，汉奸的无耻，煎熬着青年的心，仇恨的火燄冲破混乱沉鬱的气氛，四个劳动青年揭起了「厦门青年复土血魂团」的旗帜，一年之後，血魂团有着近千的团员，大都是感到日人迫害的知识份子，他们没有居心想做英雄，以打击侵略者的气魄，使汉奸知所警惕。

从此以後，日伪开始不寧靜了，血魂团员那麼神秘的出没在厦禾每一个角落，他们没有可能把日人赶出厦门，但他们的破坏工作足以打击侵略者的气燄，使汉奸知所警惕。

双十中学对面一座楼房「驻紮着福島部隊」血魂团壯士們抱定搶賊擒王的决心，把日人在厦门的军事中心机关破壞了，最低限度可使日偽膽落魄，這行動在經過一番籌劃後便開始執行了「放哨、淋油、放火，各項工作都分配好了，依舊是一個夜晚，火光在「篰場仔」的上空沖破夜的寂寞日人從甜睡中驚醒，慌亂中開始救火工作，擴把風时血魂團員說，日人把一包不知名的東西拋進水中去，火馬上熄滅了，毀滅日人兵營的計劃因此宣告失敗。

厦门文澗井有個藏書致

血魂團團員抓緊了一個機會，黑夜裏，四個團員的身邊繫緊一筒手溜彈，當日軍趕到時，壯士們早在黑暗中隱沒了，一天一夜，全市戒嚴，無辜民眾被捉去好幾打。

能不派哨兵常川巡邏。血魂團團員抓緊了一個機會，黑夜裏，四個團員的身邊繫緊一筒手溜彈，他們爬過幾個山頭，摸着昏黑的途徑，當日軍趕到時，壯士們早在黑暗中隱沒了，一天一夜，全市戒嚴，無辜民眾被捉去好幾打。

厦门港沙坡尾，漁民条居的地方，在日人的砲火下燒成一片瓦礫。清冷靜的一角，由於靠近海岸，日人不能不派哨兵常川巡邏。

漢奸在中山公園（日人改為地離開孤島，讓風浪把他們在滿腔悲憤的情緒中，悄悄

厦门血魂团的今昔（香港《星岛日报》1940年7月1日）

寇进行武装袭击。据血魂团成员纪德（船工）回忆，负责人黄白戈一脚微跛，经常随身带两颗手榴弹，准备随时行动。黄白戈对日寇的"三光政策"无比仇恨，只要一听到日寇汉奸杀害我们同胞，就义愤填膺，要找鬼子算账，以牙还牙。

日寇对血魂团极度恐慌，他们将血魂团称为"吓魂团"，加紧搜捕，一见可疑分子就抓走。他们贴出告示，悬赏白银1000元缉捕血魂团的负责人。1939年10月，斗争持续一年多后，血魂团组织被日寇海军本部和日伪厦门警察厅督察科破获。抗战胜利后，拘捕、残杀血魂团成员的台奸曹赐福、简仔旺等被提起公诉，受到法律的制裁。

抗战胜利后，残杀血魂团成员的凶手曹赐福、简仔旺受到法律的制裁。

第五节　兆和惨案　血海深仇

日军侵占厦门期间，鼓浪屿发生了一起"兆和惨案"。

"兆和惨案"的主角，是兆和食品罐头公司经理陈清保。陈清保世居厦门城内衙口街（即现在中华路文化宫前的一角落），是同文书院高材生，他精通中文和英语，能诗会文。毕业后就教于母校，后弃教经商。"七七"事变激起了陈清保的爱国心，他积极投入抗日活动，任抗敌后援会文书。厦门沦陷后，陈清保的外甥女婿陈重宗介绍他参加军统抗日谍报工作，陈清保因此成为军统兆和情报组的负责人。陈清保担心机密泄露，就召集朋友组织诗社，自己担任诗社社长，常和诗友们一起泡茶喝酒，以掩护其秘密工作任务。抗日组织成员则用自来水笔将情报资料写在小张的纸上，将小纸张塞在身上的帽里、鞋里或烟盒里等最隐蔽的地方，以此送达兆和情报组。

陈清保手下有一情报员叫林光明，当年也是兆和组成员。同为该组成员的黄德昌回忆说，当时兆和组决定狙击伪维持会长李思贤，派行动组林光明、陈锡昌、林添丁等人负责执行，并发给他们行动后逃往内地的"走路费"。林光明却将"走路费"用于妓馆喝酒，在酒醉中，林光明不觉将情

第四章　抗战时期的鼓浪屿

报泄露给日籍浪人。后被日本警察本部叫去查问，因此将行动暴露给日本领事馆的侦探头目、汉奸洪文忠。1940年6月17日上午11时，陈清保被洪文忠一伙捕去，同时被捕的还有司账员兼掌柜陈重宗。叛徒林光明还向日特提供兆和情报组的位置，日特搜查了情报组驻地，行动组成员陈锡昌、林添丁二人也被捕。陈重宗经受严刑，不吐一语，陈清保两次被捕，起先不肯承认，后在日寇的威逼利诱下动摇，泄露了机密。于是日本军部及厦鼓的日本领事馆出动军警，围捕该谍报组成员，并将兆和组收藏的文件全部搜走。

由于林光明的叛变投敌，兆和组遭受了严重损失，除4人未落敌手、安全撤回漳州军统闽南站外，其余皆被捕。1940年中秋节那天（即1940年9月16日），受牵连的20多人被装上一辆大卡车，押送虎头山日寇海军军部，遭受非人的折磨。兆和组成员中，向日寇"自新"的陈清保被施以酷刑惨死狱中，林添丁被日敌杀害，陈锡昌、陈福林在狱中受刑而死。陈重宗、黄德昌等人后来越狱逃出（其中黄德昌途中又被抓回，经其妹妹和妹夫重贿日敌，以保外就医获生）。因"兆和案"，情报组惨死30多人，被关、被杀的抗日分子和无辜群众数以百计。兆和厂被掠夺一空，所属厂房地产被纵火焚毁，变为一片焦土，损失时值3亿元。

日寇打着"兆和案"的名义四处侦缉，军警成群，荷枪佩刀如临大敌，不分日夜闯入居民家中为所欲为，甚至通宵巡守民家。名为缉凶，实则奸淫妇女，盗窃财物，遭其荼毒者哭诉无门，只能忍气吞声。

家住定安社区的柯赏赐说，他的父亲因此案于1942年被日本鬼子杀害，年仅26岁。当年，柯赏赐本人6岁多，妹妹出生仅57天。柯赏赐说，他父亲是一名柴草商贩。"兆和事件"后，日本人宣称：每提供一名抗日分子，奖励50元。当时一个台湾人给日本人做暗探，诬陷了很多无辜居民，其中就有他父亲柯成家。

柯赏赐回忆，1941年12月10日，他父亲跟家人说要出去办事，并把呢子大衣和一些生意上的单据交到母亲手里。在门口的台湾暗探对他父亲说："工部局的人叫你。"父亲对母亲说："我去去就回来。"柯赏赐说，他当时就在家门口，没想到，那是与父亲的最后一面。

洪卜仁说，抗战胜利后，叛徒林光明起先没有被判处死刑，但因受害者家属拼命控诉，后来在凤屿监狱被枪毙。

第六节　袭击敌酋　锄奸惩恶

　　日军占领下的厦门人民，受尽日寇的压迫和侮辱。避难鼓浪屿的一批爱国青年秘密组织了"厦门中国青年复土血魂团"，他们贴标语，发传单，袭击日酋汉奸。国民党特工人员组织的镇压日伪军政头目的活动也相当活跃，1939年5月11日，正当日伪庆祝"厦门乐土建设一周年"之时，伪商会会长洪立勋被击毙在鼓浪屿繁华的龙头街上。1940年1月8日，伪市府参议黄莲舫在鼓浪屿漳州路被枪杀（黄奸被枪击后，工部局悬赏一千元缉凶）。1941年1月17日，汉奸黄仲康被枪击。1941年2月12日，伪交通银行鼓浪屿支行出纳主任王晓和在金库内被人暗杀。1941年2月21日，伪劝业银行董事殷雪圃在鼓浪屿鸡母山路遭袭，肩部受枪伤（日本当局因殷雪圃被枪击宣布禁止海上交通，工部局悬赏五百元缉凶）。1942年1月8日晚，鼓浪屿工部局日寇警长忠山贞夫在岭脚（原工部局背后），被人击毙。1944年，鼓浪屿发生"华安班"事件，漳州华安中美合作训练班的官兵夜里偷偷潜进鼓浪屿刺杀了日本海军高级军官。这其中，除了洪立勋案引起的鼓浪屿事件反响很大以外，还有两个汉奸枪击案在鼓浪屿闻名：一是汉奸黄莲舫被枪杀，二是汉奸黄仲康被枪击。

　　黄莲舫是漳州龙溪人，漳州中西学校毕业后就学北京大学，精通英语，被称为"洋举人"。北大毕业后，受聘赴菲律宾马尼拉华侨学校任教。辛亥革命后，其老师蔡凤矶写信将他召回漳州，先是出任汀州府尹，未几改任龙溪师范校长。其后又历任龙溪县财务委员会委员长、禁烟委员会委员长等职，并有一些医院、学校的董事长头衔，是漳州的地方绅士。1938年5月厦门沦陷后，黄莲舫从漳州迁居鼓浪屿，与汉奸周寿卿、卢用川、雷一鸣等过从甚密。后由出任日伪汕头市长的周寿卿牵线，投入日伪怀抱，被委任为伪厦门特别市政府参议，兼任伪华侨公会主席，积极为日伪出谋献策，并筹办伪厦门劝业银行，深受日酋的赏识。

　　1940年1月8日晚上6时许，住在鼓浪屿漳州路的汉奸黄莲舫和汉奸刘培英一起从住处出门，没走多远，就被人开枪射击。黄先中一弹，刘大喊救命。接着，持枪者连续开了两枪，黄中弹倒地，刘腿部受伤。枪声惊动了大宫（现马约翰广场）一带的居民和过路行人，巡捕赶来了，将黄莲舫、刘培英抬送救世医院抢救。

　　枪击案发生之后不到一个钟头，在厦门的日本海军队部就派兵登陆鼓浪屿，整个鼓浪屿陷入刀光枪影的恐怖之中。日本兵在租界巡捕的配合下，

第四章 抗战时期的鼓浪屿

按户搜查，滥捕无辜，听说当晚就有40多个青年被抓走。

黄莲舫被枪击，当时有两说，一说是漳州国民党派人潜入暗杀；另一说是日本侵略者派台湾浪人暗杀的，目的是以黄之死制造要挟工部局的口实，进一步控制鼓浪屿的警权。

两个受枪击的汉奸送到医院后，刘轻伤，隔天就出院。黄莲舫腹部的子弹虽已取出，但并发腹膜炎，拖延至14日死掉，时年58岁。临死前，据说他的儿子增寿从上海赶来，黄的临终交代只是要儿子好好治家。

黄莲舫深受日寇器重，死后，日伪为其开"葬仪会"，"抚恤"其家属。

1941年1月17日傍晚，鼓浪屿再次发生一起汉奸被枪击事件。被枪击者黄仲康，时任伪厦门地方法院院长兼伪厦门高等法院院长，家住鼓浪屿内厝澳。

黄仲康毕业于上海法政学院，是厦门沦陷时期最早附逆的汉奸之一。初任伪厦门治安维持会司法处检察官。伪市府成立后，司法处改称法院，黄改任推事兼院长。1940年8月，伪高等法院院长调动，乏人继任，由黄仲康兼代，时年35岁。

1941年1月17日下午，黄仲康从厦门乘轮渡回鼓浪屿时，已有人尾随跟踪。当他从黄家渡经福州路走上陡坡的和记路一家拍卖行门口时，跟踪者即拔出短枪向黄射击，开了三枪，黄倒在血泊中，开枪者从容逃走。巡捕赶到枪击现场，急向工部局报告，招来大批日警和日籍台警，开始在附近展开搜捕"凶手"行动，一面将黄仲康抬往博爱医院（今鹿礁路1号）抢救，因未中要害，几天后就出院了。

在日寇和汉奸气焰熏天之时，锄奸等爱国行动大大地鼓舞了国人的抗日热情。这一起又一起的暗杀行动，和厦门岛上的刺杀日敌特务机关长田村丰藏（1940年6月28日，在民国路即今民族路西庵宫附近）、刺杀《全闽日报社》社长日酋泽重信（1941年10月26日，在大中路喜乐咖啡馆），互相呼应，此落彼起。

这一次又一次的枪声，响亮地警告日寇，中华民族是不可征服的，中国人有信心、有勇气把侵略者和为虎作伥的汉奸消灭掉。

第七节　海上花园　坠入黑暗

一、独占鼓浪屿，奴化统治

1941年12月7日清晨，日本成功偷袭珍珠港，美国海军遭受了惨重损失。美军对日宣战，太平洋战争爆发。

似乎是与珍珠港事件配合，12月7日当天下午，驻厦日军派出海军陆战队，分别从龙头、内厝沃、田尾登陆。12月8日，鼓浪屿被日军占领，从原来的"公共租界"沦为日本的独占区。这是鼓浪屿有史以来最恐怖、最黑暗的时期。

昔日的"世外桃源"一去不复返了，厦门港里外的英、美军舰溜得无影无踪。1941年12月8日，日寇一登陆鼓浪屿，首先在龙头街、港仔后、内厝澳、康泰垵等交通要地架设机关枪，安置大炮，又强迫居民到处构筑防御工事。这一天，向来不行驶机动车辆的鼓浪屿，开始出现了日本"皇军"架着机枪的三轮军用摩托车，日本宪兵手握带上刺刀的枪支，走来走去。人们听到广播的报时已改用东京时间，也就是比厦门人传统使用的时间提前一个小时。

傍晚，所谓欢迎"皇军和平接收鼓浪屿"和"皇军进攻香港"的"号外"也在街上散发了。到处贴着《全闽新日报》和《华南新日报》"皇军"对英美宣战的号外，又贴有两份"告示"和一份"布告"，都是用中文书写，目的就是要给中国人看的。有一份"告示"是由日军厦门根据地队本部具名的，其内容是：日本内阁发表日本天皇对英美宣战的诏书，驻厦门的日军为此占领鼓浪屿；同时宣布全面封锁海上交通，限制厦门、鼓浪屿间交通，断绝厦鼓与重庆国民政府统治的漳、泉内陆交通。甚至早已被日本占领的金门、浯屿，也被禁止交通。渔船出海，要经检查许可。另一份"告示"由厦门日本总领事馆具名，内容大意是：因时局变化，凡趁机造谣破坏、囤积居奇、抬高物价、资金外逃、捣乱金融等违法行为者，一律严惩不贷。"告示"并且宣布：从即日起，使用日本东京时间。此外，还有一份由伪厦门特别市政府具名的"布告"，无非是要鼓浪屿人民安分守己，拥护日本军阀发动的所谓"大东亚战争"，并宣布派伪厦门高等法院检察长杨廷枢，接管鼓浪屿唯一属于国民政府的"会审公堂"，委任杨廷枢为堂长。

翌日，日军厦门根据地队本部发布实施灯火管制的告示。下午2时30分，会审公堂举行升旗仪式，升起抗战以来鼓浪屿首次出现的汪伪政权的

第四章 抗战时期的鼓浪屿

在鼓浪屿搜捕中国士兵的日本海军陆战队

"国旗"。汪精卫等在南京建立的傀儡政府自我标榜是"中国国民政府",为了与重庆国民政府的国旗有所区别,汪伪在"青天白日满地红"的国旗上端加了一条扁长三角形的黄布,写着"和平、反共、建国"六个字。

同一天,日军当局宣布改组工部局董事会,召集工部局全体人员复职。原任副巡捕长的白俄人胡锡基引病告退,原有的三个外国人董事也都"自动"辞职。几天后,日方宣布,由日本人福田繁一接任"工部局"巡捕长兼秘书,允许三个外国人董事辞职,由两个日本人和两个中国人组成新的"工部局"董事长。"工部局"所有公私文件改用日文、中文,废除英文。任新董事的中国人一个是林寄凡,福州人,原是个中医师,厦门沦陷后在鼓浪屿福建路一家中药铺悬壶行医。战前,他与漳厦海军司令部的司令林国赓等闽系海军的头面人物相从甚密而有"师爷"之称,又曾是"了闲别墅"的主持人,因此为日军所看中。另一个是林汉南,厦门电话公司的经理,与地方富绅有一定关系,因而敌人想利用他,聘为董事。

鼓浪屿岛上学校统统被日伪厦门市政府接管,并立即整顿改造。日伪当局停办同文书院、美华书院,解散了怀仁女中和怀德幼师,接管了英华中学、毓德女中,改为市立第二中学、第二女子中学。小学除西班牙天主教1912年办的维正小学,由于西班牙不是"宣战国"保留原状外,日伪当局解散毓德女小,把普育、怀仁、福民、同文和英华校友初级小学等五所

【131】

小学改为鼓浪屿第一、二、三、四、五小学校,原怀德幼师附设的幼儿园也改为鼓浪屿幼儿园。

在鼓浪屿教育史上,岛上的学校这时候第一次全部成了"公办",多元的教育被"一元化"了。当时日本国内99.5%的青少年是在公立学校接受军国主义教育,他们把这一套搬到了用武力征服的"共荣圈"里来,强化了统治者的控制和"大东亚共荣"的奴化教育。

日寇加强对各中小学的控制。虽仍以中国人任校长,但各校又都设一名由日本人担任的"视学官"。视学官实际掌握了学校大权,重大问题皆由他决定。

日寇在中小学里实施奴化教育。第一炮即为"日语化",中小学一律增设日语课为主科,并设置奴化教育的"修身"课程,同时废除英语和基督教课程。所用教科书尽将有关反日及富有爱国思想的内容删去,国文课多以"四书五经"为内容,以示尊孔。中学生每月约需服役5天。与此同时,日伪还在社会上设立日语讲习所、补习学校,强迫市民入学,推行奴化教育。日本当局推行奴化教育的主管机关"共荣会",从1942年秋季开始,在鼓浪屿复兴路原养元小学设分部,一方面强化对鼓浪屿教育的控制,一方面培养亲日分子。

从12日到月底,日伪的"布告"和座谈会、庆祝会之类的集会,一个接着一个,日伪两报大量报道鼓浪屿的"新闻"。日本统治厦门的最高权力机构兴亚院厦门联络部,也在鼓浪屿设立事务所。就"布告"的内容而言,主要有:实施居民生活必需品限价政策;凡在鼓浪屿英国汇丰、荷兰安达银行和中国的中央、中国、交通以及侨办的华侨、中兴等7家银行有存款的客户,每户一天内领取的存款不得超过五百元。就会议而言,主要有:在英华书院举行的所谓"各校领袖座谈会",借"中德记"召开的"各界妇女代表座谈会",以及在泉州路"同声俱乐部"召开的"各界人士座谈会",应邀出席的既领受了教训,又遭受了恐吓。12月13日下午2时,还在"番仔球埔"(今人民体育场)举行所谓"鼓浪屿屿民大会",强迫各户代表出席。主持这次大会的,就是上文提到的鼓浪屿工部局新董事林寄凡。21日晚上,又在鼓浪屿戏院召开"打倒英美扩大宣传大会",并放映电影,免费招待。伪厦门文艺协会的无耻文人吕展新、陈祝尧、黄白成枝、陈丽等受命在台上卖力鼓吹"大东亚圣战"和"中日同文同种、共存共荣"的谬论。22日至23日两天下午,伪大乘佛教会也在大宫口举行"打倒英美"演讲会。日伪使尽招数,而参加的人为数寥寥,演讲的汉奸卖身投靠,妄想赢

第四章 抗战时期的鼓浪屿

得听众的掌声，而得到的却是嘘声。

当时家住鼓浪屿美华的洪声文回忆道，日本鬼子有时会组织学生游行，发给他们汪伪政权的"国旗"。学生们就把"国旗"上的那条写有"和平、反共、建国"的黄布扯下来，扔到路边沟里，拿着"青天白日满地红"

厦门鼓浪屿漆黑一团（重庆《中扫联合版》1943年3月17日）

的国旗游行。日寇要大家呼喊"大日本帝国万岁"的口号,学生机灵得很,用闽南话把口号喊成"小日本帝国乱做"。日伪组织者气得七窍生烟。

二、生灵涂炭 民不聊生

日寇统治下的鼓浪屿,和厦门一样,实施保甲制度,将鼓浪屿人牢牢地控制在手里。

日寇规定,居民必须办理"良民证",每个居民经审查没有"抗日"和"共产分子"嫌疑的,要拿本人最近半身相片到专设机构(*初设在华人议事会,后改在会审公堂*),制作良民证,并随时带在身上以备检查。如要往返厦鼓,还要另做通行证,过渡时要向站岗在轮渡码头或水仙宫码头的日伪军警"行礼",并经常受到侮辱性的人身搜查。

日寇还实行市民住宅房屋登记制度,凡住房有剩者,须腾出房间,供日军的眷属居住。日军眷属的一切生活先由户主供给,然后再由日方按额配给。

富商大户被强行派捐,凡被派到的,至少要10万元,只一次临时勒索,日寇就掠夺了500万元。厦门沦陷的第二年,日寇认为这是他们的胜利纪念日,应当庆祝,便向市民强征"庆祝费",无力缴纳者,多被拘捕毒打。岛上苛捐杂税名目繁多,鼓浪屿房地产的租税率被日寇任意增加,一加再加,不许拖欠,业主无奈便向租户提高房租,租户无力缴纳,叫苦连天,便和业主发生纠纷,酿成种种矛盾,而日寇却渔翁得利。

日伪警察经常四处巡逻,无事生非,对商家及居民敲诈勒索,动辄罚款、标封、没收、拘禁。有一次,他们发现有一栋房存有大量煤,便借口说煤是军用物资,通通标封。货主一再据理请求,他们不予理睬。

日寇发行伪币、军用票,强迫市民使用,否则即予拘禁或枪杀。许多商人深知这些伪币和军用票等于废纸,不愿收纳,买卖不成,最后只好关店。

日寇统治下的鼓浪屿,米粮奇缺,实行粮食配给制,最初每人每月限购粮食30斤,按区域指定一家粮店供给该区域的居民。不久,改定量为24斤,以后又逐步缩减为18、12、8斤。到1945年年初,缩减为每人每月2斤米,一直到日军投降,此定量不变。而同一时期日籍台湾人最低定量为18斤。日台人养的狗,每条还配给12斤。当时,日伪政府从内地走私偷运来的大米,其黑市价格贵得惊人,1斤米的价钱可以买1斤的猪肉。居民配售的粮食不够吃,大部分人又买不起黑市米,只能用大量的瓜菜、菜花叶、

第四章　抗战时期的鼓浪屿

抗战时期厦门货币

高丽菜叶,掺入极少量的大米,煮成菜粥充饥,贫民饿死的不计其数。

柴炭也很难买到。鼓浪屿柴炭燃料全靠内地、外埠供给,来源受到限制。买柴木也得起五更排长队。100斤的杂柴卖到1600元,真是米珠薪桂。

许多人吃不饱,上山采野菜。鼓浪屿地方小,连野菜都挖不到,仅有猪母菜、刺苋等,有的买高丽菜外部绿叶充饥,吃得肠肚绞痛、面目浮肿,生病而死的很多。街市上,饥饿的人成群,抢食物吃只要抢到便往嘴里塞,狼吞虎咽,顷刻而尽,任你怎样殴打都不肯放手。那时厦鼓贫民饥饿而死的事每天都有发生,有时甚至一天饿死一二十人。

日寇统治下的鼓浪屿,严禁居民迁往内地。贫民饥饿难忍,实在活不下去了,只好冒险偷渡。有人因此策划船工及伪警察组成偷渡的团伙。陈全忠老人当年住在和记码头附近,他回忆说,参与组织偷渡的船工有吴金山、陈文柳、吴和尚等人,鼓浪屿日伪警察有吴乌九、陈北明、吴造成等人,厦门方面的伪警察也参与其中。每名偷渡者收费约黄金一钱,并规定,如果半道被"皇军"拦截,则只收三折费用。偷渡当然要在夜里,一般在晚上10点以后,偷渡者多为单身,有时也有一家子的。如果遇到日军巡逻队,日伪警察会用日语跟日本兵说是要抓偷渡者去法办。等日军走开,即将船顺利开走,船至大屿、白屿和猴屿,即完成任务。

到了大屿,偷渡难民呼唤国军,国军接收过去要进行审问等,确定难民要去投靠的亲友姓名、地点,确认不是间谍,就发给通行证,让他们转往嵩屿内地。有时因为驻军换防等原因,偷渡难民就要在岛上等上两三天甚至十几天,随身的淡水干粮耗尽,往往奄奄一息。厦门市委宣传部外宣处原处长杨晓基,曾在1944年3月间随全家逃难到大屿岛,在岛上七天七夜等待国军来接应去嵩屿,再转送石码难民营。他回忆道:大屿岛是座荒岛,难民上岛后只能露天坐卧,风餐露宿。有天晚上,暴风骤雨降临,又逢天文大潮,海水上涨漫过膝盖,他们一家五口从睡梦中惊醒,吓得翻身四肢着地,没命地往山上爬。周围的难友妻啼子哭,也纷纷爬向高处。那时杨晓基只有十岁,遭此大难,70年后忆及,仍历历在目,凄楚于心。

鼓浪屿偷渡现象始于1944年年初,至日本投降时止。日军为杜绝偷渡现象,每晚派军警巡逻。一旦发现将船扣留,将人拘禁,百般毒打。尽管这样,偷渡的人还是源源不断。甚至日寇开枪,也要冒着生命危险往前跑。

日寇还纵容台湾浪人,在岛上开设公典、小典,放高利贷(俗称"日仔利"),借以盘剥。日本国内资源有限,为了战争的需要,日寇奉令到处收集铜钱、铜器,由各区伪区长负责,限令各商店住户须将铜钱一律交出,

第四章 抗战时期的鼓浪屿

运到台湾，制造炮弹枪械，用以杀害中国人。木柴紧张时，日寇竟下令挖掘坟墓，将棺材按其厚薄，论价出售。

华侨侨眷更是日寇眼中的肥肉，据《南方日报》1942年1月9日的报道，有一艘"慎德"号轮船，专门载了华侨200余人于前一个月抵达鼓浪

南进声中的厦鼓（香港《星岛日报》1941年3月14日）

屿。在鼓浪屿停留期间，所有财物被日寇搜刮殆尽，连回南安、永春家乡的车费都成问题。有一次，13位华侨欲从鼓浪屿坐船回南洋，日寇检查证件，发现其中一人证件背面有拥护抗战的字样，竟将13人全部枪杀于浯屿。

太平洋战争爆发后，厦鼓对外交通完全断绝，物资运不进来，侨汇也断了，鼓浪屿不少侨眷生活陷入绝境，许多商家生意也十分清淡，度日艰难，只好靠典卖家具、摆小摊、卖旧衣服度日。

在日寇占领鼓浪屿的几年中，被抓捕进集中营的人，遭遇更是惨不忍睹。鼓浪屿岛上中小学教职员60余人被拘捕，施以酷刑，有十余人被毒打致残后因毫无罪证才保释放回，其余的被关在磐石炮台集中营中。

犯人只要进了日本监牢，刑罚就开始，一天24小时不分昼夜，跪在划定的方位，不许走路，稍有动弹，便受毒打。早晚餐是一碗发霉的稀饭，中午是一个饭团，没有水。犯人的头时常被日本兵作为射击目标，或者用以做手术实验。日籍台湾密探更无人性，他们小便在犯人的口里，令其咽下，而仅仅为了取乐。犯人被绑到刑场时，大都神志昏迷。晕过去再弄醒，生不如死。只要能处死，什么"罪名"都可应承。

据厦门太古公司华籍经理邱世定回忆，敌兵与站岗巡街的日籍台湾警察，同样惨无人道，他们对平民百姓施用的体刑与凌辱，是不分妇孺长幼的。在马路上，他们可以任意叫住一个老人，或者是穿旗袍的女士，甚至小孩，喝令跪下，然后"审问"，任意处罚。鼓浪屿泉州路两个吵架的小贩，一次被日籍台湾警察看见，不分青红皂白，命两人跪下互殴，直到两人都头破血流，面肿眼红，才放行。

沦陷区时常戒严。黄昏后，鼓浪屿一片死寂，居民不敢出门，碰上密探便有被捕的危险。日寇的密探很多，专门侦查居民动静。密探也常利用职权，进行恫吓敲诈，骗取财物。一旦被认为是抗日分子被抓去后，不管是谁，往往生死不明。被监禁在什么地方，被枪杀还是活埋在什么地方，家属一点都不知道。

家住鼓浪屿的林聪明，其舅舅陈路发，原是在厦门和鼓浪屿之间开交通船的船员。1942年，他的一个拜把子兄弟打死、打伤各一个日籍台湾浪人，日寇就按照他们拜把子时拍的照片一个个抓人。当时陈路发刚好上岸，走到龙头路，就被日本人不分青红皂白抓走了。抓到什么地方去，家属都不知道。找了八个多月，后来才知道是被日本人抓去关在厦门岛上的凤屿监狱。陈路发整整被关了五年，日本快投降的时候，在监狱里面已经奄奄

第四章 抗战时期的鼓浪屿

1939年日军占领后大力抓捕壮丁修高崎机场

一息，才被放出来。陈路发在狱中被灌肥皂水，肚子胀得非常大，出狱后经常腹泻，不到十几天就咽气了。

这是鼓浪屿最黑暗的时期，鼓浪屿岛上的民众，与全国人民一样，在肉体和精神上，备受日寇的折磨。

三、集中营内，华洋受难

日据时期，鼓浪屿的英美人士与社会知名人士，同样逃不过日军的荼毒。

1941年12月8日凌晨，日军登陆鼓浪屿后，迅速占领工部局，英、美、荷领事馆，汇丰、安达银行，大北电报局，各教会学校、医院，和记等洋行，外国人住宅以及会审公堂，电灯电话公司，邮电局等。日军分别埋伏在预先指定的机关、学校和外国人住宅门外，黎明时分即闯入屋内，把居住的人集中起来，勒令：（1）谁有武器，要当场交出，否则为隐藏军火论罪；（2）金库及私人的钥匙一律交出；（3）所有被集中人员，一切行动要听从"皇军"的指挥，如有擅自行动或非法行为，格杀勿论。

12月8日中午，陆续被集中到博爱医院的外国人、外籍华人和在外国人机关、企事业任职的中国人，包括住宿在教会学校、医院的教职员工、学生和医护人员达四千多人。当天下午约2时，有几个军官模样的日本人来到博爱医院，传令被集中的人群都上医院天台听训话，由一个会讲厦门话和英语的日籍台湾人当翻译。训话的内容大意是：日本天皇下诏对英、美、荷诸白魔宣战，日本"皇军"奉命占领鼓浪屿，并要大家举手宣誓拥护"皇军"。具名宣誓并盖上羞耻的指印，午后3时左右，这些人才被放回家。

过了一段时间，所有住在鼓浪屿的外国人（除中立国国籍的天主教神父和侨民外），都被拘留在港仔后菽庄花园附近的中国银行宿舍——战俘集中营。这些外国人如需外出，都要在左上臂挂一个白色红框的布圈，用日文和英文写明其国籍和姓名，否则，即当逃犯处理，随时可以逮捕。

外国人和一些重要部门的负责人，首先成为日本"皇军"的"俘虏"和"阶下囚"，起先被集中在西仔路头日本人开设的博爱医院，由日军荷枪实弹，严加看管。后来，日寇没收了英国在厦门的太古洋行，便把太古栈房中的物资运到台湾，将栈房充作拘禁外国侨民的集中营。各国领事馆也被严加看管，连外交人员都失去自由。洋人留在鼓浪屿的一切财产尽被洗劫，英国的汇丰银行、德忌利士洋行、亚细亚公司，荷兰的安达银行、渣华公司以及中兴银行、美孚公司等都落入日寇囊中。

为实施奴化教育，日寇对各学校校长施以各种手段，稍有不从，即遭迫害。前工部局董事长、英华书院主理、英国伦敦教会牧师洪显理第一个被日本人抓进了集中营。据闻日军施以虐待，要洪显理效忠"天皇"，洪不从，被日寇用毒药杀于博爱医院，死时遍身发黑，状极凄惨。多亏他的两个学生黄省堂和王世铨，冒着生命危险潜入集中营，把他的尸体偷运出来，葬在黄省堂家的墓地。怀仁女中校长王淑禧被捕入狱，每天只供给两个饭团，王校长不愿吃日本人的食物，绝食抗议。原寻源中学校长、三一堂牧师卢铸英（同安人）被捕并被施以酷刑；福音堂牧师陈秋卿被缉捕；英华中学校长沈省愚被拘捕，日军强迫沈省愚整理全鼓浪屿男校校务，逼迫怀德幼师校长黄葆华整理全鼓浪屿女校校务，不依即被武装监押。

汉奸林正乾组织"新声剧社"，替敌人做宣传，强迫鼓浪屿华侨银行职员叶靖轩参加。原来，叶靖轩在"九一八"事变后，曾在爪哇组织"扶风剧社"，宣传抗日，抵制日货。回到厦门后，就任厦门通俗教育社总干事，继续以戏剧宣传抗日救亡运动。抗战爆发后，叶靖轩在香港从事内地与南洋的情报交换工作，一年后潜回鼓浪屿，以华侨银行职员的身份为掩护，从事地下工作。汉奸认为他组过剧社，屡次请叶靖轩担任剧社的领导。可他不愿卖身媚敌，坚拒不出，遭日伪记恨，借口鼓浪屿发生枪击事件，抓

第四章 抗战时期的鼓浪屿

到日军军部,严刑拷打致死。叶靖轩牺牲时年仅28岁。中央银行鼓浪屿分行无线电台主任黄士洪被日寇所捕,日寇强迫他供出内地电台所在地,洪坚决拒绝,终被敌人杀害。新加坡归侨、商业电报密码发明人洪子晖也被日寇逮捕,关在"工部局"中,备受折磨。华侨日报记者邵庆良在厦门沦陷时来不及撤退,匿居鼓浪屿,不幸被日本大特务泽重信探知,派敌探加以拘捕,酷刑毒打,迫其为日寇喉舌《全闽新日报》工作。邵庆良不肯屈服,"泽重信见其非威武所可帖服",乃出面利诱,愿以每月日金60元聘其任报社编辑。邵身负重伤,不能逃脱,只好假装答应养好伤再出去工作。狡猾的泽重信就将邵庆良囚禁在博爱医院,邵有一天乘夜翻窗逃跑,到同安因伤重不治而逝。

原鼓浪屿医院的创始人林遵行院长也被抓去,被打得半死。他受尽折磨,几次折断筷子扎腕部血管,想在狱中自杀。毓德女子教师陈永谋、富商苏清岁、招明文具店的老板钟招明等也被日寇拘捕,还有教会人士朱鸿谟、廖超勋也都被抓走。鼓声路8号有一个青年叫陈传达,会弹唱、作曲、指挥,是三一堂唱诗班中的灵魂人物(其父陈金芳,是老同盟会员,参加过辛亥革命,祖籍台湾)。1945年日本人要陈传达出来做事,他不肯,怕日本人抓他,在胜利前一个月,想逃到内地,他的水性很好,从河仔下即救世医院边下水,被日本人发现,开枪打死在海上。

厦门沦陷时期,日寇对中国同胞施行种种暴政酷刑。兹摘录《同安民报》、《闽南新报》和《中央日报》的有关报道如下:

(本报鼓浪屿特讯)自倭寇后,此间遂成鬼蜮世界,暴敌横行无忌,无辜同胞惨被屠杀者日有所闻,尤以知识分子之遭遇更为残酷。查前敌于占领鼓浪屿时,曾将鼓屿各中小学校之教职员,由敌警察本部,全数予以拘捕,总数计六十余人。兹悉该批被捕教职员,除其中十余人经被毒刑已成废疾准予保释外,其余仍被拘留于磐石炮台集中营中。日供霉粥两碗,日夜拷问,刑死、病死、饿死,惨不忍闻。

据查现在磐石集中营中,尚拘禁无辜同胞六百余人云。

(《同安民报》1942年4月14日)

鼓浪屿30多位士绅与英美各洋行华人职员身受刑罚的统计:

烧五毛:把犯人脱得精光,然后在头发、眉毛、胡须、腋毛、阴毛等处,擦以汽油,而后点火燃烧。犯人在火焰中哀叫,日军像看魔术一样狂笑。永裕成的老板黄成(安海人),就这样活活被烧死。

点梅花：18个铜元放在煤火中烧得发红，然后用钳子夹起，放在绑着的犯人肌肉上，排成梅花的形状，红透的铜元在人肉上烧成血泡，冷了的铜元，再放到煤火中，挨次替换。

吊钟：用绳索缚人身悬空抽打。

拶指：以韧性长绳缚两拇指而悬空吊起，使其往来摇绳。

灌肛门：以灭火器（水龙）之龙头，用火烧红，插入肛门。

点额：用三竹板合为一束而击之头额。

灌水：肥皂水、汽油、辣椒水，后来更用粪便强灌。所谓的轻犯，也要灌一桶汽油。胃肠容不进的时候，日军跳到肚子上踩踏，汽油吐出来后再灌。

柔道：拳打、脚踢、身撞，用法多种，大抵以戕伤内脏而外无迹象为主。

碾膝：令受刑者跪地，用一木棍横于膝盖弯处，两人左右立在木棍上而碾之。

击胸：用短枪或木枪撞胸膛，常至骨断晕厥。

熏鼻：用竹香或纸烟燃烧熏鼻，使人窒息。至于用排香灸点胸，则更为平常。

（《闽南新报》1945年10月19日）

（厦门中央社二十八日电）此间鼓浪屿人民庄曼星、骆欣荣、林遵行、吴新民、吴世进等三十二人联名，今日向刘主席（国民党福建省主席）控告敌寇罪行，诚堪令人发指。……据述，渠等自历或亲身所见，敌寇所用酷刑，共达十余种。其主要者：

一、用柴油浇烧或以烛火焦灼肌肤。

二、用细竹鞭打男人阳具，或以竹签挶钉男女阳具、阴道。

三、将人体倒悬，并以木棍、皮鞭殴打。

四、将污水痰唾或粪便灌入受刑人口中。

五、用枪柄戳刺胸部、乳部。

六、手足上镣铐，复束以绳，左右各五人，用木棍、皮鞭分击，使人晕厥，不致倒地。

七、以粗木棍或铁棍猛击头部出血。

八、令盘坐或直立十四小时，不准移动。否则，毒打，此反其常用之荦荦大者。拘入警察本部，绝少生还者，罹难者数千人，敌寇之暴行可见

一斑。

(《中央日报》1945年11月3日)

第八节　敌我交错　谍影重重

厦门沦陷后，鼓浪屿有两种间谍机构，一种是在明处的由日特供养的情报机构，另一种是处于暗处的国民党军统情报机构，这些情报组织往往以公司、俱乐部、赌场作为掩护。

一、国民党军统情报机构

这种情报机构，一种是处在暗处的，如"兆和组"，如前述。另一种是打着日特情报机关的招牌，其实是为国民党服务的，如"同声俱乐部"是军统闽南站台湾挺进组组长林顶立设立的。它成为沦陷时期给日军以重创的国民党谍报机构。

林顶立，台湾人，东方谍报史上一个如同变色龙一样的神秘人物。林一平、林介之助、林顶立、十一龙头、金门半山，都是他在不同场合使用的名字或者代号。

林顶立真正的传奇，是他在抗战中的经历。他的公开身份是日本在台湾警视厅特高课的高级特务，拥有日本国籍，叫作林介之助，而他真实的身份，则是中国在日本特高课中最出色、最隐蔽的双面特工。

林顶立精明干练，从少年时期就被日本黑龙会在台湾的组织看中吸收，不久转入警视厅。林凭借精通各种特工手段，做事机警敏捷，熟悉华人情况而不断得到重用，1931年便成为日本特高课的高级特务。

林顶立曾经设法潜入大陆，投考黄埔军校。由于中国政局动荡，英雄无用武之地，不得不返回台湾，暂时栖身。这期间，他结识台湾江湖豪杰林滚、福建黑道大头目罗又章等人，周旋其间。

随着日军侵华的深入，林顶立这样在

林顶立

中国黑白两道通吃的优秀人才，更得到日本方面的进一步重用。日军派遣林前往刚刚攻占的厦门，担任日本在福建的"太上皇"、大特务泽重信的副手。

林顶立遂借此机会，取得林滚的介绍，先访香港，拜谒粤军首领陈策将军，提出携带日军机密情报反正。陈策遂将林顶立介绍给军统方面。戴笠得到林顶立，如获至宝，他果断地决定，林不要暴露身份，立即前往福建上任，并任命林为军统闽南站台湾挺进组组长。

林顶立指挥的台湾挺进组不久建立了基隆、金门两个分组，他在鼓浪屿泉州路建立了外围组织"同声俱乐部"，名为赌场，实为情报联络场所。他以发展兴亚院的人事关系为名，将厦门中上层有影响的人士拉入秘密组织，参加爱国工作。华侨资本家黄钦书、允升布店老板林文火及名医生林遵行等都被秘密吸收为情报人员。他吸收了福建、台湾爱国高层人士，形成巩固的抗日团体。其团体成员，则逐步控制厦门伪政权各个部门。军统特工设法为林在厦门设立了秘密电台。从此，高质量的日军情报源源不断地从林顶立处汇入军统。

在林顶立的操纵下，厦门等地的伪组织除伪市长李思贤外，基本被林所控制。厦门成为各日占区组织中最为热闹，却效率最为低下的一个部分，而日军却也不闻不问，因为当地负责调查控制伪组织的特高课——兴亚院和宪兵队，都控制在林介之助也就是林顶立的手中。

本来这些机关是由日本老特务泽重信控制的。泽重信生于日本大阪，士官学校毕业后转入陆海军特种训练班，长期在总部设于台北的"大日本南支派遣特务机关"工作，担任日军在中国东南沿海一带的陆海军特务系统总负责人。1939年9月，厦门特务机关长田村崇则被中国特工刺杀后，泽重信亲自前来厦门坐镇，公开担任兴亚院负责人、地方理事官、台湾总督府驻厦门嘱托、海军总部嘱托、日本亚洲共荣会事务嘱托、华南情报部部长等职务，是日方在厦门的最高指挥人员。泽重信带来了自己最为信任的部下林介之助，却不料给自己挖好了墓穴。1941年，华南的一个日本女特工被军统拉入组织，并为中方提供情报，日方觉察后将其逮捕枪决。与这个女特工有联系的若干军统外围人员被捕，根据审讯中的记录，泽重信发现厦门暗藏着中国方面重要的特工机关，因此决定顺藤摸瓜，投入力量进行侦破。

按说以日特的办事效率和能力，林顶立这次在劫难逃。但对泽重信来说最不幸的是，他找来商量的正是头号要犯林顶立。

第四章 抗战时期的鼓浪屿

林顶立第一个反应是迅速逃走，和军统局闽南站负责人陈式锐商议。戴笠得到陈的通报后，认为林的价值太大，放弃过于可惜，因此决定保护林继续潜伏，派出漳州站长期潜伏的两名杀手汪鲲、苏群英，限期刺杀泽重信，并电陈、林曰："此一敌酋若不及早加以制裁，将来羽翼丰满了，不但华南半壁均要沦入敌手，则整个抗战前途受影响至深。"林顶立在关键时刻镇定自若，一面提供泽重信准确的活动规律给行动队员，一面因为泽重信经常去蝴蝶舞厅（思明南路南星戏院后面）活动，通过十八大哥头目林滚，把苏群英安排到林滚开办的蝴蝶舞厅担任管账。

1941年10月26日，枪法出众的汪鲲从蝴蝶舞厅跟踪泽重信到华南新日报社门前，泽重信撇开保镖，和报社社长、汉奸林谷同行，似有要事商议。两人经过思明西路转往大中路，欲进入在大中路与中山路交叉口的喜乐咖啡厅，汪鲲果断掩身路边骑楼下水泥柱旁，连发两弹，均中泽重信胸胁部位，泽重信应声倒地，当场毙命。林谷大惊失色，抱头鼠窜。汪乘乱闪入南大沟墘巷到局口街，辗转经海岸路潜回藏身处所，伏匿于惠安同乡、印尼华侨苏孝盼家中，直至11月6日晚，才冒险潜至鼓浪屿海滩，泅水至对面嵩屿登岸，转回漳州复

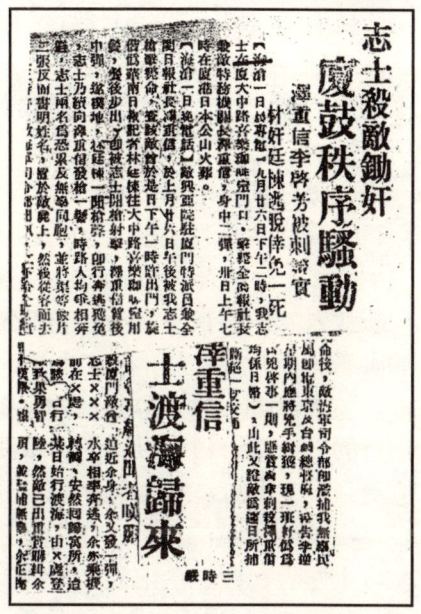

日寇特务头子泽重信被暗杀的消息公诸于众（《福建日报》1941年12月2日、11月25日）

杀敌英雄汪鲲八十岁自述歼敌经过

命。当年漳州和省内的报刊对此大幅报道,轰动一时。

事后,日军进行调查之际,林顶立从容不迫,从中设计,趁机抓捕与泽重信有隙的日侨多人,刑毙数人。自此,林顶立在日本谍报机关的地位更加稳固。

根据林顶立的情报,1942年1月8日深夜,驻漳州的国民党军派遣精兵,分三路渡海进入厦门,一路进攻禾山的日寇机场,一路偷袭厦门伪保卫团团部,一路袭击鼓浪屿敌伪要地。鼓浪屿这一路,从硝皮厂一带登陆,剪断敌人防地的铁丝网后,进抵闹区,扑向工部局,擒住并击毙日籍工部局副巡捕长忠山贞夫。在占领了工部局,毙敌多人后胜利潜回内地。

抗战时期,林顶立指挥的军统闽南站厦门第二组是闽南站对敌工作最出色的一个组。日本投降后,军统闽南站厦门第二组论功排名第一,林顶立受到军统局的重视,提拔为赴台接收的第一任军统局台北站站长。

在谍影重重的地下工作中,还有一位女中豪杰欧阳彩云。她原是一位教育工作者,厦门沦陷后,军统闽南站政委陈式锐派她到伪市政府当书记(秘书),借以刺探敌情。陈政委询问她有何待遇要求,欧阳彩云说:"国难方殷,忍计待遇乎?"欧阳彩云经常携日伪机密文件往来厦鼓,轮渡码头检查甚严,好友知道后劝她辞职脱离险境,其军统同事被捕后,又催促她避走。但欧阳彩云置生死于度外,慨然道:"逃将安之?生命吾固不惜也!"1938年7月30日,欧阳彩云不幸被日军侦悉,身份暴露被捕。日寇对其严刑拷打,但她咬紧牙关,没有供出任一同事。第二年12月2日,日寇将她押往虎头山斩首,问她:"想死吗?"欧阳彩云大义凛然地回答道:"为国而死,有何不愿!"日军将斩首过程摄制成影片。时年,欧阳彩云26岁。抗战胜利

选自《厦门画报》创刊号

后，国民政府内政部给予褒扬。

二、由日特供养的情报机构

除了军统情报组织外，鼓浪屿还有一种堂而皇之的日特情报机关，即以鼓浪屿土皇帝汉奸洪文忠为负责人的"鼓浪屿华侨联欢社"。

洪文忠，原籍台湾，生于厦门，受教育于厦门。中学毕业后，曾为鼓浪屿普育小学及思明女学的教员，后于1934年在鼓浪屿经营屿光戏院，勾结地痞流氓，组织所谓团伙"二十四猛"，人畏如虎。

鼓浪屿工部局曾有华人议事会组织，非华人不得参加，洪文忠为台籍，鼓动口舌说自己不是台湾人，取得了华人议员一席之位。厦门沦陷前，洪文忠投靠日本领事馆，先后勾结台奸林火生、刘友、陈宽等，横行厦鼓，为非作恶。

厦门沦陷后，洪文忠成为鼓浪屿日寇领事馆的密探。军统兆和情报组暴露后，洪文忠率汉奸刘友、陈宽、施顺成及日寇小坂等十余人，到兆和厂大肆抓人，致多名抗敌志士牺牲，许多无辜群众被牵连其中。洪文忠是"兆和惨案"中助纣为虐的主要人物。

太平洋战争后不久，洪文忠得到日警署的支持，在鼓山路组织"鼓浪屿华侨联欢社"（因其电话号码四百号，人们简称为"四百号"）。与林顶立的"同声俱乐部"一样，"鼓浪屿华侨联欢社"名为赌场，实为情报机构。这个"赌场"的规模比"同声俱乐部"更大，出入的多是买办、资本家和政府部门人员以及经营交通船的老板。洪文忠依靠赌场的巨额收入，沽名钓誉，如设"慈善部"，施药施棺，发放过年的救济金；设"体育部"，组织"健华"篮球队等。

1944年，这个沽满兆和案鲜血的洪文忠在鼓浪屿想出一计，向不知其底细的鼓浪屿居民募捐，美其名曰购飞机献给南京伪政府。部分居民受骗，不到两日，洪文忠竟然募集到国币46万元，其弟洪武义出资伪币50万元，共同购飞机一架，献给日寇。日寇称奇，洪文忠大受青睐。

当时沦陷区商业萧条，只有烟赌还能获利。而鼓浪屿弹丸之岛，就有俱乐部4家，是烟赌妓的大本营。洪文忠投之以桃，日寇报之以李，日伪授意将鼓4家俱乐部合并为一，让洪文忠主持，一方面供洪文忠挥霍，一方面暗中收集情报。此后，洪文忠还与鼓浪屿的警察署日人富田共同主持1945年日寇禾山机场的扩修，协助敌伪杀害潜伏在厦鼓的第三战区军事人员等。

日本投降后，1946年9月30日，厦门肃奸会函地检处申请将洪文忠以战犯处置。但事出意外，洪文忠仅获判有期徒刑两年半。据说，洪文忠被押解到上海作为战犯处置时，林顶立打报告给蒋介石将他保了出来。林顶立早年与洪文忠一起在鼓浪屿组织间谍机关"同声俱乐部"，也许林顶立被洪文忠的伪善所欺骗，也许两人成了莫逆之交。总之，传说林顶立将他保了出来。

洪文忠后来返回台湾，死在台湾。

第九节　交通船往来国统区

20世纪30年代，厦门尚未兴建海堤，还是四面环海的岛屿，岛外交通主要依靠海上运输。

1938年5月厦门沦陷后，日寇宣布封锁港口，禁止船舶出入沿海。为了防备渔民"图谋不轨"，甚至不准渔船出海捕鱼，而且在港外海区布下水雷，经常出动飞机和查验船艇在港口海面巡逻。厦门向来仰仗内地供应生活物资，一旦封锁港口，闽南一带的农、副、土、特产品不能进入，海港也就变成死港。厦门市场物资匮乏，百姓怨声载道。

为解决副食品的来源，日本统治者乃派日籍浪人潜入内地，勾结流氓、地痞，贿赂嵩屿、港尾、浒茂、海沧、东屿等沿海哨卡官吏，收购家禽、家畜、蛋品和水果蔬菜，以小船乘夜装运出海，先驶鼓浪屿，再绕到厦门靠岸。同时还策划内地的奸民进行走私，事先约好联系信号，日敌在虎头山发射探照灯，走私船发现信号，即靠泊日军停在海面的小艇，由小艇拖到厦门收购。回船可带鸦片、吗啡等毒品及少量工业品。走私船一往一返，获利盈倍，许多人发了横财。但这种走私船容量少，风险又大，有时会因信号不符而被内地守军或敌军射击，船破人溺，所以人称"卖命船"。

由于走私船体积小，载量少，满足不了市民的生活必需，于是日寇利用鼓浪屿当年还是公共租界的特殊地位，允许所谓第三国籍民（指中日两国以外的美、英、法、葡等国）申请牌照，自备汽船或帆船，插第三国国旗与内陆国民党统治区进行贸易，交流物资，一般以百货、布匹、药材、香烟及舶来品向内陆换回笋干、香菇、桂圆、糖、水果等土特产品。而国民政府地方军政当局以外销农产品和争取外来物资为由，也同意审核发证给第三国籍民船只往来。这种获准航行于沦陷区和国统区的船只，被称为"交通船"。

第四章 抗战时期的鼓浪屿

交通船的航行必须持有双方的许可证件。厦门方面,是由外籍商行办理手续通过该国领事馆向日本海军司令部申请发证。在国统区,则向福建省军政机关或漳州驻军师部申请办证。证件上开列航行理由、申请人姓名、船号、船型、载重量和船员人数、姓名及殷实商号铺保等。内陆方面主要通过地方士绅转呈师部或省级机关批准。在申请过程中,不论是厦门还是内地,都免不了要送礼、行贿打通关节。交通船既须双方军事机关许可,能获准的自然不多,开始只有几艘,获利甚丰,有些大商人见了眼红,竞相寻找门路,多方钻营,于是船数逐渐增多。

一、漳鼓交通船

闽南的石码、海沧,以往就是漳厦交通门户,与厦鼓仅一衣带水,帆船行驶,如遇顺风,个把钟头即可抵达。厦门沦陷期间,这两个地方也就成为交通船的起航和停泊地。穿梭于鼓浪屿与石码、海沧的交通船,被称为"漳鼓交通船"。交通船从厦鼓到石码,以海门为双方海域分界。国统区在海门设有哨卡,船只从厦鼓至海门要挂第三国国旗,过海门进入国统区海域则挂青天白日满地红国旗。当年日寇在鼓浪屿港仔后和厦门第五码头海面,各停泊一艘检查艇,检查出入国统区的船只是否有许可证和附搭"间谍"。

国统区在漳鼓交通船方面,插手的机关单位有第五行政区行政督察专员公署、漳码警备司令部、驻军一〇七师、中国银行漳州分行、龙溪县政府等;军队出兵,政府出人,银行出钱,三青团和国民党县党部,因背景分别为军统与中统,也得以侧列。每走一趟交通船,获利颇丰,即由各插手机关分肥。

漳码警备司令刘建常,为省主席刘建绪的堂弟,上任时只有两挑行李,开辟交通船后,大饱私囊,离任时行李竟多达二十多担。1942年,萨君豫(福州人)从第三军风纪巡察团少将团员调任漳州行政督察专员,在一次商谈管理交通船的会上说:"交通船诚然对我们都有好处,可是名声实在不好,外间啧有烦言,是否可以停走?"其义正词严,与会者不得不曲从其意,于是交通船暂停了一个时期。1943年,萨君豫调离,王笑峰(江苏人)接任行政督察专员后,交通船又恢复行驶。

1944年,在闽粤交界的洋面上发生了东山驻军与广东饶平驻军因争管交通船而发生枪战的事件。广东方面一个连指导员被打死,事情闹到第三战区司令长官部,顾祝同下令刘建绪彻查,刘建绪派了省训练团少将总队长刘仇到漳州清查此事。东山的驻军是由一个姓刘的副师长指挥,二刘都是湖南人,同是刘建绪的老部下,乃由军统闽南站站长陈达元出面斡旋,以"事出误会,无须追究",由福建偿给广东驻军一笔抚恤金了事。

太平洋战争爆发后,漳鼓交通船曾一度停航。闽南水果等农、副、土、特产品无法出口,农村损失甚大,而内地需要的物资也断绝。后经第二十五集团军总部呈奉第三战区司令长官核准复航,于 1942 年 1 月 8 日起发证放行。禁航期间漳州滞留在鼓浪屿的 20 艘交通船,也陆续驶回漳州。

二、情报走私船

还有一种分别属于日伪军政部门的情报走私船,表面亦称交通船,但却是秘密的。这种船只,除了运载日本货以外,还夹运大宗的鸦片、吗啡等毒品,以换取国统区的大米和日常用品,并搜集国统区的报刊和情报供给日伪机关。前一种商营的交通船有双方的许可证,白天可以公然出入,情报走私船仅有日寇一方的许可证,只能在夜间海水涨潮时,偷偷摸摸地进入海沧、石码以及一些沿海小岛屿,与国民党驻军和地头蛇勾结进行走私。情报交通船的日方许可证不得公开,船上的许可证经日军检查艇检查后,须密藏在靠近国统区的打石坑,然后驶往内陆,待返回厦门经打石坑时再取出供日军检查艇检查。

当年,鼓浪屿是公共租界,由英、美、葡等国籍民从事交通船经营,也有日伪机关利用日籍台湾人在鼓浪屿搞交通走私船勾当,目的在于进入国统区搜集情报,其中有阮淡水、钱四海等人。

嵩屿与厦门和鼓浪屿都仅一水之隔,站在码头,可以清晰地看到厦鼓。当地居民以种种方法贩运"交通船"和走私船的日本货、走私货。从嵩屿到海沧的公路上,常可以看到三三两两的妇女往海沧时肚皮鼓鼓的,像是孕妇,而当她们在回嵩屿的归途中,突出的肚皮却不见了。原来,这些妇女腰缠香烟、牙膏、电池、火柴、洋烛等日本货和私货到海沧出卖。据说每个"孕妇"如果带的是中等价格的香烟,每趟可赚 4 块钱,这仅仅是无数走私花样的一种。

针对交通船走私猖獗,奸商被日伪利用窃取情报等情况,国统区曾于 1940 年 6 月封锁漳鼓交通。是年 10 月,漳州当局调整漳鼓间的交通船机构,决定禁止属于敌伪情报的交通船通行,收回准可证件。商营的交通船,改以公开抽签的方法,划归省营运输公司管理,同时加强对交通船的搜查,杜绝流弊。一度异常猖獗的日货、鸦片、吗啡和大米走私活动受到抑制,

第四章　抗战时期的鼓浪屿

有所收敛。

以下是利用交通船进行情报搜集的厦门商运公司：

老义发船务行：1939年3月由兴亚院批准成立，由日人大间知和江某某等合伙经营，行中有30多艘交通船，川走于浮宫、石码、青浦、海门等地套运物资供给日伪"厦门物资组合"，并收集内地情报交日本海军武官府。后与厦门南洋公司合并为"闽南交易所"。

普照公司厦门分公司：普照总公司设于香港，厦门分公司设于厦禾路。分公司拥有3艘大型帆船，往返香港、石码、漳州等地，搜集军事情报，1945年改为广安行。

建泰公司：1942年开设于升平路，负责人松本武雄是日寇高级情报员。公司下设调查部（情报部），利用交通船搜集军事、政治、经济等情报，供给日军司令部，属于日寇海军外围情报机关。

日泰公司（记恭行、中泰行）：约1942年开设于升平路，是建泰公司的下属组织，有交通船"泰中号"等，收集情报供给日军司令部，属于日帝海军情报系统。

友联公司：设有交通船，属日特"厦门机关"系统。

安泰贸易公司：1944年设于大同路，有走私船多艘，航行上海、香港、汕头及漳州、泉州等地贩卖鸦片，搜集情报。是日特的情报机关，属日寇海军系统。

天真行：设于洪本部，由陈学海经营。有交通船往返内地，搜集情报。

德胜洋行（德昌行）：行址在思明北路，由"兴亚院"日特吴某某等开设，行内有交通船。

海通行：成立于1943年10月1日，行址在海后路，属日伪"中国同志会"组织的一个特务机关。有情报船"海享"、"海和"、"海顺"，每条船配有联络员1~2名，专门搜集情报。

益成行：1939年成立于鼓浪屿鹿耳礁，设有"锦贞美"、"漳福顺"、"金合成"、"双惠成"等交通船，航行于厦门、漳州之间，一方面载运货物，一方面为日特搜集情报。

大成洋行：1940年成立，设有轮船，航行于香港、越南等地，载运军火，进行情报活动。

隆丰洋行：设有交通船专门从事走私，为日伪搜集情报。

四合成：成立于1942—1943年间，由日伪情报员何某某控制。

金祥兴：与四合成同属日伪情报员何某某控制。

海阳走私船：以走私为名，深入内地，探取国民党军情，提供日军，总管许某某，曾任过日伪厦门特殊根据地通译。

隆德公司：开设于开禾路，利用交通船，来往内地，贩卖毒品并搜集情报。

三、华侨交通船

厦门沦陷期间，还有一种华侨交通船。厦门原为福建华侨出入境的口岸，厦门沦陷后，海上交通被日寇封锁，华侨归国要绕道，经香港从上海登岸，然后循陆路辗转回乡，路途遥远，跋涉辛苦，非常不便。唯一的捷径是通过设在鼓浪屿的厦门邮政局的"邮政船"。邮政局的邮政小电船是收送邮件专用的，从鼓浪屿到海沧（后改至石美），每两天往返一趟，每次只能顺带旅客16名。僧多粥少，远远适应不了华侨的需要。当时，石美、角美一带经常有数十人以至百余名华侨滞留在那里等候前来鼓浪屿搭乘轮船出国。

泉州人、华侨巨子黄国印原来在石美开设南侨旅社和安乐饭店，看到这个情况，认为如果能开辟一条交通航线，不但有利于华侨出入国境，又是一个发财的机会。他与泉州特务头子庄华合计，于1940年在漳州，通过邮政小电船的舵工许心、机房陈火炬，先与鼓浪屿富商黄钦书联系，以便利华侨的名义要求合作，由他设法与厦门敌伪当局接洽，并由黄钦书拨出私有的一艘电船营运。这样"华侨交通船"开始经营，行驶漳厦一线。

当时，航行厦鼓与漳泉的"华侨交通船"客货兼收，往海沧方面的有"华侨号"和"海龙号"，往泉州东石方面有"顺东号"、"顺庆号"和"圣罗沙号"。其中"顺庆号"是鼓浪屿侨商黄钦书与泉州华侨公会主席叶清淇达成协议，并与黄国印（泉州人）合作经营的。

"顺庆号"和"顺东号"每两天往返鼓浪屿与东石间一趟，海关限定载客150名，但因为人多，往往超载至250名。出厦港时挂日本旗，到围头附近海面换上中国旗。由东石起航时挂中国旗，接近厦门海域则换日本旗。

华侨船由厦方操纵，厦门经理为黄琬秀，泉州经理为黄国印。船运收益，两方分成。船上人员，无不夹带物品走私。而经营私货的，又要不时对厦门、东石的相关机构"进贡"，这些没通过报备的私货，往往只能在深更半夜偷偷卸下码头。

东石因为有此华侨交通船突现繁华，旅行社、客栈、酒店饭馆应运而生，轿夫、车夫、挑夫、驴马夫、摊贩以及侨民、侨属等往来不绝，每日

第四章 抗战时期的鼓浪屿

数以千计。

交通船虽然对华侨出国有所便利,但国民政府对华侨多有盘剥。以往安海往厦门的船票不过四角到五角,而交通船需要七元。更麻烦的是华侨出国手续,要向当地政府疏通,被层层剥削。交通船被要求"代买东西",东西是不付钱的,国民政府相关人员拿来倒卖,价格可以翻到两三倍。船到厦门,日寇汉奸把住码头,上岸一个,用皮鞭向华侨抽打一下,轻重随他们高兴,检查行李搜身,虽妇女不能幸免,用尽种种下流手段。

南洋侨胞得知有华侨交通船后,出入国日见增多,直到1942年3月,日寇特务头子泽重信在厦门被刺杀,厦门戒严、禁港,70多人被捕。酷刑致死有十多人。顺庆轮被作为嫌疑通报,因获得消息,星夜开离厦门,逃回东石,从此停业。直到抗战胜利,厦门收复,顺庆轮更名为凯旋号,再次航行在安海、厦门间。

第五章　抗战烽火中的厦门儿女

在连绵万里江山的抗日战争硝烟中，在苦战八年的烽火岁月里，杰出的厦门儿女或辗转华南数省、东南亚数国宣传抗日救亡，或挺身在鹭岛大地与敌寇殊死周旋、抗争，或忍辱负重期盼大地重光，一笔笔书写着属于自己、属于厦门这块土地、属于厦门父老乡亲、属于苦难深重祖国的记忆和业绩。

在八年抗日的鏖战岁月里，无论是担负与日寇正面作战的国军部队，还是坚守敌后由共产党领导的八路军、新四军，都有我们厦门儿女，其中还有许多位令日寇闻风丧胆的勇将、名将。

第一节　浴血奋战在抗日前线

我们在对相关历史资料的整理中，每每发现，在烽火连天的抗战岁月里，厦门儿女无论出现在大敌当前的正面交锋，或是在敌后游击的持久战，都表现出了大智大勇、坚忍不拔的精神。身为指挥官身先士卒、为兵先锋；作为战斗员矢勤矢勇、不畏牺牲，都表现出了敢拼会赢的大无畏气概，因而广受全国各界的称道。让我们来一一展现他们在抗日战争年代的伟绩丰功。

第五章 抗战烽火中的厦门儿女

一、方毅：文武双全的新四军名将

方毅，又名方清吉、方静吉，1916年2月26日出生在厦门市一个城市贫民家庭。少年时期就读福建省立厦门中学时，就接受进步思想，追求革命真理，信仰共产主义。1930年1月加入中国共产主义青年团，1931年转为中国共产党党员。曾任厦门、漳州共青团支部书记、区委书记，共青团厦门中心区委书记、市委宣传部部长、市委书记。

抗日战争爆发后，方毅于1937年年底辗转到达湖北。1938年，任中共湖北省临时委员会常委、农运部长，举办抗日青年训练班等，培训600多名抗日骨干。

1938年年初，湖北省委决定成立中共鄂东特委，方毅任副书记，主持工作。7月至10月，侵华日军分水陆两路进攻武汉，鄂东地区首当其冲。方毅提出"在鄂东敌后发动群众，筹钱筹枪，建立抗日武装和根据地"。很快，方毅就建立了一支秘密武装。10月，日军进攻浠水、黄冈。两地沦陷后，日军在淋山河等处建立了军事据点。为了打击日军嚣张气焰，刚成立的鄂东抗日游击挺进队，在方毅的率领下，30多名队员奔赴几十里，袭击立足未稳的日军淋山河据点。方毅先向岗楼上悬挂的马灯连击数枪，把马灯打翻，熊熊的火焰旋即升起，30多支步枪一齐发射，还在睡梦中的鬼子慌作一团，龟缩在据点里不敢出来。挺进队奇袭日军据点，打响了鄂东人民奋起抗日的第一枪，极大地鼓舞了鄂东人民敌后抗日的决心和信心。挺进队声威大展，成立不到10天就发展到200多人，1939年1月，挺进队迅速发展到730多人，成为鄂东敌后中国共产党领导下的第一支抗日武装。

武汉沦陷后，1939年1月下旬，中共中央中原局撤销湖北省委和鄂东特委，建立中共鄂豫皖区委员会，方毅任委员。此时，挺进队已改编为"国民革命军陆军第二十一集团军鄂东独立抗日游击第五大队"，有1000多人，坚持在鄂东抗战和建立抗日根据地。皖南事变后，第五大队发展成新四军第五师十四旅。

1939年5月，为落实开辟皖东根据地的任务，津浦路东临时前敌委员会成立，由省委委员方毅任书记，率领新四军四支队越过津浦路铁路到路东地区，进行战略侦察。7月，新四军以四支队第八团为基础扩编为新四军第五支队，方毅任政治部主任。五支队成立后，即挺进敌后，担负起开辟路东地区的任务。这期间，方毅参与淮南军民粉碎日伪军的"扫荡"和反击国民党顽固派的挑衅进攻，指挥了半塔集保卫战，领导了淮南抗日根据地的政权建设、财政经济建设、文化教育建设和地方干部的培训,为淮南根据地的建立、巩固和发展做出极大的努力。1940年,津浦路东人民抗日联防办事处成立,这是淮南路东抗日根据地早期的政权形式。方毅曾任主任。1942年年初,津浦路东联防办事处改为淮南行政公署,方毅连任主任。行政公署下辖23个县级政权,面积2.1万平方公里,拥有500万人口。

在艰苦卓绝的抗战岁月里,方毅不仅在战场上是一员冲锋在前的骁勇战将,在巩固胜利成果、建立人民政权方面,不断显现出他的领导才能和行政统辖能力。方毅在极为复杂的环境下,最先在华中敌后区域创建起一块具有重要战略地位的根据地,率领根据地军民与日、伪浴血奋战,作战340余次,歼敌62万余人,为华中敌后抗战立下了丰功伟绩。

抗日战争胜利后,横跨苏皖边区的5个行署联合成立边区人民政府,方毅任边区政府副主席。

二、叶飞:威震敌胆的新四军主力领军人

叶飞,1914年5月7日出生于菲律宾奎松省一个华侨家庭。少年回国,就学于福建省立厦门中学。1928年,加入共青团,担任共青团福建省委宣传部部长、代理团省委书记。1932年3月,转为中国共产党党员。在土地革命战争时期虽然没有参加中央主力红军,但在主力红军即将撤离中央苏区的低潮时刻,叶飞迎难而上,参与创建了闽东革命根据地和闽东红军独立师,并担任该师政治委员。随后,叶飞率部坚持了极其艰苦的南方三年游击战争。

抗日战争全面爆发后,叶飞率领的闽东红军独立师奉命下山,被改编为新四军第三支队第六团,叶飞任团长,下辖3个营,共计1300余人。叶飞在陈毅的率领下转战大江南北敌后,逐步发展壮大成为威震敌胆的主力。

1939年5月,叶飞率第六团东进苏(州)常(州)太(仓)敌后,神出鬼没,纵横驰骋,在地方党组织的配合下,初步建立了以阳澄湖东塘寺为中心的苏常太和澄(江阴)锡(无锡)虞(虞山)抗日游击根据地。部队的装备得到了极大的改善,人数也从东进时的700人扩大到2000多人。

随着抗战形势的发展,叶飞带领的江南抗日义勇军向北发展,势头凶猛,威震苏皖。皖南事变后,新四军军部在苏北重建。原苏北指挥部所属部队编为第一师,叶飞任副师长兼第一旅旅长、政委。1944年3月,叶飞负责具体指挥新四军第一师兼苏中军区决定发起车桥战役。此战打通了苏中和苏北根据地的联系,扩大了根据地,解放了淮宝地区数十万群众,提

第五章 抗战烽火中的厦门儿女

高了广大群众的抗战信心。

叶飞率部东进北上，转战苏皖，以不断的胜利忠实地践行了党中央制定的新四军东进北上的战略发展方针，扩大了新四军在大江南北敌后民众中的影响，锻炼了部队，提高了在丘陵、平原、河网湖区作战的信心，部队的人数和装备也得到了迅速的壮大，更重要的是，通过敌后抗日游击战争的实践，进一步加深了执行党中央制定的新四军战略发展方针的自觉性。在叶飞身上体现了忠贞不渝的坚定信念、敢于胜利的钢铁意志、胸怀大局的协作精神、敢于担当的崇高品质。

三、彭德清：扛起闽南义勇军大旗奔赴抗战前线

彭德清，1910年出生于福建省同安县翔风里彭厝村，1930年加入中国共产党。土地革命时期，彭德清任共青团同安县委组织部部长，中共同安县委书记、厦门临时特支书记、闽南第二游击支队政委等职务。他发动群众，组织队伍，坚持了南方三年游击战争，为巩固闽南根据地做出重要贡献。

抗日战争时期，彭德清任闽南抗日义勇军独立大队大队长、新四军第二支队四团连指导员、教导总队二大队教导员、挺进纵队政治部组织科科长、二支队四团政治处主任。1940年7月起，彭德清任新四军苏北指挥部第二纵队五团政委、第三纵队政治部副主任、新四军第一师三旅七团政委兼团长、苏中军区七团团长。1945年2月5日，苏浙军区成立（辖第一、二、三、四纵队，第一、二、三军分区），彭德清先后任第三纵队政治部主任、副司令员兼参谋长。他率部多次挫败日、伪军的"扫荡"，多次击退国民党顽军的进攻，为民族独立和解放，为取得抗日战争的胜利立下了不朽功勋。

四、李友九：清华学子在抗战历练中成长

李友九，1917年出生于厦门集美兑山社，1935年考入清华大学。在清华大学就学期间，他参加了"一二·九"运动和"民先"组织。"民先"全称为中华民族解放先锋队，是中国先进青年在中国共产党领导下建立的抗日救国组织。1936年5月李友九加入中国共产主义青年团，同年6月加入中国共产党。

抗日战争期间，李友九历任冀西游击队政治指导员、河北临城石城区区长、河北内邱县工委委员、临内县委组织委员、县委书记，山西武乡县

委书记,太行区党委调查研究室秘书,太行区第七地委组织部部长等。

新中国成立后,曾任甘肃省委常委,农林部副部长,农业部副部长、党组副书记等职。

五、陈文总:"十万青年十万军"的激励者

陈文总,1885年出生,厦门同安人。早年潜心探索救亡启蒙之道。任教大同小学期间,主笔并编辑《厦声报》,组织及参与"通俗教育社"活动等。

1923年7月,为抗议日本拒不归还中国领土旅顺、大连,组织号召厦门市民坚决抵制日货,遭到反动势力嫉恨,被日驻厦领事指使的台湾浪人伏击刺杀。后转上海治疗脱险,仍被日本驻厦领事馆列为重点防范打击对象,一直是日本帝国主义的眼中钉。

陈文总曾参与"八一"南昌起义,后避难日本,立志"习倭长技以制倭",就读日本士官学校,回国后又深造于陆军大学。

陈文总

1932年,陈文总以助手兼翻译身份,陪同抗战将领陈铭枢参加中日淞沪停战谈判,与侵华日酋进行面对面的斗争。

1933年,陈文总以二十九军中校团副兼汾阳军校教官身份,加入冯玉祥领导的察哈尔民众同盟军,多次参加对日作战。

1933年,他以国民党驻闽某保安区司令身份,网开一面,冒死帮助曾参加淞沪战役的抗日劲旅十九路军余部脱离被"围剿"的险境,从而保全这一抗日实力。

1937—1938年,以陆军大学正则班学员兼第三战区上校参谋主任身份,参加台儿庄等许多重要战役,荣获国民政府颁发的三等"云麾勋章"。

1941年1月,以陆军大学教官兼第三战区上校参谋主任身份,参加中国南洋军事考察团到东南亚考察,因其提交的考察报告具有战略前瞻性而受到最高统帅蒋介石的欣赏重用,提任军令部国际情报处少将处长。

1943年，陈文总为中央军校第七分校少将教育处长，主办各种"特别班"，帮助学员掌握新式武器以打击日寇；培养东北流亡青年为"心战"宣传员，以瓦解日军斗志。

1944年，抗战胜利在即，陈文总因提出征兵动员口号"一寸山河一寸血，十万青年十万军"而蜚声海内外，激励了广大青年学子投笔从戎，为彻底打败日本侵略者而奔赴沙场。

1945年，日本投降，陈文总廉洁参与、高效完成河南一带日本战俘的受降遣返，荣获国民政府授予的一等"忠勤勋章"。

抗战胜利后陈文总一度回故乡，看望父母和老师及校友，厦门各界为他举行欢迎会。

六、李良荣：在家乡的土地上痛歼日寇

李良荣，别号良安，1906年1月27日出生于厦门集美后溪兑山村西珩社。童年就读于鼓浪屿养元小学，因家贫辍学。1924年，李良荣伴护一批投考黄埔军校的闽南青年到广州，受到闽南靖国军负责人许卓然的赏识，保送他入黄埔一期学习。

李良荣黄埔军校毕业后，参加过第一次东征、北伐战争，立下了不少战功。1927年，实行清党大屠杀之时，率直的李良荣愤而离开部队，进入上海劳动大学，成为一名半工半读的学生。1929年，在原驻闽南的国民革命军第四师改编为陆军第四十九师，师长张贞力邀李良荣出任该师少校参谋、军士教导队队长，借以帮助训练军士，整顿纪律。不久，训练总监何应钦在南京创办步兵专校，李良荣考取步兵专校第一期，精研兵器与射击。

李良荣

1941年4月19日，日军从连江登陆，意欲进攻福州。福建省主席陈仪及守备福州的八十师师长陈琪不战而退，以致4月21日福州失守。日军便乘势向闽北进发。在这危急的时刻，李良荣主动向兼任第二十五集团军总司令的陈仪请缨，任二十五军团军第一纵队司令，率1500多名士兵开赴前线，在闽侯白沙镇北的大湖山区全歼了日军晋町部队300多人，迫使日寇

不敢再向闽北腹地深入。这就是威震八闽、名扬神州的"大湖之战"。日寇见福建难以攻打,不久,只得悻悻撤出福州。

此次战役之后,李良荣随即调任八十师师长,锐意整顿军纪,竭力提高战力。1944年9月26日,日寇长岭喜一旅团由连江进犯福州。八十师在李良荣指挥下,力战七昼夜,10月4日才奉命退出福州城区,但是依旧控制着福州近郊,伺机痛击敌人。1945年5月,李良荣接获情报,得知占据福州的日军将于近期将弃城北撤,逃往浙江。当时的战地情势是海路已被盟军封锁,李良荣判断敌军可能翻越闽东崇山峻岭北退。李良荣果断决定以一部分兵力反攻福州,另一部分直插宁德、罗源一带,堵截日军退路。战斗打响之后,日军果然仓皇出逃。李良荣率主力追击日军至福安白马河时,与日军激战一天,日军大部就歼,八十师再度收复福州,取得了在福建抗战的最后胜利。李良荣受到国民政府军事委员会的褒奖,被升为第二十八军少将军长。

七、张圣才:从抗日救国会会长到军统少将

张圣才,1903年5月14日出生于厦门集美东安社,曾转读于鼓浪屿教会办的养元小学,毕业于福建协和大学。

"九一八"事变发生之时,张圣才以双十中学副校长的身份,联合社会各界,组织成立"厦门抗日救国会"。这是全国最早一个抗日救国团体。厦门抗日救国会成立即日起,开展抗日宣传活动,广泛发动民众抵制日货,走街串巷募集资金,支援在东三省不屈抵抗的东北军、义勇军。与此同时,该会还组织义勇队,分批轮训,随时准备迎击外来的入侵者。张圣才还协办《华侨日报》,创办《抗日新闻》《厦门日报》,宣传抗日。张圣才成为厦门,乃至闽南地区赫赫有名的抗日群团领袖。

张圣才后被国民党军统组织吸纳,从事抗日隐蔽工作。他先后担任过军统厦鼓特别组组长、闽南站站长、上海区闽省组组长,搜集抗日情报。在抗日战争最艰苦的时期,张圣才承担了最艰险的任务,以香港《大公报》记者身份被派往菲律宾,

张圣才

第五章　抗战烽火中的厦门儿女

担任潜伏组长,在日寇占领的菲律宾搜集情报。1941年12月初,他从复杂纷繁的材料中最先分析出日本将袭击珍珠港的动向。珍珠港事件发生后,美国总统罗斯福视察情报局,才知道一星期前张圣才就发去了提醒电报。在菲律宾沦陷期间,张圣才也给美国远东军总司令麦克阿瑟提供许多重要情报,促使美军顺利光复菲律宾。在抗战胜利前夕,罗斯福曾致电蒋介石,称赞张圣才是个出色的谍报员。抗日胜利时,国民政府授予张圣才"抗日英雄"称号,颁发青天白日勋章,并从上校晋升为少将,发给奖金两万元。

抗日战争胜利后,张圣才脱离军统,完成了他以生命相许的抗战伟业。

八、许祖义:大湖战役大智大勇的尖兵连长

许祖义,福建晋江人,1921年生。其父许卓然为同盟会会员,曾赞襄孙中山征讨军阀,为闽南知名人士。

许祖义在国民党中央陆军军官学校十三期毕业,历任国民革命军参谋、连长、营长、中校副团长等职。

许祖义机智英勇善战的美名,在抗日战争时期名贯八闽。1941—1944年,许祖义曾在福州近郊三次率部抗击日本侵略军,其中最有影响力、威震敌胆的就是著名的大湖战役。

1941年5月,福州沦陷后,日军向福州西北大湖地区"扫荡"。国军李良荣率部南进阻击,许祖义带领的尖兵连与日军先头部队遭遇。狭路相逢,许祖义命尖兵连迅速抢占制高点,集中火力杀伤日军。激战数小时,日军死伤惨重。这时,许祖义的尖刀连与前卫本队失去联系,许祖义自行决定冲下山到敌人后方去。于是他命尖兵连2个排固守高地,自率1个排乘隙突围。日军措手不及,抽调百余兵力追击,许祖义的尖刀连冲出日军的包围却无一伤亡。突围后,许祖义一不做二不休,率部向日军占据的白沙扑去。日军见势不妙,只得回援。

此后,许祖义率尖兵连继续牵制日军,诱敌进大湖,最终由大部队击毙日军300余人。从此,日军再不敢深入福州

大湖战役时的营长许祖义

内地。大湖战役胜利，极大地鼓舞了福建人民的抗战热情。许祖义的机智、善战，在福建人民中广为传诵。

九、杨其精：抗日战场上的"黑煞星"

杨其精，1915年4月26日出生于惠安县贫苦农民家庭，曾在亲戚的资助下，从惠安老家走路到厦门鼓浪屿读书。

杨其精高中毕业时，抗日战争一触即发。为锻炼杀敌本领，他选择投考黄埔军校工兵科。

从黄埔军校毕业后，杨其精被送到南京工学院继续深造。1939年学习结束后，满怀报国热情的杨其精要求参加抗战，被分配到晋东南中条山和太行山地区，进入国民党二十七军四十五师工兵营。在抗日战争期间，他所带领的部队时常打胜仗，他参加闽海战役的大北岭和闽东追击战，一路捷报不断。

杨其精

一次，杨其精正带领士兵与日军在战壕里交火，突然内急，于是跑到战壕上对着日军的战地一阵"发泄"，日军的子弹在他身旁嗖嗖地划过，一颗子弹击中他的腹部，弹头把他的皮带旋出个窟窿，发烫的弹头触到了他的肚皮。日军见其中弹还镇定自若，十分惊恐。杨其精乘势带着士兵冲向日军的阵地。自此，日本侵略者记住了这个"个头不高、黑黑瘦瘦的中国军官"。抗战结束，杨其精在浙江接受一队日军投降时，一名日军军官还特地找到他这个黑黑瘦瘦的军官，送给他一把日本军刀，以示敬意。

抗战胜利后，不愿打内战的杨其精丢下中校官阶，到《江声报》任经理一职。新中国成立后，在大同中学当教员。

十、李永德：手刃敌酋壮烈殉国

李勇德，1918年12月生于厦门市集美区后溪乡兑山村一个贫农家庭。童年就读于陇西小学。

"七七"事变后，李勇德血气方刚，投考国民政府中央军官学校第十七期，录取后被分配到桂林分校。毕业后，被派到乡亲李良荣任师长的八十

第五章　抗战烽火中的厦门儿女

师历任排长、连长。1944年，其未婚妻26岁，提出要结婚。李勇德回答：在日寇退出国土以前，我时刻准备为国捐躯；为了不让你万一成为寡妇，我不想结婚。如果你能等待，我感谢你，否则你可以自己做出抉择，我不怪你。

1945年5月，八十师接获情报，占据福州的日军将于近期弃城北撤浙江，遂决定反攻福州后予以追击。在福安境内的白马河，敌军集中在河边等待浮桥渡河。李勇德率部在左侧高地展开，于夜幕降临趁势出击，冲入敌阵。连长李勇德身先士卒，指挥轻机枪突击组和步枪肉搏组在敌阵中反复冲杀，歼敌甚多。在制高点的争夺战中，敌军虽伤亡极为严重，但仍不停向我阵地冲杀，攻势凶猛。激战中，连长李勇德指挥官兵与敌肉搏。日军大队长管野在肉搏中被李勇德亲手刺死。战斗中李勇德腹部中弹负伤，后来遇雷阵雨，雨水渗入腹腔而牺牲。

十一、郭昆山：为打鬼子在黄埔选修日语

郭昆山，1922年出生于泉州市东海镇。1939年春天，还在上学的郭昆山，毅然决定投笔从戎，报名参军，获得了保送黄埔军校深造的机会。因为要和日本人打仗，学习日语对战斗有帮助，所以在黄埔军校他选修了日语。

1941年年底，郭昆山匆匆毕业，奔赴前线。1945年8月15日早上，郭昆山所在的部队准备出发去攻打杭州。忽然，传来日军无条件投降的消息，攻打杭州的任务就变成接管杭州城，接受日军投降。23岁的郭昆山和大部队迈着齐刷刷的军步进城，百姓夹道欢迎，临街的店铺还放鞭炮庆祝。日军虽然还在站岗，但手上已经没有武器，不敢讲话，也不敢乱动。这是郭昆山一生中最难忘的一天。

抗战胜利后，郭昆山离开部队，来到厦门，进入《江声报》资料室工作。新中国成立后，在厦门市图书馆工作。

十二、陈文展：炸碉堡荣升全师最年轻的少尉

陈文展，又名陈文典，厦门湖里区枋湖村人。1938年5月10日，日军从五通登陆，13岁的陈文展乘船逃难到同安，加入福建保安第八团，后部队到南昌改编为国军第二十五军四十师一二〇团三营。

1938年年底，日军进犯江西九江，陈文展所在部队奉命在观音桥阻击。这支福建子弟居多的部队，在一个月内打退了日军的两次进攻。

1939 年，陈文展随部队在南昌机场一带防御日军进攻。日军阵地上有一架勃朗宁双管重机枪，架置于一座碉堡，给国军造成很大的伤亡。陈文展和 5 位战友组成一支敢死队，借助夜色掩护，前去炸堡。瘦小的陈文展率先摸到日军碉堡前，将炸弹往里面一扔，当场炸死 6 个日本兵。随后，他们进入碉堡，俘虏两个日本军官。

抗战胜利前夕，因军功累积，19 岁的陈文展荣升为全师最年轻的少尉军官。

十三、翁腾敏：肉搏战日寇刺刀擦身而过

翁腾敏，1926 年出生于惠安县，1933 年随父母来厦，就读于群惠小学、双十中学。1937 年加入厦门儿童救亡剧团，1940 年进入黄埔军校第七分校学习，1943 年秋加入福州陆军第八十师做见习参谋，后当排长。1944 年 8 月至 1945 年，参加福州、宁德等地多场抗敌战斗。

1940 年，黄埔军校十八期在福建招生，要年满 18 岁。那年翁腾敏年仅 14 岁，此外身高也不够。急于从军报国的他两头做工作，先找到当地的保甲长，好说歹说帮忙开了年满 18 岁的证明。而后他又说服了莆田县医院，将他"拔高"。

翁腾敏

从黄埔军校第七分校出来后，翁腾敏被派到八十师二三九团重机枪二连当排长。1944 年 8 月，日军派遣精锐部队第二十三混成旅团，从连江县登陆后，沿大北岭进犯福州。翁腾敏参加了福州多场抗敌战斗。日军占领福州郊区的五凤山后，他挑着鸡鸭肉酒，假装"慰问"日军，实则打探日军设防情况。为获取情报，翁腾敏还曾先将日寇通讯电话线剪断，后带领士兵，佯装成农民在电话线旁耕作。待两名日本兵出来查看时，迅速合围捆绑。

1945 年，在榕日军一路经宁德向浙江逃窜，八十师从闽东追击至福安境内白马河，肉搏战中，翁腾敏差点命丧敌人刺刀下。

第五章 抗战烽火中的厦门儿女

十四、洪发祥：厦门籍中国远征军

洪发祥，同安马巷人。1942年，国民政府派人到同安征兵，洪发祥报名参加，欲入中国远征军，上抗日战场杀敌。因是长子，家里不同意，但洪发祥坚持要去："不能让日本人打到家门口不还手啊！"

到了缅甸，洪发祥直接操纵起重机枪，跟着远征军战略转移。一年后，他所在的连队被日军击溃，腿部受伤的洪发祥被缅甸人救回家，用草药治疗。伤愈后，他一路乞讨，翻了两个月的大山回到云南边境。此后，洪发祥和其他退回国的远征军溃兵，被编成一个独立团，参加了长沙保卫战。

1945年抗战胜利后，洪发祥在长沙退伍。

十五、李铭竹：投笔从戎苦炼杀敌本领

李铭竹，1923年出生于厦门，曾在鼓浪屿美华中学念书。1941年太平洋战争爆发，日本侵占鼓浪屿，李铭竹转学漳州龙溪中学。当时学校组织唱抗战歌曲，演话剧办墙报，抗战情绪十分高涨。

受此感染，1945年年初，李铭竹响应"十万青年十万军"的号召和同班十八位同学参加了青年军，从漳州开赴闽西接受军事训练，被编入青年军二〇九师六二六团战车防御炮连当一等兵。后到绍兴，接受预备军官训练，锻炼杀敌本领。

十六、江定邦：从报馆走出来的游击队长

江定邦，祖籍厦门，毕业于厦门双十中学，曾任日人创办的《全闽新日报》记者。"九一八"事变后，他和陈伊村出于民众大义，不愿为日人报社服务，在《江声报》刊发声明，脱离《全闽新日报》。抗战期间，江定邦任同安第三区游击队长，1940年任剿匪司令部政训宣传股股长，1941年任宁洋旬刊编辑。抗战胜利后返里，当选厦门市第一届参议员。

第二节 鼓与呼在抗敌大后方

军人厮杀疆场，为国家、为民族而战的精神，感染着战场外的社会各界人士，尤其是文化艺术界。从厦门走出的艺术家，情系祖国命运，时时绷紧着报效祖国这根弦，用自己心声来讴歌爱国将士、不屈百姓，鞭笞侵略者。文艺武器在很多场合和时期里，起到了积极鼓舞民众、组织民众的

推展作用。

厦门艺术家的成就，显现在当年，深藏于民间，几十年过去，厦门人民永远牢记他们。

一、鲁藜：抗日根据地的著名诗人

鲁藜，原名许图地，1914年出生，原籍同安县内厝乡许厝村。童年时随父母侨居越南，1932年春回国考入集美乡村师范实验学校，在厦门《江声报》发表处女作《母亲》。1934年到上海参与左翼文学活动，1936年加入中国共产党，1938年入延安抗大学习，发表震撼诗坛的《延安组诗》，被誉为"传遍世界的福音"。

在延安抗日军政大学，鲁藜创作组诗《延河散歌》，用散文化的笔调表达对革命的向往和对献身者的赞颂，清新而且有哲理意味。这些诗1939年在重庆的《七月》上发表后引起反响，使他成为抗日根据地的著名诗人。鲁藜随后主动请缨奔赴华北抗日根据地，1942年在鲁迅艺术学院任教。抗战胜利后，在晋冀鲁豫边区文联北方大学中文系工作。

二、莫耶：写出响彻大江南北的《延安颂》

莫耶，1918年出生，原名陈淑媛、陈爰，笔名白冰、椰子、沙岛，福建省安溪县崇善里东溪乡人。1931年，莫耶随父居厦门鼓浪屿，就读于慈勤女中。在校时，其习作向报刊投稿，多被采用。1933年秋，莫耶到上海《女子月刊》社就职。抗日战争爆发后，莫耶在中共上海地下党领导的"救亡演剧第五队"任编辑，投入抗日宣传和救济难民工作。这期间，她写了抗日救亡剧作《学者》在《西京日报》上发表。同年10月，她到达延安，从此更名莫耶。

抗日救亡演剧第五队集体进入抗日军政大学第三期学习，后莫耶进入鲁迅艺术院学习。在鲁艺学习期间，她创作的《歌颂延安》歌词，由音乐家郑律成谱曲，更名为《延安颂》，传遍各抗日根据地，甚至传到国统区和敌后，以及海外华侨中，成为一曲激发抗日爱国热情的战歌。大批革命青年高唱这首歌奔向延安，加入抗日救国的行列。至今《延安颂》仍传唱不衰，成为一支革命传统歌曲。

三、李焕之：抗战硝烟里冲出的音乐家

李焕之，祖籍福建晋江，1919年1月2日生于香港。从小就开始接触

广东、福建的民间音乐。就读厦门双十中学时，他的音乐才能就开始崭露头角。1936年春，李焕之考入上海国立音乐专科学校，年方16岁就创作了曲谱《牧羊哀曲》，显露出艺术才华。

抗日战争爆发后，李焕之来到了香港，加入了共产党的外围组织——抗战青年社，投身抗日救亡运动。创作的作品有《厦门自唱》《保卫祖国》等抗日救亡宣传歌曲。

1938年7月，李焕之奔赴延安，进入鲁迅艺术学院音乐系学习，并加入中国共产党。李焕之曾多次指挥《黄河大合唱》等演出，谱写出一批歌曲。抗战胜利后，担任华北联合大学文艺学院音乐系主任。

李焕之是从厦门走出去的中国现代著名作曲家、音乐理论家、指挥家，是家乡的音乐泉流滋养他，是国难当头使他萌生崇高的爱国情感。音乐素养的养成和爱国责任感的合力，鞭策着李焕之在长达半个多世纪的音乐生涯中，始终将自己的音乐活动与祖国和人民的命运紧密联系在一起，他的创作吐露自己心声，他的作品为民族发声，对祖国的炽情，对侵略者的憎恶，不无深深地镌刻在每一个作品里。

四、赵家欣：冒着"敌人炮火"勇抢新闻的报人

赵家欣，1915年12月生于厦门岛一个贫民家庭，曾就读于大同中学、双十中学。

1935年，赵家欣应聘进入《星光日报》，开始记者生涯。"七七"事变后，厦门成立"厦门文化界抗敌会"，赵家欣是"文抗会"的执行委员。

1938年1月，赵家欣的第一本书《今日的厦门》由厦门文化界抗敌协会出版。这本书记录了抗战之初的厦门，也传达了一个年轻记者与家乡共患难、同荣辱的心声。

1938年春，作为厦门《星光日报》特派，实际上也是福建省唯一的抗日战地记者，到战时政治文化中心武汉，并访问了八路军办事处。3月底，赵家欣经郁达夫推荐，参加中华全国文艺界抗敌协会成立大会和中国青年新闻记者学会首届代表大会，是福建参加这两次大会的唯一的作家兼记者。此后赵家欣奔赴台儿庄等抗战前线采访，接连发出了《陇海线上》《血火中的行旅》《台儿庄血战记》等充满爱国激情的战地通讯。仅抗战期间，赵家欣见报的作品就达到数百篇，给福建军民反抗日军侵略以很大的鼓舞。

此后，赵家欣冒着生命危险，奔波于香港和闽、浙、赣各地，采访抗日救亡活动，参加抗日文化宣传。

1948年赵家欣谢怀丹夫妇合影

1995年中国作协颁给赵家欣"以笔为枪 投身抗战"纪念铜匾

第五章　抗战烽火中的厦门儿女

1938年5月厦门沦陷后，赵家欣活跃于东南前线。在泉州参加中华民族解放先锋队，任香港《星岛日报》国内特派记者。不久，他又南下长沙、广州、香港，并受《星岛日报》之聘，去东战场采写新闻。他曾任江西上饶《前线通讯社》编辑主任、永安改进出版社《现代青年》月刊主编、福建省政府编译室编辑等。抗战胜利后，任福建时报社总编辑、社长。

在抗战期间，赵家欣先后出过两本作品集，分别是《今日的厦门》和《沦陷区的故事》。赵家欣的抗战通讯极富文学色彩，代表作品有《怒吼了的鼓浪屿》《血火中的行旅》《夜行》《闽浙省道中》《炮火声中忆麓山》等。

五、许景煌：能文能武的八路军战士

许景煌，生于福建省同安县，中小学在厦门就读，中学毕业后在厦门仰范义务小学教书，尔后考入厦门大学。1935—1937年，在厦门马尾海军陆战队任体育教员。1938年春，《星光日报》委派赵家欣为战地记者，从厦门出发到抗战前线采访新闻。许景煌受邀同往。

1939年，许景煌考入四川成都中央空军军士飞行学校第二期。不久转赴西安，经八路军西安办事处的同意，渡河北上延安参加八路军。

在抗大一分校宣传队，许景煌的主要工作是写歌曲宣传抗日，曾谱写过《抗大八期期歌》《团结在前，胜利在望》《今年打垮希特勒，明年打败小日本》等歌曲。

许景煌

1945年10月，许景煌从抗大文工团调往"东北航空队"，后来担任军委空军后勤部油料部副部长、部长，在人民空军后勤建设方面做出了基础性的贡献。

第六章 厦门籍华侨投身抗战

华侨的命运与祖国息息相关,厦门籍华侨与遍布世界各地的华侨一起,发扬爱国爱乡传统,纷纷投身世界反法西斯战争和祖国抗日战争,或捐资救国,或办报鼓呼,或潜踪谍战,或转战丛林,或奔赴延安,有钱出钱,有力出力,用热血写下爱国篇章,为反法西斯战争和祖国抗日战争的胜利做出不可磨灭的贡献。

第一节 祖国抗战后援 南侨先锋

一、抗日救亡,侨领勇先

陈嘉庚,1874年生于厦门集美,1890年南渡新加坡佐父经商,1910年参加中国同盟会。抗战期间,陈嘉庚始终领导着东南亚华侨的抗日工作,为团结抗战历尽艰辛,为中华民族的独立解放做出不可估量的贡献,他的爱国事迹是抗日战争史上不可磨灭的一座丰碑。

1928年5月3日"济南惨案"发生,消息传到新加坡,陈嘉庚立即于5月17日召开各界代表大会,呼吁侨胞救济祖国难民,抵制日货。他的爱国活动遭到亲日奸商妒恨,他们派人烧毁陈嘉庚的橡胶制造厂,使其资产损失过半,但也无法动摇他的民族气节。"九一八"事变后,他在新加坡召开华侨大会,反对日本侵略祖国。1932年,他发动华侨捐款,支援十九路

第六章　厦门籍华侨投身抗战

陕西延安以开大会拉横幅欢迎陈嘉庚先生

陈嘉庚访问延安

第六章　厦门籍华侨投身抗战

军淞沪抗日。1937年10月，陈嘉庚发起成立"马来亚新加坡华侨筹赈祖国伤病难民大会委员会"，并亲任主席，得到了侨界的大力支持。1938年10月，陈嘉庚出面联络南洋各地华侨代表在新加坡开会，成立"南洋华侨筹赈祖国难民总会"（简称"南侨总会"），被推举为主席。副主席李清泉是菲律宾侨领，另一位副主席庄西言，为印尼侨领。此二位都曾经在鼓浪屿生活过，并置有房产。后李清泉逝世，接任副主席的杨启泰也是菲律宾华侨，在鼓浪屿长大，是鼓浪屿杨家园的第二代。

在陈嘉庚的领导下，全南洋掀起了波澜壮阔的华侨筹赈救亡运动，"富商巨贾既不吝啬，小贩劳工也尽倾血汗"。陈嘉庚在自己所属企业已经收盘的情况下，仍带头认"常月捐"，每月2000元，直至抗战胜利。据国民政府财政部统计，华侨自1937年至1945年捐款共达13亿多元国币，其中南侨总会在抗战期间义捐国币约5亿元。此外，他组织南洋各地筹赈会为前方将士捐献寒衣、药品、卡车等物资，以及在新加坡和重庆投资、设立制药厂，直接供应药品。据不完全统计，截至1940年10月，海外华侨共捐献飞机217架，坦克27辆，救护车1000辆，大米1万包，以及大量药品等，这些物资亦多为陈嘉庚领导下的南洋华侨所捐。

1939年，陈嘉庚在得知祖国需要大量汽车司机和修理人员之后，发出"南侨总会第六号公告"，号召华侨中的年轻司机和技工回国参与抗战。众多爱国华侨放弃了海外的优越条件，踊跃报名。3219名南洋华侨子弟组成了"南洋华侨机工回国服务团"，志愿回国抗击日本侵略者。1940年，陈嘉庚组织南洋华侨回国慰劳团历访重庆、延安等地。他据实发表关于延安观感的演讲，盛赞陕甘宁边区的新气象，认为"中国的希望在延安"。

陈嘉庚坚持抗日到底。汪精卫于1938年10月公然发表对日和平谈话，企图投降，陈嘉庚当即接连发去电报驳斥、奉劝。面对汪精卫的回电辩解，陈嘉庚明白已无挽回希望，再拟电文，毫不客气地驳斥其为"秦桧卖国求荣"，并将电文交予各报发表。针对汪精卫等投降派，陈嘉庚在国民参政会第二次大会上提出"敌未出国土前，言和即汉奸"的著名提案，表达了广大华侨坚持抗战、反对投降的决心，振奋了全国人民和广大海外侨胞的人心，给予国民党投降派以沉重的打击。

太平洋战争爆发后，陈嘉庚担任"新加坡华侨抗敌后援会"会长。1942年新加坡沦陷前夕，避居印尼爪哇，抗战胜利后安全返回新加坡，重庆各界为他举行安全庆祝大会，毛泽东送来"华侨旗帜，民族光辉"的亲笔题词。

厦门抗战岁月

　　李清泉,1899—1900 年就读于厦门同文书院,是 20 世纪 30—40 年代活跃在菲律宾政治、经济舞台的杰出人物,以及菲律宾华侨史上最有建树、声誉卓著的爱国华侨领袖。

　　1931 年"九一八"事变,东北沦陷的消息传到南洋,李清泉拍案而起,于 9 月 23 日联合 15 位知名侨领发起组织"国难后援会",动员华侨支援东北人民的抗敌斗争;同时通电美国等国,呼吁制止日本侵华行径。他还捐资 20 万元支援东北义勇军。1934 年 2 月,日本策划成立"满洲帝国",李清泉通电声讨溥仪出任伪满皇帝的叛国行为。1932 年,日本发动"一·二八"事变入侵上海,李清泉发起成立"菲律宾华侨救国联合会"。在十九路军的淞沪抗日战役中,李清泉"斥资首倡汇助国军"。截至 1932 年 9 月,李清泉汇交蔡廷锴军费 80 万美元,汇交东北马占山抗日军费达 40 万美元,并捐出 20 万国币交福建省作为国防

李清泉

"九一八"事变后,海外华侨兴起"航空救国"热潮,菲律宾华侨李清泉、吴记藿等各捐献了一架飞机支援国内抗战。

第六章 厦门籍华侨投身抗战

建设资金。1932 年 11 月,李清泉召集各界侨领成立"中国航空建设协会菲律宾分会",被举为主席。他"慨然独捐战斗侦察机一架以为侨界倡"。捐机活动得到菲律宾侨胞的响应,共捐资 300 万元,购机 15 架,命名为菲律宾华侨飞机队。

1937 年"七七"事变后,李清泉先生立即召集菲律宾侨领,成立"菲律宾华侨抗敌委员会",出任主席,并在全菲各地成立分会,全面开展筹款、抵制日货和鼓励青年回国参战活动。在厦门和福州相继沦陷时,又组织"福建华侨救济委员会",发起捐资 1000 万元,供福建省救赈和武装民众。

当他看到南洋各地华侨抗日救国情绪高昂,却各自行动缺乏统一领导时,致函陈嘉庚提议并促成成立"南洋华侨筹赈祖国难民总会",被推举为副主席。李清泉任主席的菲律宾抗敌委员会,1938—1940 年就筹集菲币 1200 万抗日经费。陈嘉庚先生称赞"其数目为南洋各属华侨之冠"。李清泉原身患糖尿病,但以抱病之躯为国奔走,致病情恶化,医治无效。临终之时,李清泉留下遗言:"将 10 万美元遗产给祖国抚养难童。"马尼拉侨团和他的生前好友深受感动,共筹 40 万美元作为祖国救助难童基金,以表示对李清泉先生的永久纪念。

李清泉先生的夫人颜敕女士,在抗日战争期间同李清泉先生并肩作战,也是一位杰出的爱国华侨妇女领袖。

抗战爆发后,颜敕女士即把华侨妇女组织起来,成立"菲律宾华侨妇女抗日后援会",后改名为"妇女慰劳会菲律宾分会",从事抗战宣传、募捐和监督抵制日货等活动。她深入学校,组织华侨童子军,抬着"救国箱"上街挨家挨户募捐,又组织女学生上车站、码头、广场等公共场所卖"爱国花",组织华侨到各公司去收"爱国常月捐",通过各种形式筹集抗日资金,寄回祖国支援抗日。颜敕女士还组织华侨妇女敢死队,上街监督抵制日货,检查商店,劝阻出售日货。她倡导的义卖活动形成菲律宾一项声势浩大的爱国热潮。当时,一位年仅 14 岁的小学生杜兴桥用自己全部储蓄买了 1000 个面包,托颜敕女士领导的"妇女慰劳会"转交祖国抗敌前线军人。为保护这位爱国少年的热情,慰劳会决定义卖这 1000 个"爱国面包"。《新闻日报》为此刊登了消息。华侨为之感动,纷纷解囊,1000 个面包捐卖3000 菲币,"足供战士万余人一日之需"。在这一行动激发下,义卖活动遍及全菲各地,"霎时风起云涌,成绩惊人"。在捐机运动中,华侨妇女募集 10 万菲币(相当于 5 万美元),购机一架,命名为"妇女号"献给祖国。

颜敕女士十分关注八路军和新四军的抗日斗争。1938年3月,她汇给八路军1万港元。10月,又汇给新四军1万港元,以救济伤兵难民。后来又制作10万个救伤袋交付前方医院,并委托美国红十字会把大宗医药送往前线。她还亲自写信寄交朱德总司令慰问八路军将士,特汇国币1万元,托为购置雨具,分发八路军士兵。朱德、彭德怀为此联名回信感谢。

印尼侨领庄西言,"七七"事变后在巴城(今雅加达)发动商家抵制日货,积极发起捐资救国。1939年,与陈嘉庚组织南洋华侨回国慰问视察团,在机场欢迎会上谴责日寇和汉奸汪精卫在南洋蛊惑侨胞、动摇侨胞抗战信心的阴谋,代表侨胞表示决心坚持抗日,争取最后胜利。

太平洋战争爆发,陈嘉庚避难巴城,日军致函庄西言约见,声言不来即枪杀其全家,胁迫他交出陈嘉庚等侨领及其他爱国华侨。庄西言不畏强暴,大义凛然前去应讯,被日军逮捕。日寇以鞭打、捶击逼供,庄西言牙齿被打掉4颗,被关押3年4个月。但他视死如归,誓死保护患难侨友。国民政府监察院院长于右任颁给"光明正大"的匾额予以褒扬。

菲律宾侨领杨启泰于抗日战争爆发后,积极发动侨胞捐输,支持祖国抗战,并于1939年捐献一架飞机。1941年1月,日军占领马尼拉后,他和其他42名爱国华侨拒绝组织伪华侨协会,被捕入狱,直到1943年才被释放。马尼拉光复后,他出任菲律宾华侨救济复兴委员会主席、菲律宾"华商联合总会"(简称"商总")理事长。当时,菲律宾国会排华法案迭生,他领导"商总"据理力争,打消许多不利于华侨的法案。

陈廷谦,1881年生于同安澳溪乡,18岁赴新加坡谋生。早年参加中国同盟会,曾一度任新加坡同盟分会会长。1928年济南惨案后,陈廷谦积极参与陈嘉庚领导的"新加坡山东筹赈会"和"九一八"事变后的抗日救国运动。1938年厦门沦陷,大量难民涌入同安,陈廷谦与林金殿发起组织"同安救济会",持续数年赈济家乡难民。陈廷谦还带领新加坡同安籍乡亲按期向南侨总会捐献抗日义款,被推选为"南侨总会"常务委员。1940年3月陈嘉庚率南洋华侨慰劳团回国考察,他代理"南侨总会"主席职务至同年年底。陈嘉庚批评国民党政府的统治政策和消极抗战方针,因此,国民党派人四处活动,阻挠陈嘉庚再任"南侨总会"主席。陈廷谦却不为所动,坚决支持陈嘉庚再度当选为"南侨总会"主席,使筹赈工作得以顺利进行。

庄希泉,祖籍福建安溪,1888年9月生于厦门。1911年,加入中国同盟会。1912年,奉孙中山之命,从厦门到新加坡筹办中华实业银行。回国后与其夫人创办厦门女子中学,并积极从事民主革命运动。1925年五卅

第六章　厦门籍华侨投身抗战

运动爆发，庄希泉和夫人余佩皋组织成立"厦门国民外交后援会"，发动罢工、罢课，积极推进国共合作，开展抵制日货运动。日本驻厦门领事馆借口其父曾在台北设有商号，称其为日本"属民"，将其非法关押在鼓浪屿日本领事馆的地下监狱，进行威逼利诱，要他悔过，但他宁死不屈，后被押送到台湾囚禁了9个多月。经闽台各界多方营救获释后，庄希泉设法返回内地继续参加大革命，并在上海《新闻报》上公开声明："我是中国人，不是什么日本属民！"还特地改名"庄一中"，寓意自己是一个堂堂正正的中国人。

1931年日本发动"九一八"事变后，庄希泉在上海积极投入抗日救亡运动，并在菲律宾与爱国华侨王雨亭创办《前驱日报》，宣传抗日反蒋。1934年，庄希泉在厦门再次被捕入日本领事馆的地下监狱，遭严刑拷打，坚贞不屈。全面抗战开始后，庄希泉在香港主持闽台抗日救亡同志会，救济难民，筹集款项，联系、介绍海外进步青年到延安参加抗日战争。1938年，在香港主持福建救亡同志会，救济难民，创办建光学校、立华女中，并协助台湾革命同盟出版《战时日本》杂志，宣传抗日，反对法西斯。1942年，在中共中央南方局的安排下从香港转到广西桂林，组织闽台协会和闽台建设协进会，掩护中共地下党员。在广西中共地下党组织遭到破坏、面临危难之际，庄希泉冒险设法将在香港的全部家产抢运变卖，将款项悉数交给中共党组织，作为抗日活动经费。庄希泉在重庆还联合创办织布厂和建光行，借以掩护革命同志，支援抗日战争。

庄炎林，庄希泉之子，中国侨联原主席，1921年11月21日生于上海。幼年在上海求学，1934年回厦门就读于双十中学。13岁到新加坡求学无门，第二年只身回到上海，进了民立中学。"七七"事变发生后，上海遭到日军铁蹄的践踏。16岁的庄炎林义愤填膺，决意放弃学业，北上延安，奔向抗日第一线。庄希泉通过驻港中共地下组织的安排，让儿子先去桂林，待时机成熟再转往延安。庄炎林到达桂林后，先在桂林中学就学。当时，桂林聚集了大批避难的进步人士，桂林中学也来了一批教学水平高、思想进步的教师，抗日救亡气氛因之更为浓烈。庄炎林耳濡目染，深受熏陶，终日徜徉在抗日的激情之中。

1938年11月，国民党广西当局决定第三次组织学生军。消息公布后，庄炎林在地下党同志的动员下，马上报名参军。广西的学生军虽是桂系军队所领导，但在特殊的历史时期，却是抗日民族统一战线政策的产物。庄炎林在学生军中表现十分活跃，颇有影响力。昆仑关会战时，他参与侦察敌情，救护伤员，运送粮食弹药等。有一次，他组织群众转移，遭到日本飞机的轰炸扫射，一颗炮弹在他身边爆炸，幸好他迅速卧倒，才幸免于难。抗日战争期间，庄希泉、庄炎林父子二人毁家纾难，一直坚持在广西开展抗日救亡运动。2005年，庄炎林获中共中央、国务院、中央军委颁发的中国人民抗日战争胜利60周年纪念章。2015年9月2日，荣获中国人民抗日战争胜利70周年纪念章。

王长水，1864年生于沙捞越古晋，祖籍同安。18岁开始辅佐父亲经商，1889年继承父业，出任沙捞越总侨长。1923—1946年被委任为国务特别委员，1946年被委任为国会议员兼最高议会议员，并曾任内阁部长。1947年获英女皇颁赐帝国勋章，表彰他在反对日本法西斯战争中协助当地政府和为盟军服务的功绩。

施耀，1920年出生，晋江人，1932年南渡菲律宾，1937年参加菲律宾"华侨店员抗日救亡协会"仙彬兰洛市分会，担任组织部长。太平洋战争爆发后，在中吕宋地区参加华侨抗日武装。1944年9月任菲律宾抗日反奸大同盟中吕宋分盟主席，1948年回国，曾任厦门市副市长、市政协主席。

二、输资出力，侨商踊跃

李丕树，生于1865年，居住在鼓浪屿的菲律宾华侨巨商。李丕树爱国爱乡，在鼓浪屿有多处房产，历年捐资公益事业。"九一八"事变之后，他在厦门应募救国捐，又向陈嘉庚认捐一万元的爱国捐款，1936年相继两次荣获国民政府颁发牌匾，一为"捐款卫国"，另一为"输财卫国"。厦门市政府为他举行过隆重的颁匾仪式，派市乐队将匾额送至厦门港李氏祠堂悬挂。

陈六使，1897年生于集美。小学就读于集美学校，1916年南渡新加坡谋生，在陈嘉庚属下工厂工作。抗战爆发后，集美遭受日寇轰炸，陈嘉庚发动南洋集美学校校友募捐200万作为集美学校基金。陈六使遂托上海华侨银行代购公债100万元捐助，其利息每年61万元作集美学校基金。"南侨总会"在新加坡成立后，陈六使被推

陈六使

第六章　厦门籍华侨投身抗战

举为新加坡区代表,参与"南侨总会"发动的各项抗日救国捐款活动和当地民防工作。1942年,鉴于日寇侵略东南亚在即,陈六使接受陈嘉庚的建议,将款汇存中国,先后两次共汇回700万元,并且交代集美学校如有需要,可以支取。

陈文确,1886年生于集美人,是陈六使的胞兄。早年到新加坡谋生。他心系桑梓,热心公益,先后促成同安同民医院和灌口、马巷两分院建成。厦门沦陷后,日军飞机大炮轰击集美,家乡村民四处逃难,生产、生活困难重重,儿童辍学。远在新加坡的陈文确先后汇款7万多元,交由集美学校校董陈村牧用于救济难民,置地安排部分村民生产自救,解决生活、治病、丧葬和难童就学、膳食费用等。1940年新加坡当局严格限制汇款后,陈文确为了能继续汇款回乡,与陈村牧在信中密约,分别以他和两个侄儿、一个儿子的名字,多次按当局限定的款额,汇交陈村牧,用心可谓良苦。日本投降后,陈文确体恤集美村民八年的苦难,又汇回1000万元巨款,供村民医治战争创伤,重建家园的生产、生活之急需。

许友超,1900年出生于晋江,12岁随叔父渡菲律宾。"九一八"事变后,出任菲律宾国难后援会及马尼拉航空建设协会副主席、救国会主席。1932年代表菲律宾国难后援会、中华商会返闽考察,表示将动员菲律宾华侨人力、物力从事救乡,并愿牺牲自己利益服务地方。蔡廷锴将军为此深受感动,亲题"为国服务"相赠,同时推举许友超为思明市政筹备处处长。

林珠光,祖籍厦门禾山前埔,1901年出生于菲律宾,是菲律宾华侨、棉布大王林云梯四子。弱冠继承父业,1920年捐资12万银元,在家乡前埔创办"云梯学校",包括幼儿园、小学、初中和中等职业班。厦门沦陷,学校被迫停办,校舍被日军拆毁。1936年林珠光出资创建菲律宾第一支中华女子篮球队,率队到香港等地义赛,将全部门票收入,用于救济抗战伤病军人和难民。

张永福,厦门灌口人,1867年出生,15岁随父到南洋谋生。1908年参加中国同盟会。抗战期间,被国民党政府委任为中国航空建设协会直属仰光支会会长,被当地华侨推选为缅甸华侨公债劝募会主委及缅华救灾总会监察委员等职。张永福在国难当头之际,积极倡导捐输,支持祖国抗战,尽国民之责。日寇南侵后,其产业均遭敌摧毁,子女多人四处流散。张永福以风烛残年携眷经滇缅公路回国避难,终因不胜劳顿,于1942年5月10日,病故于云南楚雄县立医院,享年73岁。

郑螺生,1870年生于同安,幼年随祖父南渡马来亚怡保谋生,因热心公益，为侨胞排忧解难，遂为当地福建帮帮长。郑螺生初曾支持维新运动，后倾心民主革命，参加同盟会，1913年被英殖民当局驱逐出境回国，历任南京国民政府监察委员、侨务委员会委员。"九一八"事变后，积极参加抗日救国运动，曾驰书嘱其在南洋的儿子："日寇内侵，国难日亟，侨胞爱国，正在斯时。航空建设，尤为需要，快劝亲友，节衣缩食，集资后援。"全面抗战爆发，他返回马来亚，继续宣传抗日。

李振殿，1874年生于海沧，20岁赴沙捞越从商，早年加入同盟会。1928年，日军在山东虐杀我军民六千余人，制造"五三"惨案（济南惨案）后，李振殿被推举为"新加坡山东筹赈会"财政，积极进行募捐工作。"七七"事变后，又被推举为"新加坡华侨筹赈会"财政。"南侨总会"成立，当选为常务委员兼财政主任，直至新加坡沦陷前夕，才避居印尼苏门答腊岛。

苏知觉，1884年出生于灌口镇深青村一个私塾教师家庭。10岁时双亲病逝，15岁时随族亲到缅甸仰光谋生，积极参与华侨社会活动。后得曾营人曾婴资助，开设茶叶零售店。由于夫妻辛苦经营，茶叶店扩大为茶行，店号"宏益"，茶叶畅销新加坡、槟城等地。

抗战时期，苏知觉积极参加抗日救亡活动，支持缅甸各界华侨抗日进步团体——"缅华战时工作队"，为战工队募捐经费。1942年，苏知觉被汉奸出卖，为躲避日寇追捕，从云南边境逃回祖国，先后在永安、龙岩、连城等地居住。

颜世芳，1887年生于同安县渡船头村。18岁时南渡新加坡谋生，自创和成公司，业务蒸蒸日上，遂成大业。1929年，参与发起组织同安会馆。1937年，颜世芳任同安会馆第四届主席，积极投身抗战。1938年厦门沦陷时，会馆组织"救济家乡难民委员会"，由他兼任主席，发动乡亲踊跃捐款，救济故乡难民，连续坚持到1941年为止。

曾江水，祖籍厦门，出生于马六甲，是20世纪20年代马六甲橡胶业的首富，曾捐巨款支持厦门大学、厦门中山医院等。抗日战争爆发后，他带头购买战时公债，呼吁华侨、马来人、印度人支持中国抗战。太平洋战争爆发后，携眷回国，抗战前夕病逝。

曾顺续，厦门灌口西滨村人，1893年出生。17岁南渡槟城，翌年转往缅甸经商。八年抗战期间，他积极参加缅甸华侨爱国救亡运动，抵制日货，推销公债和发动募捐等。

孙炳炎，1912年生于集美孙厝。1926年，从陈嘉庚先生创办的乐安学

第六章　厦门籍华侨投身抗战

校高小毕业后就到新加坡谋生。"七七"事变后，南洋华侨掀起了抗日救国的热潮。1938年，孙炳炎满腔热血，参加了陈嘉庚先生组织的南侨筹赈总会，并被推举为芽笼区分会主席。孙炳炎以爱同学校为办事处，积极组织义卖、义演等活动，大力宣传抗日救国道理，募款支持国内抗战。1942年2月，新加坡被日寇占领。因孙炳炎在此之前参加了筹赈会，在社会上有一定的名望，自然成为日寇宪兵搜捕的对象。孙炳炎东躲西避，不愿事敌。1960年，孙炳炎当选为新加坡中华总商会副会长。日寇占领马来亚期间，屠杀了成千上万无辜人民。战后，中华总商会历届董事会都为追讨血债不遗余力，孙炳炎提出坚持要日本赔款，以昭彰正义，慰藉受难者家属。

此外，马来亚诗巫华侨筹赈会主席、海沧人周玉麟，四处奔走呼号，筹款募捐，支持祖国抗战；禾山卢厝人郑为仁被选为马来亚丁加奴州筹赈会主席后，夙夜匪懈，积极为筹赈操劳忙碌。

第二节　前线敌后征战　英勇报国

一、开辟第二战场，功被南洋

"菲律宾华侨抗日游击支队"，简称"华支"。菲律宾沦陷期间，广大侨胞同仇敌忾，与菲律宾人民并肩作战，于1942年5月19日成立"华支"，并取新四军的"四"字和八路军的"八"字作为支队番号，正式编为菲律宾人民抗日军第四十八支队，表明菲律宾华人发扬毛泽东的人民抗日武装力量的顽强精神，以及在海外开辟第二战场的决心。在艰苦的斗争环境中，"华支"从小到大，越战越勇，从最初的52人发展到下辖6个大队700多人，像一把尖刀狠狠地插入日本占领军的心脏地区，给敌人以沉重的打击。"华支"队伍中，有一部分厦门籍菲律宾华侨，如吴伯谦（后任"华支"退伍军人总会会长）、陈定、洪如萍、王纯流、陈振佳，还有协助军统特工张圣才在菲律宾从事抗日情报工作的王双游和王明爱。

周淑逊，厦门人，抗战前到新加坡谋生，充任华侨中学教职，抗战爆发后投身侨界抗敌救国运动。当时新加坡甘马挽龙运埠有处日商拥有的铁矿，为日寇输送战争物质。周淑逊等华侨深入矿区，向在那里工作的华工宣传抗日，鼓动华工罢工、离职，不为日本侵略者生产军火原料。周淑逊的宣传鼓动，激发了华工的爱国热情，三千多名华工离开岗位下山，迫使该矿停止开采。此事在国际引起轰动，当地报纸以《周淑逊轻启朱唇，华

华支退伍军人总会会长吴伯谦　　　　华支队员洪如萍

华支所属抗日菲华游击队队员合影,左二为鼓浪屿华侨王纯流。

第六章　厦门籍华侨投身抗战

左图为协助张圣才在菲从事抗日情报工作的王双明和王明爱。
右图为华支队员陈定，曾居住于鼓浪屿。

华支队徽

厦门籍华侨肖东等在菲律宾宿务成立抗日组织民族解放社

工三千大受激动》为题报道了此事。

林谋盛,1909年出生于福建南安县,其父林路乃新加坡著名的建筑商。林谋盛幼年居鼓浪屿田尾,曾在英华书院读书,16岁南渡新加坡,毕业后转读香港大学商科。1929年其父病故,林谋盛遂辍学回新加坡继承家业。

"七七"事变后第二年,陈嘉庚先生在新加坡成立"南侨总会",林谋盛积极响应,并被选为该会的交际股主任,协助陈嘉庚先生开展抗日宣传、募捐和义演等工作。在此期间,他和庄惠泉等人还发动了马来亚"龙运铁矿"3000多名华工集体罢工、离职的胜利斗争,当年路透社曾向全世界报道该事件,称其为抗战期间日本帝国主义在南洋所受到的一次最惨重的损失。继而马来亚的峇株日本矿山也爆发华工罢工事件,厦门籍华侨张开川是罢工运动的主持人之一。日寇占领马来亚后,对张开川进行疯狂的报复,将其全家男女老少7人杀害,连佣妇也不能幸免。林谋盛、张开川等为祖国伟大的抗战事业付出巨大的牺牲,但日本矿山华工罢工的胜利,影响很大,显示了华侨团结抗敌的无穷力量。

林谋盛还以建筑商公会的名义大力支持"锄奸团"、"后援会"的爱国

行动，营救爱国华侨青年。陈嘉庚先生组织"新加坡华侨抗敌总会"，林谋盛被推为该会执委兼劳工服务团主任。日寇把"林十一"（林谋盛兄弟排行第十一）视为眼中钉，将其列为"最危险的抗日分子"。

1942年，东南亚盟军总部决定开展收复星马地区的敌后工作，林谋盛挺身参加这项危险而光荣的行动。他给爱妻的遗嘱这样写道："我非不知此中之危险，然我既以身许国，负斯重任，必当尽力促使成功。"

1944年3月，林谋盛不幸被日本侵略者逮捕，6月29日，林谋盛壮烈就义，时年35岁。抗战胜利后，林谋盛的忠骸运返新加坡，途经怡保、吉隆坡等地，当地群众纷纷执绋设祭，新加坡英国当局在风光秀丽的麦里芝蓄水池畔为其建墓，社会各社团举行隆重的公祭。1954年，新加坡人民在政府大厦前为他搭建塔碑，以示永远的怀念。

二、回国投身抗日，文才武略

"南洋华侨机工回国服务团"，简称"南侨机工"，由风华正茂的南洋华侨子弟组成，他们都经受过严格军训，穿正式军装，是无军阶、军衔的运输兵。1939年，中国沿海港口全部被日寇占领或封锁，滇缅公路成为抗战前线获得战略物资保障的唯一国际通道，但当时国内奇缺驾驶员和修理技工。1939年年初，"南侨总会"发出招募汽车司机和机修工人回国服务的通告，不到10天，应募者几百人，2月上旬开始分批启程回国。据统计，到1940年11月，经"南侨总会"组织回国的机工前后共有9批3200多人，其中林来福、王志成、许成瑞、洪华民、李荣竹、庄霖助等不少厦门籍华侨也加入到这支抗日队伍。他们将美国援华军火由滇缅公路运入中国，保障了抗日军需；将中国的桐油、矿产运至缅甸仰光，出口美国，为战时的中国政府增加了财政收入。由于滇缅公路沿途山高谷深，地势险恶，道路崎岖，有1000多人因战火、车祸和疫病为国捐躯。正是有了"南侨机工"这支神勇的华侨运输队，用生命确保滇缅公路畅通，运送了近50万吨的军需物资，使其成为中国西南的国家通道——抗战的"输血管"和"生命线"。

此外，在回祖国前线服务的"越南华侨归国服务团"和"缅甸华侨回国医疗队"，也有不少厦门籍的华侨，如陈中民、郭文简、洪一鸣、彭垂溪和陈金城等十多人。

黄登保，1918年出生在厦门禾山祥店村一个华侨家庭，就读于鼓浪屿英华学校。15岁时漂洋过海到菲律宾投靠父亲。

1937年抗日战争全面爆发，黄登保先在菲律宾参加抗敌后援会，后又带着一腔中华儿女的青春热血，回到祖国，投身抗日救亡事业，于1938年6月抵达延安，在陕北公学学习。

陕北公学毕业后，黄登保急于上前线，申请上了抗日军政大学。到了毕业分配时，组织上为了照顾华侨，把他分配到后勤部门。黄登保坚决要求到抗战前线的作战部队，加入新组建的八路军总部炮兵团，从此与火炮结下了不解之缘。

黄登保在"百团大战"和反扫荡斗争中，表现英勇，历任炮兵班长、排长，一直到团长、师参谋长。1944年，延安炮校成立，黄登保任二队队长。抗战胜利，他随炮校校长朱瑞赶赴东北，收缴日本关东军的大炮，着手组建我军新的炮兵部队。新中国成立后，曾任炮兵副司令员。

何葆仁，1895年出生于厦门何厝，1905年到新加坡读书，13岁回国。1920年，从复旦大学毕业，赴美国华盛顿大学、伊利诺大学深造，获政治经济学博士学位。1924年，回上海复旦大学任政治经济系教授。翌年，任新加坡华侨中学校长。抗战爆发后，从事抗日救亡运动，担任"南洋华侨筹赈总会"常务委员。抗战时期，何葆仁致力于抗日工作，周旋于陈嘉庚、胡文虎之间，促使他们为抗日而合作。新加坡失陷后，何葆仁携家人回到重庆，参与祖国抗战工作，并注意维护当时的归侨战时生活。抗战胜利后，回厦门出任福建经济建设公司常务董事兼副总经理。1949年秋，重返新加坡经商。

李文陵，泉州人，1916年出生，19岁在新加坡谋生，曾参加"救国联合会"、"工人救国会"等团体。1937年年底参加"南洋中华民族解放先锋队"，1940年被驱逐回国，即赴新四军苏中抗日根据地参加抗日队伍。1956年，当选厦门市市长。

蒋才锐，祖籍翔安新店澳头村，1920年10月出生于新加坡，9岁时随家回国，在澳头村私立觉民小学续学。小学毕业后考入集美中学，后因家贫中途辍学。

抗战时期，金厦沦陷。澳头与金厦一水相隔，为保卫家园，免遭敌人骚扰，澳头30多名村民组织起壮丁义勇队，配合驻军坚守海防。其时蒋才锐任义勇队副队长，1938年秋，调任马巷抗敌后援会干事，筹办剧团下乡演出抗战剧目，并组织歌咏队，担任队长，带领人员每日黎明沿街呼口号，唱抗日歌曲，号称"晨呼队"，以唤起民众奋勇抗日。抗战胜利后，蒋才锐南渡新加坡，发动旅新澳头乡亲组织"鳌东同乡会"，募资复办被日寇炮火

炸毁的觉民小学等公益事业。

第三节　李林双枪杀敌　芳韵永存

抗日女英雄李林，原名李秀若，1915年生，祖籍福建龙溪（今漳州龙海市）人。3岁就随养母侨居印尼，1929年回国，就读于厦门集美中学，受革命思想熏陶。1933年就读上海爱国女中，积极参加学生抗日救亡运动，参加了"抗日救亡青年团"，写下了"甘愿征战血染衣，不平倭寇誓不休"的誓言。1936年李林参加革命，加入中国共产党，参与创建雁北革命根据地，抗击日军。1937年卢沟桥事变爆发，李林要求到前方杀敌，被派到大同，任牺牲救国同盟会大同中心区委宣传部部长。后随晋绥边区工作委员会到雁北抗日前线，宣传和组织工人、农民、学生参加抗日武装，组织开办训练班，编写军事、政治教材，亲自授课。同年11月，任雁北抗日游击队第八支队队长兼政治主任，率部与日伪军展开斗争，开辟抗战新区。1938年春，李林改任整编后的独立支队骑兵营教导员，率部驰骋雁北、

李林（前排右二）1940年在临县参加祝捷大会

绥南与日伪军作战,奇袭"长流水"据点,扫荡洪涛山区,突破岱岳镇。同年秋,任中共晋绥边区特别委员会宣传部长,兼管边区地方武装。1939年3月参加阎锡山在陕西宜川秋林镇召开的晋绥军政民高级干部会议,同国民党顽固派进行了针锋相对的斗争,以铁的事实和亲身经历,讲述八路军和山西新军深入敌后,出生入死,打击日伪军的英勇壮举。阎锡山曾亲自派人向她施以威逼和利诱,李林不为所动。1939年9月,面对日伪军第七次快速扫荡,李林率领骑兵连,运用"调虎离山"的计谋,奇袭日军岱岳镇据点,迫使日伪军回援,解除了扫荡危机,保卫了雁北党政机关首脑。1940年4月,日伪军集中1.2万兵力,对晋绥边区进行"扫荡"。26日,晋绥边区特委、第十一行政专员公署机关和群众团体等500余人被包围。为了掩护机关和群众突围,她不顾怀有3个月的身孕,率骑兵连手握双枪骑马勇猛冲杀,将日伪军引开,自己却被围困于小郭家村荫凉山顶。在腿部和胸部多处负伤后,仍英勇抗击,毙伤日伪军6人。被日伪军包围后,她宁死不屈,用最后一发子弹射进喉部而牺牲,年仅25岁。

刊登中共中央妇委会悼词和李林遗书的《中国妇女》杂志

第四节 凌云钢刀翻飞 空军战士

陈镇和,出生于印尼雅加达,12岁时回到鼓浪屿英华书院读书。1926年考入上海国立暨南大学,在校期间,品学兼优,酷爱体育,是上海市队和国家足球队的主力之一。他代表中国参加第九、十届远东运动会,并两次获得冠军。1936年8月间,第11届奥运会在德国首都柏林举行,陈镇和作为中国足球队左前锋参赛,这也是中国足球队首次参加奥运比赛。

1932年,"一·二八"淞沪抗战爆发后,陈镇和毅然投身抗日,前往中央航空学校学习战斗机驾驶。期间作诗一首,表达了抗日救国的壮志豪情:"男儿莫惜少年头,快把钢刀试新仇。杀尽倭奴雪旧耻,誓平扶桑方罢休。"

第六章　厦门籍华侨投身抗战

抗战爆发时，陈镇和已是空军飞行中队长，担任保卫南方海岸线的防空任务，在抗击日寇的战斗中屡立战功，还曾因所在中队在广东战区击落日军四架敌机而获嘉奖。1937年11月24日，中国空军对入侵长江江阴河面的日军运输舰实施轰炸，陈镇和所驾201号战斗机被日军炮火击中，陈镇和驾机撞沉日舰，日寇多人死伤。厦门《华侨日报》刊载消息后，厦门体育界为他

陈镇和

举行追悼会。后经核实，陈镇和临危不惧，机智跳伞脱险，重返空战前线。后来，国民政府从苏联处接收一批新型战机，陈镇和被派往新疆接收新机。1941年1月，陈镇和驾驶第一批苏联战机从新疆飞回成都基地，在接近兰州战区进入星星峡时，天气突变，刮起大风，不料操纵系统又突然失灵，飞机急速向地面俯冲，并在瞬间坠毁，陈镇和不幸牺牲，年仅35岁。

桂汉民，菲律宾著名爱国侨领桂华山先生长子，毕业于美国设在马尼拉的"远东国际航空训练所"。由于从小受到父亲"男儿当保家卫国"的谆谆教导，1935年他回国成为一名翱翔天空的空军飞行员。

1937年，桂汉民参加了中日空军在华东战场上的第一次空中对决——"八一四"空战。此役，他与队友密切配合、英勇作战，共击落日机29架，并迫使日军战役指挥官航空联队队长石井义切腹自杀。1939年，桂汉民被任命为江西赣州"唐江"航空站站长。1942年被任命为韶关航空站站长，其间，因工作出色，获广东省国民政府致信慰问，并获"华侨之子"称号表彰。1944年年初，根据中美联合抗战需要，他被调往广西桂林机场工作，不久重披战袍被编入中国空军作战大队，参与对日军作战。抗战期间，他曾亲自击落日机三架。1945年日本投降后，被委任为"三灶航空站"站长，奉命接管三灶机场。

刘领赐，菲律宾华侨，小时候回国在厦门双十中学念书。酷爱运动，曾作为中国田径代表队参加远东运动会。抗战前，曾在菲律宾华侨创办的厦门五通民用航空学校学习，后转学毕业于广东航空学校。抗战爆发后加入空军，多次参加杭州、南京和长江沿线保卫祖国领空的战斗，打伤过敌机。1938年8月3日，他在武汉空战中击落敌机一架，荣获金质的蓝星奖

章。

第五节　战时后方保障　科技支撑

叶渚沛，厦门人，冶金学家，中国科学院学部委员，是中国化工冶金学科的奠基人。1902年10月6日生于菲律宾马尼拉一个华侨家庭，留学美国，获金属物理化学博士。1933年，叶渚沛在德国考察，谢绝留德邀请，于年末回到多难的祖国。

回国后，叶渚沛任国防设计委员会化学专门委员，建立冶金研究室，担任室主任。"七七"事变后，该室随南京国民政府迁到武汉。1938年3月，新西兰社会活动家路易·艾黎陪同加拿大医生诺尔曼·白求恩前来叶家拜访。白求恩不远万里来到中国，但在途中医疗器械等全部丢失。叶渚沛当即拿出自己全部积蓄，并向朋友募捐，为白求恩置办了行装和医疗器械，送他前往延安。1939年，叶渚沛随冶金研究室撤至重庆。他除担任原职外，还兼任重庆炼铜厂厂长和电化冶炼厂总经理等，领导技术人员与工人生产了抗战急需的电解铜。

叶渚沛同情和支持八路军、新四军，为此，曾为3S（史沫特莱、斯特朗、斯诺）协会捐款，并通过斯诺把捐款送到延安。他单独资助过一些青年奔赴延安，还常常利用自己的住宅和所管辖的工厂掩护共产党地下工作人员。1941年皖南事变后，叶渚沛受共产党委托，为周恩来与英国使馆代办安排了一次秘密会晤，使共产党通过外交途径向西方国家说明了皖南事变的真相。国民党对叶渚沛的"越轨"行为有所察觉，派特务盯梢。在处境危险的情况下，他于1944年以考察名义到欧美各国进行工业考察，直至新中国成立后，才得以偕妻子与子女回到祖国。

林可胜，厦门大学第二任校长林文庆的长子，祖籍厦门海沧区鳌冠村，在新加坡出生、成长，抗战时回国。他是中国现代生理学的奠基人，也是蜚声国际的生理学家，更是一位赤诚的爱国主义者。

"九一八"事变和"一·二八"事变期间，林可胜毅然只身回到武汉，组织中国红十字总会救护队，赴热河、上海前线救治伤员。随着战争的发展，鉴于战争的持久性和医护人员的紧缺，他在贵阳图云关创设救护总站，除办战时卫生人员训练所和训练示范病房以培养战地医护人员外，还附设药品及医疗器械制造厂。由于他的国际声望，救护总站得到国际进步团体、个人以及爱国华侨的广泛支持，得到宋庆龄领导的保卫中国同盟的大力支

第六章　厦门籍华侨投身抗战

援和帮助。1938年10月长沙大火后，大批伤病员涌向后方，由于卫生条件差，大多数官兵患有皮肤病，痛苦不堪。当时林可胜正移驻湖南祁阳，他把大汽油桶改装成锅炉，设置成简易灭虱治疥站，在56个后方医院施行，疗效显著，深受官兵的欢迎。1940年夏，林可胜亲率医师行走70天，深入各战区考察军医设施，拟定"水与污物管制计划"，从而减少了军队的传染病，增强了部队的战斗力。著名爱国华侨领袖陈嘉庚于1940年率领南洋华侨慰劳团回国慰问，对林可胜专心任职及其"努力之精神"极其赞许，主动应承逐月由南侨总会捐助1万元给救护总站。1942—1944年，林可胜奉命随中国远征军到缅甸，任中缅印战区司令官史迪威将军的医药总监。在这期间，由于战况紧张，他经常每日工作16个小时，身心交瘁。多次得到中国政府的嘉奖，以及美国总统两次授勋。

周寿恺，厦门文化名人周殿薰之子，出生于厦门，北京协和医学院博士。他知识渊博，除了医学上的成就外，在自然科学和社会科学方面也有高深的造诣。1937年，抗日战争爆发，他毅然离开协和医学院，以满腔热情投身抗日救亡运动，先后担任过中国红十字会救护总队部内科指导员、战时卫生人员训练所内科主任。其夫人黄萱，是黄奕住的四女，跟随丈夫到贵州图云关开展救护工作，赢得赞许。

第六节　秉笔当剑杀敌　文化义士

黄素云，出生于厦门，是厦门同盟会委员黄瑶山的女儿，因生长在爱国志士家庭，从小就受爱国思想熏陶。她在集美女子师范求学时，就曾率领同学参加纪念国耻日示威游行，沿途领队高呼"打倒日本帝国主义"的口号。1927年移居新加坡，虽身在海外，仍心系祖国。"九一八"事变后，积极发动当地华侨妇女参加筹赈工作，倡议义演，亲自登台，将义演收入全部转交陈嘉庚组织的"筹赈祖国难民总会"。黄素云的义举，在新加坡华语话剧史上，留下浓墨重彩的一笔。

丘廑兢，生于1888年，早年加入中国同盟会，在厦门秘密活动，曾担任厦门《民国日报》副经理，厦门双十中学总务主任。"七七"事变后，丘廑兢携子南渡缅甸仰光，被聘为《中国新报》经理，宣传抗日，先后担任缅华抵制日货委员会委员、缅华救灾总会理事、缅华青年救亡"六联团"（即救亡宣传工作团、学生联合会、救亡工作者联合会、缅华妇女协会、店员联合会、缅华总工会）主席，并直接参与、领导救亡宣传工作团的工作。

1941年以纪念"一·二八"淞沪抗战9周年的名义,组织了19个侨团在仰光福建观音亭广场举行盛大纪念会,向广大华侨宣传坚持抗战、反对投降、坚持团结、反对分裂、坚持进步、反对倒退的主张;同时以大会主席的名义领衔通电重庆国民政府,表示拥护抗日统一战线,枪口对外,一致抗日。同年6月,苏德战争爆发,丘廑兢起草宣言书,反对德国法西斯进攻苏联。太平洋战争爆发后,日军占领缅甸,丘廑兢回国,在海沧组织海澄归侨产销合作社。

林惠祥,1901年出生,1926年毕业于厦门大学文学院社会系,旋赴菲律宾大学研究院深造,获人类学硕士学位,曾任厦门大学历史社会学系教授兼系主任。抗战爆发后,林惠祥避居槟榔屿,任钟灵中学校长,曾发起"寒衣捐",支持抗日。后为躲避日寇迫害,往新加坡以种植业为生,并出任陈嘉庚的秘书,协助陈嘉庚编撰《南侨回忆录》。1947年回厦门大学任教。

杨新容,1907年出生,就读于集美学校师范部,曾在海澄和厦门等地的小学任教,1934年前往印尼。抗战初期,杨新容参加雅加达华侨的抗日救亡运动,并三次募款,汇交八路军驻广州办事处。1941年日军南侵前夕,他和詹倍等人发起组织"文化先锋队",发动侨校教师、店员、学生宣传抗日和开展募捐;并以"文化先锋队"为基础,建立"民族解放大同盟"(后改名为"抗日民族解放大同盟"),被推举为总支部书记。1953年回国,曾任厦门市侨联副主席。

陈桂琛,近代厦门文化名人,曾任同文书院教务主任。1937年6月,陈桂琛应菲律宾宿务中华中学之聘,前往教授国学,不久,改任古达磨岛中华中学教员。"七七"事变后,陈桂琛虽身居海外,却时刻关注祖国抗战形势。每当报上战讯传来,他即剪下,并以诗纪事,刊诸报端,积成近百首,对战事发生的地点、时间、概况都有详细的附注。这对唤起侨胞同仇敌忾、奋起抗日的情绪,收效甚大。抗战时期,他的诗篇每诗有注,每集有序,抨击日寇暴行,反映百姓苦难,歌颂志士壮举,揭露汉奸嘴脸,构成一部华侨抗战编

陈桂琛

第六章　厦门籍华侨投身抗战

年诗史。1941年6月6日，陈桂琛等29位华侨在菲律宾因不愿与日寇合作，资助抗日游击队，被日军拘捕，严刑拷打后，于翌日被杀害。抗战胜利后，菲律宾侨界在其罹难的古岛百雅渊树立"华侨廿九义士碑"。

张楚琨，早年侨居新加坡，后在上海公学大学部就读法律。1931年参加上海反帝大同盟，积极投身抗日救亡运动。1937年再赴新加坡，任新加坡《南洋商报》副刊主编兼评论员、南侨总会支援抗日回国慰问团秘书、中华民族解放先锋队南洋总队部宣传部部长。1939年以《南洋商报》特派员和驻重庆记者的身份，回祖国报道抗战情况，在国际上发表大量战地通讯，采访到国共双方高级将领和政治领袖，包括董必武、周恩来、叶剑英、叶挺等人。1946年，协助陈嘉庚在新加坡创办《南侨日报》，出任董事总经理。同年加入中国民主同盟，任民盟新加坡分部主任委员。1948年年初，用运输船和登陆艇，向山东解放区运送大量军需物资。著有《滇缅公路考察记》《南北战场印象记》《峥嵘岁月》等书，主编有《回忆陈嘉庚》。

马寒冰，1916年生于海沧霞阳村，少时在鼓浪屿英华中学就读，曾组织"天竹文艺社"，主编《天竹月刊》和厦门《华侨日报》的《天竹》文艺副刊。1937年6月到缅甸，先后任《仰光日报》编辑、《兴商日报》总编辑。抗战爆发后，担任"缅甸华侨文艺界救国后援会"的宣传工作。1938年回国，入陕北公学学习，不久加入中国共产党。

抗战期间，马寒冰参加八路军文艺工作队，后调军委卫生部工作，陪同印度援华医疗队到太行、晋鲁豫、冀中、晋察冀、晋西北等根据地工作。抗战胜利后，被调到军调处执行小组工作。后任三五九旅王

马寒冰

震旅长的秘书，一直随军南征北战。部队进入新疆后，担任新疆军区文化部长兼中共新疆分局秘书长。新中国成立后任解放军总政文化部文艺处长，1957年7月7日逝世。主要作品有《中原突围》《尼罗河畔》，还是歌曲《新疆好》《我骑着马儿过草原》的词作者。

高云览，在"七七"事变后赴南洋地区教书，任马来亚麻坡中华中学教务主任，常为《南洋商报》投稿，并参加马来亚共产党领导的"抗敌

后援会"的活动。1939 年春以新加坡《南洋商报》特约记者身份，与该报编辑张楚琨（1955 年 5 月至 1956 年 12 月任厦门市人民政府副市长）一起到抗战前线采访。回新加坡后，高云览写了《抗战中的祖国》系列报道，向广大华侨宣传抗战必胜，更加坚定了华侨支援祖国抗战的信心和决心。1940 年曾随华侨领袖陈嘉庚组织的"南洋华侨回国慰问团"回国访问，返新加坡后发表大量报道。太平洋战争爆发后，参加新加坡文化界组织的"战时文化工作团"。日本占领马来亚后，他与一些抗日的文化人撤至苏门答腊岛，以经商为掩护，继续从事抗日活动。

柯朝阳，1894 年出生于同安内厝乡，16 岁赴南洋槟榔屿谋生，后转赴新加坡经商发展。"九一八"事变前后，柯朝阳回国在上海经商，全力支持留日归国学生创办《现实周刊》，宣传抗日。抗日战争爆发后，柯朝阳由沪返新加坡，出任《南洋商报》经理，积极参加陈嘉庚领导的南洋华侨筹赈祖国难民总会的工作，支持抗日。日本投降后，柯朝阳在新加坡与友人合办《新民主报》，出任经理。因抨击蒋介石政权及殖民政府，翌年初，与主编陈如旧一同被英殖民政府逮捕入狱。后为陈嘉庚保释，1955 年回国。

陈曲水，1902 年出生，毕业于集美师范学校。1929 年前往菲律宾怡朗华商中学任教。1935 年，他在怡朗发起组织国防剧社、华商少年剧团，宣传抗日救亡。1936 年倡组"怡朗华侨救亡协会"，担任执委、主席，主编当时菲律宾南岛唯一的进步刊物《民族斗争》半月刊。1938 年年初，推动成立"怡朗华侨妇女救国会"，并积极募捐、筹资，支持抗战。太平洋战争爆发后，改任宿务区委宣教委员，进行抗日反奸活动。1943 年 9 月，调任马尼拉菲共华侨委员会的统战工作委员会书记，同时主编、出版《华商公报》。抗战胜利后回国，曾任福建省、厦门市侨联名誉主席等职。

白刃，原名王寄生，晋江人，1918 年出生，14 岁赴菲律宾谋生。1935 年在马尼拉华侨中学读书，任该校"人人日日抗日救国会"的常委，参加编辑《救国月刊》，并曾在该刊物发表揭露汪精卫勾结日寇的文章。1937 年回国，前往海南岛。"七七"事变后，白刃到南京报名参加战地服务团被拒，回到厦门就读集美学校初中三年级，1938 年奔赴延安，进入抗日军政大学学习。在太行山，白刃在校宣传队工作，宣传抗日救国道理，动员群众支援八路军粉碎日伪的围剿。1939 年，白刃从抗大毕业，成为随军新闻干事，以"白刃"的笔名发表战地通讯。新中国成立后，白刃以其回国投身抗战的不平凡经历，创作出版了的《白刃小说集》《白刃剧作选》《战斗到明天》《南洋漂流记》等。

第六章　厦门籍华侨投身抗战

活跃在抗日宣传前线的还有新中国成立后的中国侨联秘书长王雨亭、新华社代社长王唯真等。王雨亭，1908年赴马来亚谋生，1923年曾回厦协助恢复《民钟报》，后在菲律宾创办《前驱日报》，任总编辑，号召菲律宾华侨起来反对日本帝国主义的侵略。1937年后担负菲律宾华侨抗敌后援会宣传工作，募捐支持抗战。王唯真是菲律宾归侨，抗战爆发后回国，赴延安参加抗日。

回到祖国抗日战场采访的华侨新闻工作者中，还有曾经在厦门大学就读的菲律宾《华侨商报》记者、南安人张幼庭，新加坡《星洲日报》记者、同安人李大华等。张幼庭在湖北蕲春县采访时遇敌机空袭，以身殉职。

王雨亭

第七节　坚守民族气节　威武不屈

陈楚楠，厦门禾山人，1884年出生于新加坡，中国同盟会新加坡分会在"晚晴园"成立时被推举为会长，被誉为"南洋革命党第一人"。抗战时期，陈楚楠拒绝南京汪伪政权的拉拢，不任伪职，且在"晚晴园"重修落成时致辞，希望侨胞重振革命精神，协助祖国，驱除敌寇，恢复失土，可见其立场之坚定。

桂华山，晋江安海镇人，1896年生。早年受其父熏陶，倾向革命，参加辛亥革命和反帝运动。1918年南渡菲律宾马尼拉市，与侨乡合资开办中华商业有限公司，自任董事长兼经理，大力推销国货，业务大有发展。20世纪20年代后期，投资厦门市政建设。

抗日时期，桂华山被推选为"菲律宾华侨反日会"执行委员。1938年厦门沦陷，菲律宾总商会发起救济家乡难民运动，桂

桂华山

华山被推选为代表,赴香港与胡文虎共商救济逃难同胞事宜。回马尼拉后,又被推选为菲律宾华侨援助抗敌委员会常委,兼负责经济组、组织组具体事务,开展募捐活动,发动侨胞支援祖国抗战。

1941年12月,日本入侵菲律宾后,因爱国反日,被日本宪兵拘捕入狱,在狱中坚贞不屈,被敌人判处20年徒刑。抗日胜利后,桂华山回到上海发展实业。

洪晓春,1865年出生,同安马巷窗东乡人,是厦门工商业者中的知名爱国人士。抗战时期,洪晓春参加厦门各界抗敌后援会,被选为劝募部部长,带头捐献以带动民族资产阶级输财救国,支援前线。厦门沦陷时,他已74岁高龄,因不愿当日本顺民,搭乘开往菲律宾的"丰庆轮"离开厦门。他看到船上难民生活困顿,若去菲律宾路途遥远,恐难济燃眉之急,遂与船长商量改往香港。洪晓春发电香港福建商会、同乡会,请同乡帮忙设法安置难民。果然,船抵港后,这些难民得到妥善安排,免于流离失所。但到了香港,由于洪晓春在厦门深孚众望,日寇妄图加以利用,派华南区特务首脑泽重信专程赴港,威胁利诱,劝他回厦当日伪政权的"维持会会长"。洪晓春坚贞爱国,断然拒绝。泽重信威胁他:"洪先生尚有妻儿留在厦门,你不回去对他们很不利。"洪晓春淡然回答:"人在你们手里,你们想怎么办就怎么办吧!"泽重信见威胁利诱不成,三番五次来纠缠,洪晓春遂离港赴越,继而转赴马来亚马六甲。流亡期间,知妻儿去世噩耗,强忍悲痛,不肯回乡为敌所用。1942年日寇占领新、马。洪晓春被捕,关进集中营,仍绝食拒回厦事敌。因其年近八旬,身体虚弱抱病,虽日寇多次动员劝降,仍坚持民族气节,毫不动摇。日伪又耍诡计,要他在"悔过书"上签名即可获释,洪视死如归,直斥敌人"无过可悔"。直至日寇投降,洪晓春才回到厦门,受到社会各界热烈欢迎。1947年,国民政府颁给洪晓春"忠贞爱国"匾额。厦门市将洪本部街改名为"晓春街"。

薛芬士,祖籍厦门安兜,1883年生

洪晓春

第六章　厦门籍华侨投身抗战

于菲律宾马尼拉，7岁回国念书，21岁返菲。

抗战爆发后，菲律宾侨胞成立抗敌后援会，薛芬士任副主席，为筹募抗日救国捐款而奔忙。日军侵占菲律宾后，他与其弟薛敏佬等42名爱国侨领被拘押一年多，后日军将其释放，要任命他为伪华侨协会会长。薛芬士坚决不接受，出狱后即携家属避居北吕宋岛附近的富加岛，直到抗战胜利，才由美军派直升机接回马尼拉。

蒋骥甫，1862年出生于同安县马巷下澳头村（今翔安区新店镇澳头村），15岁家贫辍学，南渡新加坡谋生。后与陈嘉庚合创橡胶园，自办橡胶厂，与人合资创办新加坡大华银行，发起组织新加坡同安会馆。

抗战爆发后，积极参加陈嘉庚领导的南侨总会发起的各项筹赈救亡活动。蒋骥甫还特地汇款回家乡，为壮丁义勇队购置军械，配合当地驻军抵抗占领厦门岛的日军的骚扰。日军侵占新加坡后，蒋骥甫不甘效敌，乃皈依佛门，息影家园，于1944年逝世，终年82岁。

黄士琰，祥店人，14岁入厦门官立中学堂。后被聘往马尼拉经商，时为《新闻日报》撰述，历任中华总商会、华侨抗敌后援会执行委员及文书主任等职。马尼拉沦陷后，两会诸委员均名列捕牒，好友都为他担心，黄士琰却谈笑自若，殉国之志坚定："我国抗敌数年，输热血、掷头颅者，难更仆数。杀身成仁，独予乎哉，胡戚之为？" 1942年3月黄士琰外出时被日寇逮捕，数月间渺无消息，生死不明。后被敌军事法庭判处20年徒刑，1943年3月殁于狱中，年未满五十。弥留时，黄士琰犹诵"王师北定中原日，家祭无忘告乃翁"句。家人得噩耗，即向敌宪兵部领遗骸。黄士琰赤足卧板上，骨瘦如柴，满面污垢，见者无不泪下。

李登辉，同安人，1872年生于印尼，1891年赴英国求学，后获耶鲁大学文学学士学位，成为该校第一位中国毕业生。1904年回抵上海，后任复旦公学校长、复旦大学第一任校长，支持学生参与五四运动。"九一八"事变后，复旦师生赴南京请愿，呼吁当局出兵抗日，李登辉校长撰文怒斥当局因循误国，语极沉痛。复旦爱国学生运动高涨，成为上海反日救国运动的中心。1936年8月，李登辉被迫辞职。抗战时期，复旦大学内迁，李登辉年老力衰，留在沪租界继续办学，以复旦大学补习班名义，坚持不教日文，不向敌伪注册，不受敌伪补助，不受敌伪干涉，保持了民族气节。

黄望青，1913年出生，祖籍同安，世居鼓浪屿，就读养元小学、英华中学、同文中学和厦门大学。1935年远渡缅甸仰光谋生，后抵新加坡。抗战期间，黄望青积极投入新加坡抗日运动。他大力宣传，广泛动员，多方募捐，有力地配合陈嘉庚先生主持的筹赈救国和南洋机工回国运动。1938年7月，黄望青当选为马来亚抗敌后援会五常委之一，进一步担负起抗战的重任。1938年夏，黄望青辗转到槟城任报社编辑，同时担任马来亚抗敌后援总会驻"北马"三州代表，领导三州的抗日救亡运动。1941年5月，黄望青被对日绥靖的英殖民当局逮捕，后因太平洋战争爆发获释。此后新马抗日转入游击战，由于最高领导人叛变，1942年，黄望青落入日军魔掌，直到抗战胜利才重获自由。

黄望青

孙世品，厦门玉屏中学毕业，在厦当过教员，后赴菲律宾任教，宣传抗日。太平洋战起，日军占领马尼拉，传讯孙世品三次。孙世品避往他地仍被拘，忠贞不屈，1944年被害。他的弟弟孙世赏，双十中学毕业，曾任厦门市公安局督察兼消防总队副队长，在菲律宾马尼拉中西学校当童子军教练，主张抗日救国。日军入侵菲律宾后，饬捕甚急，亦被拘，调充苦役，不屈不挠，为国牺牲。

总之，在世界反法西斯战争中，厦门籍华侨中涌现了许多感人肺腑的爱国爱乡事迹。虽然时隔70多年，作为当年中华民族救亡图存和世界反法西斯战争中的一支重要力量，华侨所建立的丰功伟绩，仍在世界反法西斯战争史和中国抗战史上闪闪发光，并不因岁月的流逝而逊色，在厦门乡亲们的脑海里，留下不可磨灭的记忆，值得我们永远缅怀与称颂。

第七章　台胞在厦门的抗日复土运动

自从 1895 年日本占据台湾以后，不愿受日本殖民者奴役的台湾同胞，前仆后继地开展抗日复土运动。1937 年日本发动全面侵华战争后，秉持着"欲救台湾，先救祖国"的信念，超过 5 万名台胞前仆后继奔赴祖国大陆参与抗战。在两岸同胞的并肩同心、浴血奋战下，日本侵略者终于被迫投降，台湾也于 1945 年 10 月 25 日光复，重归祖国怀抱。这段血与火的历史，正是两岸同胞荣辱与共、命运相连的真实写照。

"破碎山河谁料得，艰难兄弟自相亲。"1911 年，梁启超先生途经日据下的台湾时，曾写诗感怀。诚然，自清初始，迄中日甲午战争前，从厦门和漳、泉地区前往台湾谋生的闽南人络绎不绝，构成了以闽南人为主体的台湾汉族居民。1895 年日本占领台湾后，厦台之间由于地缘相近、一衣带水，两地人民血缘相亲、方言相通，厦门理所当然地成为台湾同胞联络祖国亲人共同抗日的主要基地。台湾抗日军民如黑旗军刘永福、平民简大狮等，在抗日军事失败后回厦门转赴故乡。数以千计不愿做亡国奴的台胞，纷纷举家内渡，毅然回到祖籍地，其中定居在厦门的台胞有上千人，包括台湾望族台北板桥林家、台中雾峰林家，以及黄鸿翔、王选闲、卢心启、卢文启等。抗战前一年，据统计，在厦台胞有一万多人，厦门成为大陆台胞最多的城市。在厦门的台湾同胞中，有少数人甘愿成为日本侵华的鹰犬，如臭名昭著的台湾流氓"十八大哥"。也有一些台湾热血青年，不接受日本的奴化教育，排除万难来到厦门求学，1921 年前后，台湾学生到大陆求学者骤然增加，大部分都在厦门。据 1923 年 7 月的调查，总数已达 195 人之多。这些热血青年与厦门人民一起反抗日本侵略，开展各种斗争，从事台湾回归祖国怀抱的复土运动。

第一节　抗战前，在厦台胞掀起抗日复土运动

一、与日本侵略者斗争的著名人士

20 世纪 20 年代，在厦门有很多台湾抗日复土人士和团体，不断地与日本侵略者斗争着。著名的台湾抗日人士，有如翁俊明、李伟光。

翁俊明，台湾台南人。其父思念故国情殷，不允许翁俊明幼时习日语。翁俊明 18 岁考入台北医学校，后于 1912 年加入中国同盟会，成为同盟会中第一位台湾省籍会员。次年，在赴日本的船上见过孙中山先生。1913 年，翁俊明从日本至北京时，拟以毒菌置于自来水中，毒杀袁世凯未果。1915 年，翁俊明转往厦门行医，创办俊明医院，自任院长。1929 年，任同善医

1943 年，中国国民党委任翁俊明为直属台湾党部执行委员会主任委员。

第七章 台胞在厦门的抗日复土运动

院院长。台湾抗日先贤丘逢甲的后辈丘秀芷女士2015年9月初投书《中国时报》透露，翁俊明在厦门行医所得，多用以支持台湾抗日团体。1933年，翁俊明联络台胞的厦门组织"思宗会"，从事激发台胞民族意识的活动。1937年，组织"建行社"宣传抗日，1938年日本占领厦门后，乃赴香港与重庆。1940年年初，"台湾民族革命总同盟"与"台湾独立革命团"的领导人谢南光与李友邦在重庆商谈合作事宜顺利成功，翁俊明在其中起了很重要的作用。2015年抗战胜

翁俊明

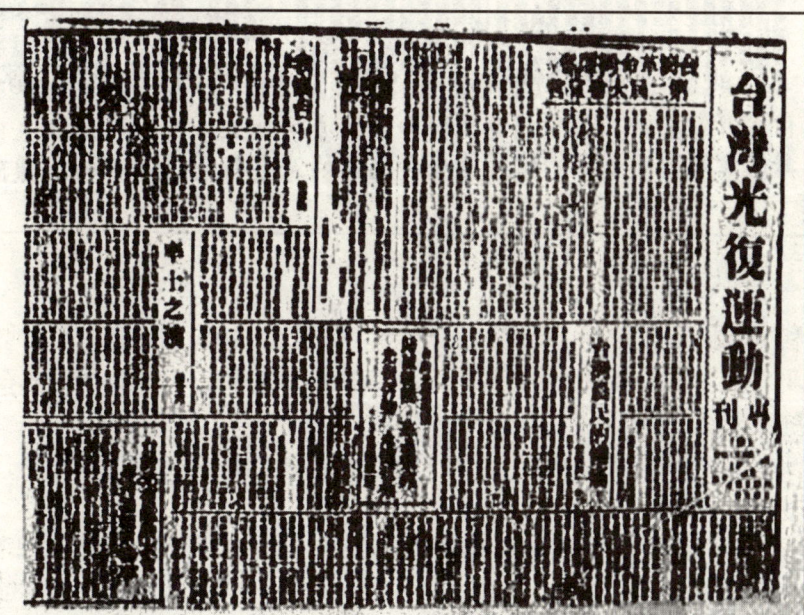

台湾革命同盟会在翁俊明奔走串联下成立，出版台湾光复运动专刊。

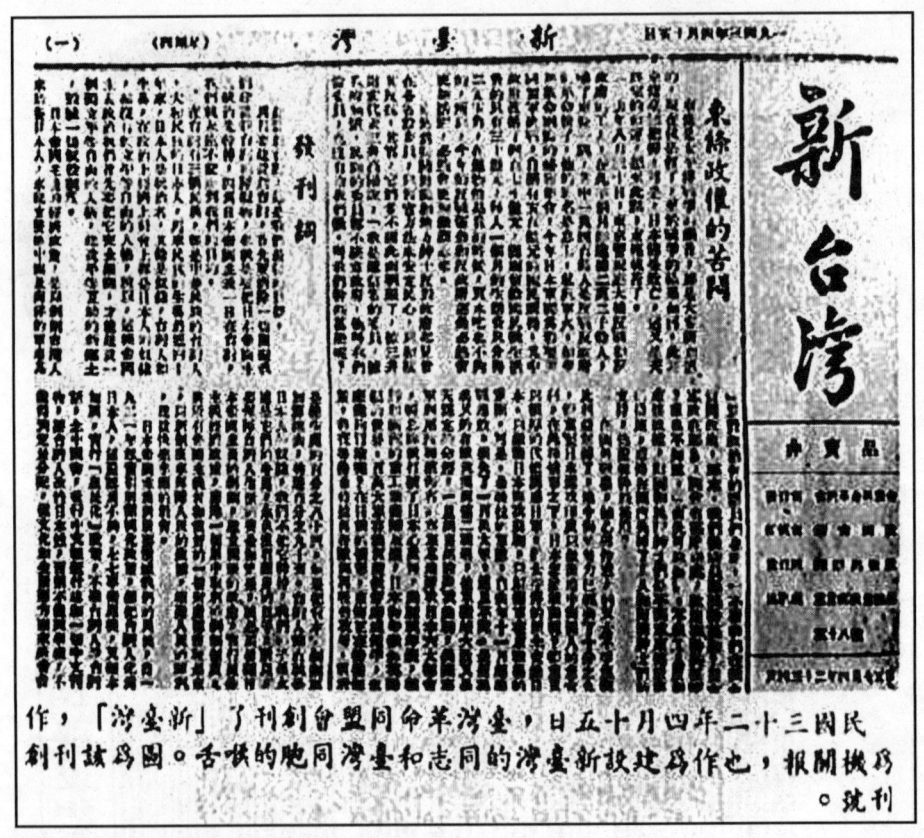

台湾革命同盟会的机关报《新台湾》

利 70 周年纪念之际，台湾地区领导人马英九在谈及台湾抗日运动时，就提及李友邦将军组编"台湾义勇队"在闽浙沿海游击抗日和翁俊明在厦门的抗日活动。

翁俊明在厦门居住于大字酒巷，抗战胜利前夕在漳州被暗杀，后葬于厦门。

在台湾的李伟光，20 世纪 20 年代在二林一面行医，一面组织蔗农开展农业运动。1925 年 10 月 12 日发起了以他为代表，轰动一时的"二林蔗农事件"，后被关押判刑两年三个月。刑满出狱后，李伟光仍继续进行反日社会活动，曾被日警搜查，受过警告。1931 年东北沦陷后，为巩固后方，日本加紧在台湾镇压反日社会活动。李伟光不得已，利用除夕日方警戒松懈的空隙，乘船离开台湾到厦门。心潮澎湃的李伟光写下《别台湾将之大陆感慨》的诗，表达了对故土台湾的热爱和对日本殖民统治的愤慨，以及对

第七章　台胞在厦门的抗日复土运动

祖国革命点点星火的向往：

　　十载杏林守一经，依然衫鬓两青青。
　　侧身瀛海豺狼满，回首云山草木腥。
　　潮急风高辞鹿耳，鸡鸣月黑出鲲溟。
　　扬帆且咏归来赋，西望神州点点星。

　　到厦门后，由于日军的严厉搜捕，李伟光先后从亲戚林玉泉家搬到旅馆，又从旅馆再迁到台北医专同学林醒民（厦门人）在厦门禾山创办的慈善医院。为了维持生计，李伟光在鼓浪屿泉州路鸟塚角开设神州医院。在筹办过程中，经通过张永杉介绍，加入了中国共产党，在厦门寻找、接待抗日复土的同盟者。李伟光入党后，团结周围的人，发展他们成为互济会会员或共产党员。同时利用医生的身份，与鼓浪屿工部局等官方人士及报社记者来往，将搜集的情报提供给党组织。神州医院成为共产党的联络站，掩护来往的革命同志，为游击区出来的伤病员治病。1976年冬，方毅约见李伟光的儿子李锡光，与他一起追忆李伟光："1932年，你父亲在厦门为党做地下工作，他的公开身份是医生，医院是中共地下党的联络据点。为开展地下工作的需要，他在医院里养了一条可爱的小巴拉狗。每当我们搞地下工作的同志聚在一起，这条巴拉狗就习惯地在楼下门口看门，当有'不速之客'来探查时，这条巴拉狗就'汪汪汪'地大叫起来，听到狗叫声大家就马上伪装成病人，躺在各自床上。你父亲曾受过日本医学教育，会说日本话。因此，他就用日本话来对付那些'来访者'。那些人见李医生会说日本话，就不敢多问，灰溜溜地走了。你父亲掩护过很多同志，他开的医院，有多少张床位就能掩护多少位同志，实在很方便又很安全，而且还免费给我们治病。"

　　1932年11月8日晚，厦门公安局、鼓浪屿工部局和日本领事馆的警探包围神州医院，事先已有警觉的李伟光侥幸逃脱。

　　台胞以各种形式打击日本殖民主义者，不仅仅有著名人士不屈不挠、勉力奋斗，还有许多抗日复土运动组织也在不断地努力抗争着。

二、在厦台湾抗日复土团体

（一）台湾尚志社

　　1923年6月20日，在厦门大学读书的台湾嘉义人李思祯在厦门创立台湾尚志社，会员200多人。该社以"切磋学术"、"促进文化"为掩护，秘密进行抗日复土活动，目的在于唤醒台胞民族思想，实行民族自决主义，争取脱离日本的殖民统治。同年8月15日，台湾尚志社创办机关报《尚志厦门号》，谴责日本统治台湾，努力唤起台湾人民族意识觉醒。1924年1月30日，该社在厦门召开台湾学生大会，反对台湾总督府镇压台湾议会请愿运动的暴行，并发表"宣言"和"决议"，寄发台湾、东京和国内各地，文称：

夫立宪国、贵护民权、人民之言论、集会自由，宪法所保证。然台湾统治之现状，大谬不然。总督握有立法、行政大权，行独裁政治。为政者不顾台湾之历史与习惯，不听岛民舆论；掠夺人民当受之权利，束缚公众之言论自由。

台湾爱国青年任振华以死明志，希望唤起同胞的抗敌斗志。

视岛民如奴隶，滥用权威与官权。大埔林、噍吧哖之虐杀，前年彰化募兵事件之酷刑等，暴虐无涯。近又以台湾议会请愿团事，拘禁许多无辜岛民。以阴险手段，妨害合法请愿运动，欲以一手遮蔽天日。违背立宪精神，无甚于此。古往今来，有如斯惨事，出乎人所意想之外。同人等为东洋和平，为日本帝国，更为台湾，特作如左决议，以警当局，表示吾人决心决议文。

一、反对台湾总督府历代之压迫政策。

二、反对台湾总督府对议会请愿者之不法拘束。

"宣言"揭露了日本的台湾总督府"视岛民为奴隶的暴政"。事后，日本驻厦门总领事馆下令取缔尚志社。

（二）闽南台湾学生联合会

在厦门求学的台湾学生还组织了"闽南台湾学生联合会"，主要负责人有：在厦门大学就读的嘉义人李思祯、漳化人王庆熏；在集美中学念书的台北人翁泽生、洪朝宗；在同文书院肄业的基隆人许植亭，以及在中华中学任教的台南人江万里和学生郭丙辛。1924年4月25日，有400多人出席"闽南台湾学生联合会"举行的成立大会。成立大会还演出揭露日本侵略者在台湾施行暴政的《八卦山》《无冤受屈》等短剧，表现台湾人在日本占领

第七章　台胞在厦门的抗日复土运动

下的悲惨情状,揭露日本统治者的暴虐。开演前,厦门《厦声日报》主事陈沙仑代表来宾,发表热烈演讲,支持台胞青年的抗日复土运动,"满场皆为感动"。

5月,该会创设自己的杂志社——闽南台湾学生联合共鸣社,刊行《共鸣》杂志。7月,该会印发反对台奸辜显荣等人的传单,寄发台湾各地。同年11月16日,闽南台湾学生联合会又在厦门"思明教育会"召开秋季大会。第二天,《思明日报》全文刊载郭丙辛在会上洋洋数千言的演讲。1925年,闽南台湾学生联合学会还与上海台湾学生联合会互相联络,进一步推动抗日复土运动的开展。

(三)中国厦门台湾同志会

中国厦门台湾同志会于1925年秘密成立,由台湾学生林茂同、郭丙辛联络厦门的学生与台湾学生共同组成。1925年4月18日、"同志会"在厦门市内街道张贴题为《中国台湾同志会在厦第一次宣言》的印刷海报,控诉日本统治台湾的血腥罪行,呼吁台湾同胞与大陆人民一起,响应国共两党联合推动的废除不平等条约运动,收复台湾。

《第一次宣言》慷慨激昂,今日读来,仍令人热血澎湃:

中国的同胞们! 我们台湾人本亦属汉民族,我们的祖先来自福建漳州、泉州,广东潮州等地。为了脱离满清的虐政,另图汉民族的发展而移往台湾。不意,光绪二十一年(1895年)的日清之役,清朝竟把它割让给日本。由是,东洋第一宝库的台湾,便沦入野蛮的倭人手中了。

日本是专制君主国,据台以来,于兹三十年。其间,我们所开拓的土地、森林、山产、海产以及种种权利,悉数横被剥夺,并用苛虐的经济政策及魔鬼般的手段,恣意加以精神上、物质上的重重压迫。看吧! 官员仅五万余人,便占全岛日本人的四成。他们以专制,实施其恶政、苛税、酷刑等,吾人的言论、出版自由,更正在被剥夺中。而且,他们还存有并吞福建的野心哩!

日本领台以来,禁止台湾人来往于支那,除极少数人外,甚至连和亲属间的往来,都被禁止。他们以为妨害同胞间的亲爱互助,才是侵略福建的最佳手段。在台湾的竞争失败者,近来渡海到厦门的渐渐增加。由于缺乏求生的途径,遂开办赌场、烟馆、妓女户等,显有扰乱社会秩序的现象。故我们需要对此统筹一个救济方法,务期求得社会的安宁幸福才好。

台湾人不是日本人。纵使排斥日本人,也不该排斥台湾人。台湾亦是中国人的同胞，亦是厦门人，亦是汉民族。在厦台湾同胞！请诸位绝不要假借日本的势力。诸位该明白本身所属的民族，和自己所处的地位，若为生计，另寻觅其他正业吧。我们同胞正在台湾饱受日本的压迫，应好好去想报仇雪恨的途径，切勿为日本人所利用。厦门的中国同胞！切勿忘记国耻的日子，且应更进一步，策划收回旧有领土，撤废不平等条约，脱离外国的羁绊，以期成为独立自主的民治国吧。

4月24日，中国厦门台湾同志会发表第二次宣言，提醒人们勿忘"五九"国耻日。五月九日已迫近了，大逆不道的二十一条，尚未撤废，旅大租期已满二年了。该会号召各方团体结合起来，进行富于理性的运动。宣言如下：

国耻！国耻！莫忘国耻！旧事重提，记忆尚新。回收旅大，取消《二十一条》，撤废一切不平等条约。这些事，件件横在我们眼前，一无解决。可叹！人们只有五分钟热情而已。呜呼！中国同胞啊！我们信仰民族终须独立。不要纸上空谈，先来整顿国内，然后始可能对抗外敌。怎说呢？近来内政外交，无一而不脱轨；人民苦于涂炭，国势日就衰颓。内顾不遑，侈谈对外。

中国同胞啊！要振作须从台湾做起。台湾是清朝割让予日本为殖民地的。台湾人要洗恨脱耻，正在争取独立，要先建设自治议会。中国同胞有爱国思想者，当然也要负起援助台湾的义务。

过去是怎么一回事？光绪二十一年《马关条约》，支付赔偿金二亿元，

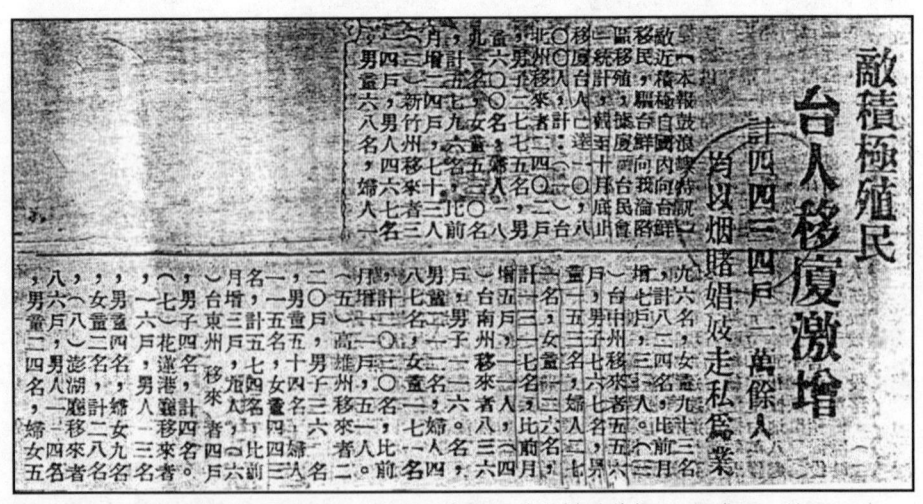

1940年日本在台湾加紧殖民统治，台湾人在厦人数激增（剪报1940年11月29日）

第七章 台胞在厦门的抗日复土运动

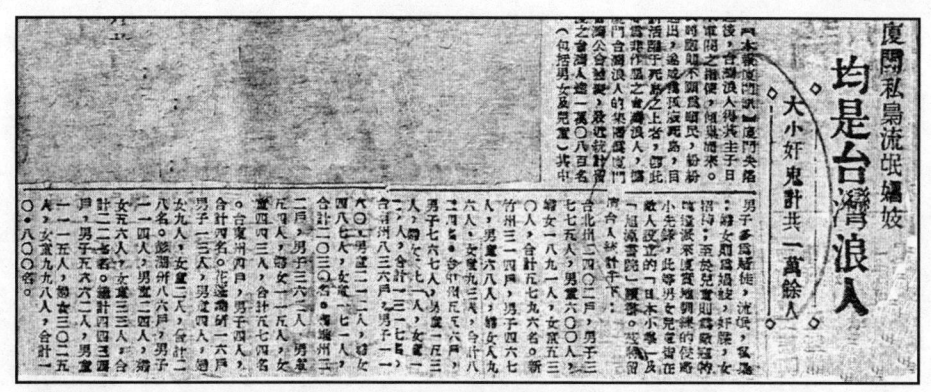

日籍台湾浪人成为日寇在厦的帮凶（《福建民报》1940年12月26日）

割让台湾及奉天南部，承认朝鲜为完全独立国。光绪三十一年至民国十四年，旅大租借期满已过二年。民国四年迫于暴日的最后通牒，政府不得已予以批准的国耻《二十一条》，国民并不承认，至今尚在继续反对。

台湾同胞啊！倭奴的凶焰，有进无退。在对岸厦门的台湾同胞，也要受暴日的压迫。我们已被迫到无容身之地了，应该快和中国同胞协力，来雪恨报仇。同胞们！要自重！要自觉！快醒来！睡狮啊！昏睡的狮子该睁开眼睛成为清醒的狮子了。五月九日迫近了，请各方团体结合起来，进行有理性的运动吧。不要终于五分钟的情热！

4月25日，该会在厦门柳真甫长寿学校（现厦门市妇幼保健院附近）举行成立大会，到会者四百多人。

同年6月间，该会在厦门创设中国台湾新青年社，发行《台湾新青年》杂志。五卅反帝爱国运动期间，该会在厦门街头小巷广泛张贴《留厦台湾学生之泣词》宣言书，呼吁同胞们赶快站起来，加强联络与合作，排斥日货，举行罢工。

（四）闽南学生联合会

1930年2月由台湾学生曹炯朴、王溪森等人发起筹备，5月8日向闽南各中等以上学校的台湾学生发出邀请入会信函，说明组成闽南学生联合会的必要性。6月9日，闽南学生联合会在厦门中学礼堂秘密举行成立大会。会后，大会执委会便决定进行反对"六一七"台湾始政纪念日（即日本开始对台施行殖民统治的日子）斗争，着手印制2000份《纪念"六一七"特刊》，分发到厦门并台湾、漳州、上海等地。该会利用每周六的下午,在会员董文霖的住处开办有关《进化论》和《新兴经济学》(杨明山著)的学习会。11月初,台湾原住民抗日起义的消息传到厦门,学生联合会即暂停理论学习,在集美邮局附近集会声援,并以"留集台湾学生有志团"之名发行《援助台湾蕃族革命号召宣言》及《台湾革命特刊》,密送台湾岛内各地散发。

(五)厦门反帝同盟台湾分盟

1931年6月,闽南学生联合会中的激进分子在厦门市白鹿洞集会,决定组织属于厦门反帝同盟的台湾分盟,并推举王灯财为负责人。厦门反帝同盟台湾分盟成立后,即与上海反帝同盟及中国共产主义青年团厦门支部联络,并相互合作,指导厦门台湾学生的反帝运动。1932年3月,为响应学生救亡运动,中国共产主义青年团厦门支部召集在厦学生和青年团员举行联席会议。王灯财等也以共产主义青年团的身份出席会议。会议决定解散厦门反帝同盟台湾分盟,其成员加入厦门青年救国会,以共同抗日救国。厦门反帝同盟台湾分盟解散以后,其主要成员仍然活跃在厦门抗日斗争最前线。

1934年6月17日,厦门反帝大同盟台湾分盟《为台湾国耻纪念日告闽南中国台湾劳苦群众书》云:

凶恶的日本帝国主义,四十年前派了大批的军队,屠杀了台湾劳苦群众,以最残酷的野蛮手段,弹压无辜民众,在一八九五年六月十七日以其所谓"始政纪念日"来开始其血腥的统治。日本帝国主义在四十年间把合湾整个国民经济隶属于自己,实行经济剥削,阻碍台湾经济的自由发展,牺牲工农群众的生活,对于工人拼命的压榨。在农业范围内完全保持中世纪的封建剥削,在制造"商品化"的假名目之下,其实是半农式的剥削实质,使农村经济趋于最后的破产,把工农劳苦群众陷于饥饿、流离失所、死亡的苦海中。日本胜利者更为要保持其血腥的统治,干涉中国革命及准备世界大战和伸张其毒牙于中国,不断增加台湾的军备,布备了警察网,实行警察政治。以空前的白色恐怖对待反日反资本家的群众,尤其是共产党员;另方面以地主为其基础,更用巧妙的政策来拉拢其主要的社会支柱台湾民族资产阶级。

但台湾劳苦群众当时虽在共和国领袖的动摇、犹豫不决、投降、出卖之下牺牲了自己的一切,却以英勇的精神和日本强盗作不断的民族革命战争,搭巴石罗福幽星等的反日大爆动,让日本帝国主义发抖的"三年小反,

第七章 台胞在厦门的抗日复土运动

五年大乱"的斗争,更奋起了岛内弱小民族——所谓"生蕃"的反日情绪,尤其雾社的伟大暴动,使日本强盗以及地主民族资产阶级起了寒心。

无耻的台湾民族资产阶级最露骨的投降日本帝国主义,代表上层地主,资本高利贷的"台湾地方自治联盟"和台湾民众党(现在虽被解散,但其系统仍存在)共同的都是日本帝国主义的走狗,尤其以"左"的民族主义来掩盖其出卖面目的民众党是台湾工农的最危险的敌人,他们都异口同心的呐喊着"台湾会议"、"自治"来模糊民众的反帝斗争,公开承认日本的统治,并且称赞其"成绩"。整个的台湾民族资产阶级,老早已公开拥护三民主义,反对中国苏维埃及红军,公开激励日本帝国主义弹压所谓"生蕃"的暴动及占领东北和华南,在自己的报纸中大吹大擂"亚洲是亚洲人的亚洲",那是日本人的亚洲,"帝国的侵略性",这些都是最无耻的表现。

日本帝国主义的继续统治,使国民经济日日崩溃下去,工农群众的生活更加悲惨,帝国主义第三次新的强盗战争已迫在眉睫了,而且它把台湾当作战场,当作进攻中国苏维埃红军,尤其是向华南进攻的根据地,同时台湾民族资产阶级已变成日本帝国主义的清道夫,成为侵略战争者的鼓吹者,压迫台湾解放运动的工具,土地革命的敌人。另方面,包含着整个"生蕃"的全台民众中所酝酿着反帝的斗争,是日益在增长着,在这种情形之下,只有依靠工农自己的力量,在台湾共产党领导之下,实行对日本帝国主义作无情的暴力战争,驱逐日本出台湾,执行彻底的土地革命,消灭农村的封建剥削,向苏维埃道路发展,学习中国苏维埃的方法。只有这样才能解放工农从黑暗的陷井中出来。

全闽南的台湾劳苦群众们!

日本帝国主义者为要完成其华南政策,用种种的鬼计,在中、台劳苦群众间造一条鸿沟,故意利用一部分的台湾落后分子,来造成民族反感,而从中取利。朝鲜人在满洲外被日本之利用,我们是不要忘的,我们不愿再演第二次万宝山事件的把戏出来。日本帝国主义占领华南而首先是厦门已危在旦夕了,如果不愿当亡国奴,如果要在中台民族统一战线打倒共同的敌人,那么只有应我们的号召,揭破日本帝国主的种种阴谋和国民党及台湾民族资产阶级无耻出卖民族利益,在拥护中国苏维埃的口号之下,实行民族的反帝统一战线,建立中台劳苦群众的兄弟的关系,参加苏维埃革命。

全闽南的台湾劳苦群众们!

我们在台湾虽受日本帝国主义的压迫,而跑到这里来,经济恐慌和骇浪似的苏维埃革命把我们所抱的黄金梦冲破无余了，我们要积极参加中国的革命，我们不要做日本帝国主义的俘虏，我们要参加台湾革命，实行土地革命，打倒日本帝国主义，为苏维埃台湾而斗争！

我们的口号：

反对日本帝国主义屠杀台湾工农群众！

反对台湾民族资产阶级无耻地出卖民族的利益！

反对日本帝国主义侵略中国！

反对日本帝国主义的离间政策！

立刻释放政治犯！

言论、结社、出版、集会、罢工等一切自由！

反对台湾总督府的警察政治！

立刻撤退驻台一切日本陆海空军！

驱逐日本帝国主义出台湾！

中国、台湾的劳动群众联合起来！

打倒共同的敌人——日本帝国主义！

打到无耻的卖国贼，汉奴——中国国民党！

粉碎帝国主义国民党的五次"围剿"！

反对帝国主义第二次世界大战！

武装保卫苏联——世界工人阶级被压迫民族解放运动的大本营！

拥护中国苏维埃政府的民族政策——民族自决，直到建立自己的独立自由国家！

拥护中国共产党万岁！

拥护台湾共产党万岁！

加入反帝同盟！

（六）台湾革命同盟会

1940年3月，在祖国大陆的台胞抗日组织联合建立"台湾革命团体联合会"。翌年2月10日，台湾革命团体联合会改名"台湾革命同盟会"，提出"打倒日本帝国主义，光复台湾"的行动纲领。台湾革命同盟会设有"南方"和"北方"两个执行部。当年厦门是日本占领的沦陷区，"南方执行部"设在与厦门一水之隔的漳州，厦门设办事处，以胡其刚为主任，下设干事3人，办事员5人。同时布置漳厦台联络网，在海沧设联络总站，石码、石美、嵩屿、港尾、井头、禾山、金门、鼓浪屿以及台湾的高雄、

第七章　台胞在厦门的抗日复土运动

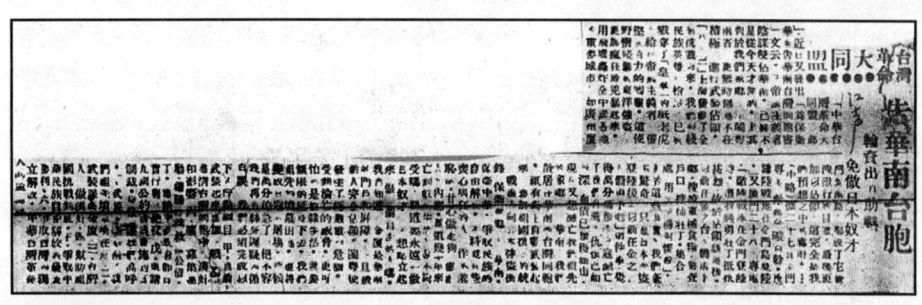

台湾革命大同盟分部发表《告华南台胞书》，呼吁台胞在祖国抗战中出钱出力，不做日本奴才（《江声报》1937年11月11日）

基隆等处设联络站。此外，厦门办事处还组织行动队、宣传队的队员潜返台湾和厦门、金门工作。

台湾革命同盟会直属厦门区分会以吴侠、陈载生、杨渭溪、庄剑、陈燕山等人为筹备委员，整理筹备新分会。台湾革命同盟会直属第一区分会干部有：（1）叶永年，男，厦大法学院毕业，台湾党部训练班总务组组长；（2）黄昏，男，集美师范学校毕业，小学教员；（3）黄丹萍，男，厦门中学毕业，曾在厦门抗敌后援会、台湾革命总同盟及台湾义勇队工作；（4）吴成鹏，男，厦门美专毕业，中央军校十六期学员；（5）景枫，男，住厦门鼓浪屿市场路44号。

据福州中央社报道，台湾革命同盟会行动队曾在厦袭击敌伪。1943年6月17日，行动队于20时出动，袭击虎头山敌海军司令部，投掷爆炸弹数十枚，炸声轰动全市，敌方损失甚重。该队其他人员，并在市内四处散发传单，市面秩序大为混乱，敌伪军警当即熄灭市内灯光，全部出动搜查，铁甲车、装甲车满布街衢，并以汽艇多艘逡巡海岸，实行全岛戒严，厦鼓与漳州海岸之交通船、邮船，完全停航。

（七）台湾民主党

1927年3月，台湾青年林云连、余文兴、黄会元、郑阿源、林焕樵等人，因不满日本军阀在台湾的残酷统治，一起密渡厦门。其后转至香港、广州，发动台胞，共同抗日。在厦门，他们遇到了同乡刘邦汉，志同道合，经常一起讨论有关台湾革命的问题。1931年9月，刘邦汉与林云连在广州聚首，正值日本发动侵略中国的"九一八"事变，他们义愤填膺，于是筹组"台湾民主党"，并于1932年3月10日在广州正式成立。同年8月，台湾民主党在厦门的党员陈辉滨联络了在厦门的"华侨义勇军救国会"，与该会的张锡龄偕往泉州，发展了住在泉州的台商人颜宝藏、台中人陈介文等参加台湾民主党。陈辉滨又与驻厦门的十九路军联系，提出成立"台湾华侨义勇队"的设想，得到允许。后因广州的台湾民主党被驻穗日本领事馆取缔，厦门的计划未能实现。翌年，林云连从广州来到厦门，寄宿于牙科医生新竹人蔡英才家中，开展复建台湾民主党的工作，得到彰化人施永福和台中人陈长庚的支持。但由于驻厦门日本领事馆的严密监视，被迫转移香港继续活动。

（八）军委会国际问题研究所厦门联络站

由谢南光、李万居、连震东等台湾知名学者为主要台柱的"军委会国际问题研究所"，起先设在汉口，后迁移重庆。1941年，在厦门也有个联络站，由台胞陈能方负责。该所以研究对付日本侵华政策为首要任务，也很重视日方情报的搜集。厦门联络组成员中的台胞林顶立，原是国民政府"军统"人员，混进日本间谍机关"铁公馆"当起"双料"的"情报员"，好几次猎取有价值的敌伪情资。抗战胜利台湾光复后，林顶立因功出任台湾警备司令部要职。

第二节 抗战爆发，台胞抗战复土总同盟成立

1937年"七七"事变爆发，日本驻厦门总领事馆于8月28日关闭，居住厦门的台湾同胞获得了长期被剥夺的爱国权利，三四千名在厦台胞不顾驻厦日本总领事馆的威迫，抗命不随日本总领事馆撤回台湾，纷纷向政府

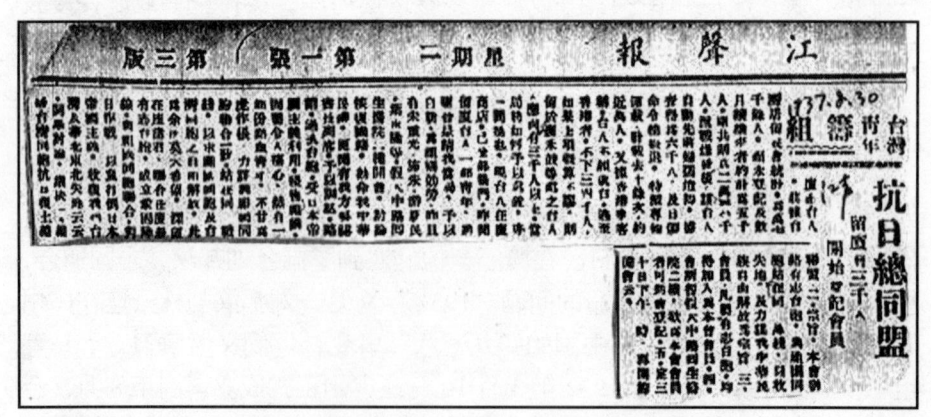

台湾抗日志士活动的报道（《江声报》1937年8月30日）

第七章　台胞在厦门的抗日复土运动

申请恢复中国国籍。其中不少台湾同胞受到全国轰轰烈烈的抗日救亡运动的鼓舞，主动地要求参加到祖国的抗战行列中去。

就在厦门日本总领事馆闭馆的第二天，宋重光、施朱、游新民、叶永隆等留厦台湾青年，在大中路回生医院二楼集会，酝酿组织"台湾同胞抗日复土总同盟"。翌日，召开了发起人会议，商讨成立总同盟的具体步骤。出席发起人会议的男女台胞40多人，其中有些人早先在台湾就已参加过文化协会、农民组合等抗日团体。会上选举宋重光、游新民、叶永隆、王任本、潘文川、薛胜雄、张秋涛、朱枫、黄美、张宏才、许克刚等11人为筹备委员，许新居、张学忠、林敏原、黄项和等4人为候补筹备委员。同时推举游新民等人起草组织大

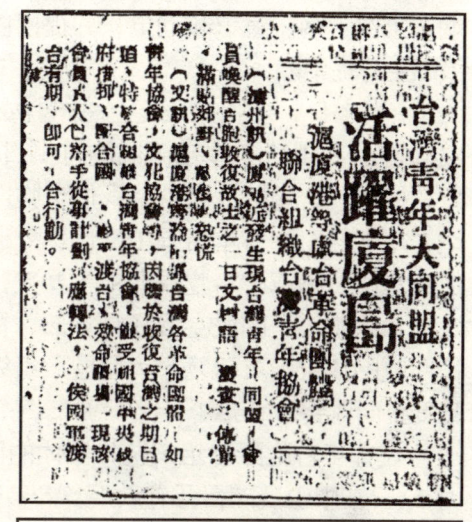

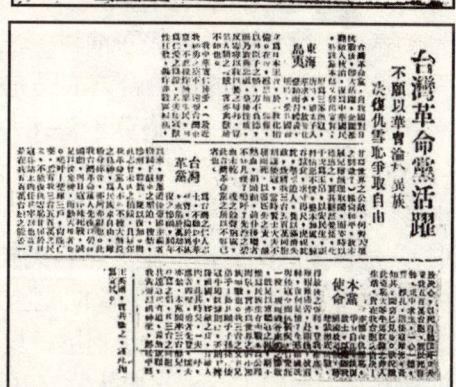

《福建民报》1938年6月13日

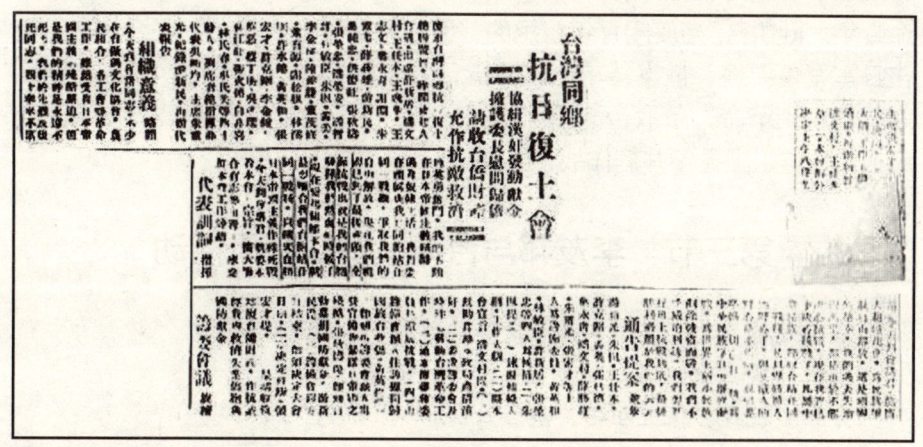

《江声报》1937年8月31日

纲、工作大纲、宣言和通电,并提出协助政府缉捕汉奸,发动台胞捐赠抗战献金等提案。

9月4日,台胞抗日复土总同盟成立了,办公地点设在海岸永诚公司。总同盟以"团结全体台湾同胞打倒日本帝国主义、恢复台湾故土"为宗旨,提出"全国抗战也就是我们台胞发挥热血","与祖国同胞站在同一战线,用火与血和日本帝国主义作殊死战斗"的口号。在他们的影响下,居住在晋江石狮镇的台胞周燕福等九人,于9月6日联呈驻守泉州的八十师二三九旅旅部、国民党晋江县党部、晋江县政府和晋江县第三区署,请示援照厦门"台胞抗日复土大同盟"组织办法,准予筹备组织"石狮台胞抗日复土同盟会",与厦门台胞联成一气,作抗战复土运动。

在青年台胞酝酿组织抗日团体的同时,厦门市各界抗战敌后援会于8月29日在中山公园召开有六千多人参加的民众大会。台胞同胞推举王任本为代表,出席大会并发表了演讲。王任本是暨南大学学生,他在演讲中,强烈谴责害群之马的日籍台湾浪民充当汉奸的罪行,表达了在这全面抗战展开的时刻,觉醒的台胞莫不誓死为祖国救亡图存出力的愿望。第二天,《江声报》以《台湾代表请愿抗战》为题,刊载王任本发言的全文。厦门市各界抗敌后援会为推动台胞参加抗日,也发表了《敬告台湾在厦门同胞书》,号召爱国的台湾同胞"站在民族阵线上,共同打倒暴日,收复远近丧失土地,救出数千万虎口残喘的同胞,以恢复中华民族固有的光荣"。

厦门沦陷后,厦门"台胞抗日复土总同盟"的成员,有的奔赴内陆参加李友邦领导的"台湾义勇队",在祖国抗日前线担任"日军俘虏营"的翻译或从事战地的救护工作;有的继续隐蔽在厦门,改名换姓组成"台湾革命青年大同盟",与厦门青年组织的"厦门青年复土血魂团"联合作战,袭击日军军事要地,散发传单,宣传抗日。传单的内容主要为:劝导台胞切实觉悟起来革命,争取台湾返回祖国怀抱;号召台胞刺探敌情,向国民政府报告;与祖国青年并肩作战,共同抗日。

第三节　李友邦与台湾义勇队在厦活动

我们是抗日的义勇军,是台湾民族解放的先锋队。
要把日寇驱出祖国,要把它在台湾的镣锁打碎。
为正义抗战,保卫祖国,解放台湾,
把日本帝国主义整个推翻。

第七章　台胞在厦门的抗日复土运动

1945年10月李友邦题刻于南普陀寺后山

我们是抗日的义勇军，是台湾民族解放的先锋队。

这是台湾义勇队的队歌，其领导人台湾同胞李友邦，曾于1945年抗战胜利、台湾光复时，亲笔题写"复疆"二字，刻在南普陀后山"洗心池"对面的岩石上。

李友邦，1906年生于台湾台北县芦洲。1906年的台湾早已被日本侵占，家庭环境因此产生了巨大的变化。

为了奴化台湾同胞，日本殖民主义曾施行食用品限量配给制度，用来胁迫台湾同胞改换成日本姓名，借以摧毁台湾同胞的民族意识。但当时的李氏家族，宁愿缩紧裤带，也绝不改换成日本姓名，并仍然在家族中推行中华文化教育。因此，李友邦很早就接受中华传统文化的启蒙和熏陶，在幼小的心灵中，根植了中华民族的意识。当时日本在台湾的反动统治使李友邦经历了不平等的遭遇，在他的心灵深处，激荡着抗日和革命的火种。

编者搜集到了李友邦亲自撰写的文章："我还记得我在孩提的时候，曾以'失言'被掌的一段故事：某日，因与一个日

李友邦将军

本儿童互谑,被侮,遂愤然而说:'如在中国,君我当异于是!'恰被一个日籍教师听见,立刻跑来,不问情由,不分皂白,大巴掌直向我的脸额打来,并令我住嘴,不再多说。这是我所以终身以从事台湾革命事业的一个细因。"

1924年,已是青年的李友邦因不满日寇在台湾的黑暗统治,与其他革命青年夜袭台北新起街警察派出所,轰动台湾。日寇要捉捕他,于是他于1924年4月从高雄搭上轮船,逃回祖国大陆。据说,当时与李友邦同船回大陆的还有两位其他台湾青年,他们到达的第一站是上海。在上海,他们首先遇到语言障碍,当时日本殖民者在台湾只用日语教学,他们只会闽南话和日语,根本听不懂上海话和汉语。于是,他们又来到厦门,在厦门停留一段时间后,李友邦听说孙中山先生在广州创办黄埔军校,立即赶赴广州。经过严格的考试审查,李友邦成为黄埔军校第二期学生。

有一次,孙中山先生在黄埔军校演讲。演讲完后,把李友邦叫到面前了解情况。孙中山讲话带有很浓重的粤语口音,李友邦一脸茫然。在一旁的教官急了,赶快上前解释:这是从台湾来的革命青年,就学不久,您说的粤语和汉语他听不懂,只会日语和闽南话。孙中山先生马上改用日语与他沟通,对他的革命热情非常赞赏,并介绍他到廖仲恺家学习汉语。因此,李友邦的汉语一直带有广东腔。在廖仲恺家里,李友邦阅读了社会上难得一见的世界名著,包括马克思、恩格斯等西方社会革命思想家以及日本社会活动家的著作。置身于这种氛围,李友邦逐渐从一个朴实的热血青年成长为有一定思想觉悟的革命青年。

1939年10月,国民政府正式委任其担任台湾义勇队队长兼台湾少年团团长,晋阶陆军少将。1943年,台湾义勇队扩大编制为台湾义勇总队,李友邦升任中将总队长。抗战期间,他领导台湾同胞进行抗日斗争,台湾历史学家李云汉称赞李友邦将军和他的台湾义勇队"是惟一由台湾人组织而以台湾为号召的武装力量,因此,它可以被视为是台籍同胞参加祖国抗日的代表,也是台湾同胞拥护并支持祖国抗战的象征"。

厦门沦陷期间,台湾义勇队留下了许多英勇战斗的事迹,让厦门人民永志不忘。

从1942年开始,李友邦率领的台湾义勇队把斗争地点逐渐转移到福建一带,实力也逐渐渗透到闽西、闽南地区。当年的六七月间,李友邦经过周密部署,对日寇侵占的厦门市发动了三次武装突袭。第一次突袭选择在6月17日,因为这一天是台湾被日本占领47周年的屈辱日。那天晚上天气

第七章　台胞在厦门的抗日复土运动

1945年10月25日台湾义勇军在厦门中山公园举行全国首次庆祝台湾光复大会

不太好，还下起了阵雨。当时日本在厦指挥中枢兴亚院就在深田路上，入夜之后，突然传来一阵猛烈的爆炸声，兴亚院顿时火光四起。

据参加过该行动的林玉虎老人回忆，他曾参加台湾义勇队爆炸兴亚院这一行动，他的任务是作掩护。

6月30日，距离上一次成功袭击兴亚院13天后，义勇队选择虎头山日本海军油库作为攻击目标。这天晚上，突击队在熟悉地形的队员带领下，悄悄向油库逼近，在投弹有效范围内，投掷了数十枚炸弹。顷刻间，日本海军油库燃起了熊熊大火，爆炸声震动了整个厦门市，日军侵略者惊恐万状，厦门人民拍手称快。

7月1日夜，正当日伪当局在中山公园举行游园会庆祝日伪厦门特别市政府成立三周年时，突击队队员向舞台投掷了数枚手榴弹，大会匆匆狼狈收场。这几起事件使日寇极度恐慌，全市实行戒严，大肆滥捕无辜市民。一个多月后，日寇用两辆卡车载了20多名中国同胞，说是袭击兴亚院和中山公园的抗日分子，游街示众后送往刑场处决。

台湾义勇队的抗战救国活动范围很广，在厦门的袭击行动只是其中一部分。经过八年艰苦抗战，抗日战争终于胜利了，台湾义勇队在已授少将军衔的李友邦将军的率领下，在厦门集中乘船返回台湾。

第四节　厦门人支援台胞复土

　　1895年甲午战争后，清政府被迫与日本签订《马关条约》，割让台湾。台胞不甘心受日本殖民统治，先后举家内渡，移居到与台湾地缘、血缘关系密切的厦门，前仆后继地开展抗日复台运动。厦门人民与台胞一起反抗日本的殖民统治，一起迎接台湾回归祖国怀抱的那一天。

　　1943年12月《开罗宣言》发表后，战后恢复台澎失地的问题，也就提上中国政府的议事日程。为了推动国民政府加快恢复台湾的准备工作，在1944年4月27日举行的福建省临时参议会第二届第十一次会议上，在厦门生活工作的社会人士陈村牧、张述、黄谦若、郭薰风等联名提案，要求国民政府"恢复台湾省制"。提案中写道："台湾为我国东南屏障，清初原属本省之一府，光绪十一年（1885年）因防列强觊觎改为行省，设三府一州十一县六厅。甲午战争割让予日，自是台湾同胞即沦为人之牛马奴隶。抗战以后，中央曾一再表示收复台湾决心，惟至最近始经开罗会议承认战后归还我国。现距胜利之期不远，应从速恢复省制的办法，以正视听，并坚定台胞内向之心。"台湾还提出恢复台湾省制的办法："建议中央依东北四省例，在陪都或本省设立临时台湾省政府，以号召台胞并策划收复接管等准备。"

　　上述提案人陈牧村，是德高望重的教育家，历任集美学校校长、董事长，桃李遍闽、台、港、澳和东南亚各国；张述是厦门大学1934年第九届经济学系毕业生，抗战胜利后任厦门市银行行长；黄谦若，1937年毕业于厦门大学政治经济学系，曾任国民党厦门市党部主任；郭薰风，抗战前在厦门市政府任职，抗战胜利后任《厦门青年日报》社长。

　　1944年9月在重庆召开的国民参政会第三届第三次大会上，华侨参议员、厦门华侨何葆仁等联名提案，请国民政府"设立台湾军政机构，加强准备收复工作并速定台湾施政大计案"，要求从

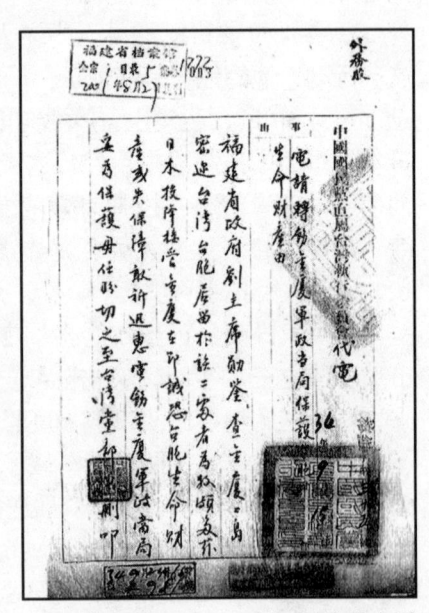

1945年9月15日，中国国民党直属台湾执行委员会电请金厦军事当局保护台胞生命、财产。

第七章　台胞在厦门的抗日复土运动

速收复台湾。接着，何葆仁又于 1945 年 7 月召开的国民参政会第四届第一次大会上牵头署名提出："请求国际善后救济总署中国分署增设台湾救济机构案。"抗战期间，何葆仁是陈嘉庚领导的"南侨总会"常务委员，负责领导"南侨总会"马六甲分会的抗日工作。抗战胜利后，何葆仁先回新加坡处理商务、家务，旋即前来厦门出任福建经济建设司常务董事兼副总经理，主持公司业务。陈村牧、何葆仁等有关推动收复台湾工作的提案，也是厦门人民共有的愿望和心声。

1945 年 7 月 26 日、中、美、英三国政府首脑又在波茨坦举行会议，发表了被苏联政府赞成的《波茨坦公告》。8 月 15 日，日本无条件投降。8 月 20 日前后，驻地在永安的"美国陆军驻闽辅助空军地面军务处"提出：日本既已投降，应速派员前赴台湾查明战时被日本囚禁于台湾的盟军战俘下落和处境。于是由处长、美军上尉钟士（Goner）带领中方秘书长陈镜辉及随员二三十人，乘坐三艘木壳机帆船前往台湾。其时战争刚刚结束，台湾海域密布水雷，且机帆船体积小，而台湾海峡风浪很大，但为了完成任务，他们不顾个人生命安危横渡海峡。到达台湾基隆后，转赴台北，驻地是辛亥革命期间孙中山住过的"梅屋敷"。

陈镜辉是厦门鼓浪屿人，同文书院毕业时因英语成绩好留校教书，后来离校转到"德忌利士轮船公司"和荷兰安达银行厦门分行任职。抗战期间迁居漳州，旋进入美军工作，抗战胜利后回厦居住。此行他手下的工作人员还有几个厦门人，其中马丕诚是同文书院学生，其父辈为厦门经营进口肥田粉的"谦顺行"老板。可以说，这几位厦门人是台湾光复后，最先登上台湾的祖国亲人。

与台湾光复直接有关的厦门人，应该是白克了。白克，原名白明新，祖籍广西桂林，出生于厦

1947 年 10 月 5 日《中央日报》刊载的台湾省光复节福建馆展览筹备会公告

门，1935年厦大教育学系毕业。在厦大求学期间，曾与黄望青、苏祖德等同学一起创办文学刊物《鹭华》，中国新闻社资深记者、厦门人常家祜是他的表弟。抗战前，白克曾在上海从事电影事业，一度公费赴莫斯科电影学院深造。抗战期间回国，从事战地文化工作。台湾光复前奉命赴台湾，主持接管日本在台湾的电影机构。

1945年10月25日，陈仪代表中国政府接受驻台日军投降，上午10时在台北公会堂举行的受降仪式，下午3时庆祝台湾光复大会全过程的新闻影片摄制工作，都是白克主持完成的。之后，他被任命为"台湾电影摄制场场长"。摄制场后来改为"台湾省政府新闻处电影制片厂"，白克仍任厂长。

李友邦领导的台湾义勇队出版厦门版的《台湾青年》

抗战胜利台湾光复，第一艘从台湾起航前来祖国的货轮，于1945年10月12日进入厦门港。台湾光复的喜讯传出，分布祖国大陆各地的台胞纷纷来到厦门投靠亲友，准备航运一旦恢复，早日回归饱受战争苦难的故乡。到1946年2月23日，先后有四批台胞3503人启程回台。台胞李友邦将军领导的台湾义勇队也从龙岩、漳州移师厦门，除了出版厦门版的《台湾青年》外，还与厦门《大道报》在大中路合办《新台报》。《新台报》为四开版小型张的周二报纸，以报道有关台湾和台胞的消息为主。应台湾行政长官公署和高雄、基隆等市县政府的要求，厦门市政府协助台湾招聘一批批各类专业人才，为台湾的接管和恢复经济建设起了重要的作用。

第八章 抗战胜利后的厦门

1945年8月10日6时，日本政府分别电请瑞典、瑞士，将投降之意转达中、美、英、苏四国，"日本政府决定无条件投降"的消息通过无线电波迅速传遍了全世界。8月15日中午，日本天皇的《停战诏书》正式播发，宣布无条件投降。"8·15"成为亚洲国家乃至国际社会历史记忆中的一个特殊符号。

抗日战争期间，厦门是较早被日本占领的沦陷区。厦门人民遭受日寇铁蹄的践踏长达七年五个月之久。日本以旭日为国旗，厦门沦陷的头几年，真可谓"焰日炽热"。直至抗战胜利之际，日本军国主义还在垂死挣扎，但老百姓却已在白色恐怖之下细声密语："夕阳就要下山了。"

胜利的曙光照耀在厦门的天空，厦门人民终于从噩梦中醒来。

第一节 智救美军飞行员

日本"皇军"在抗战前期，耀武扬威，无恶不作。在太平洋战争爆发之后，逐渐进入垂死挣扎的阶段，反法西斯同盟国越战越勇，美国盟军的飞机也不断飞临厦门上空，轰炸日军。

1943年10月13日，援华的美国飞虎队首次飞临厦门上空投弹，炸沉日本小型运输舰"尻矢号"。此后一直到1945年8月日本投降，飞虎队的轰炸机不断在厦门上空盘旋。不但日间有，夜间也有，迫使日军当局宣布实施严格的灯火管制。空袭警报一响,就有日本兵和日籍浪人组成的"警防队"团员出动巡逻。后来,发展为夜间空袭警报一响,电灯全熄,全市一片漆黑。有的居民因各种原因,或划根火柴,或点燃小蜡烛或油灯,微弱的火光一旦外泄被发现,轻则皮肉受罪;重则被扣上"莫须有"罪名抓走坐牢。

要是盟军的飞机白天空袭厦门,成百上千的厦门人不怕死地伫立码头、路边和旷地上看"热闹"。

盟军飞机轰炸金厦日军,摧毁日本水上飞机。

因为鼓浪屿没挨炸过,站在黄家渡、轮渡和记、三丘田等码头的"观众"尤多。洪卜仁与邻居、同学看过好几次。有一天黄昏,他亲眼看见炸弹横向飞进大千旅社(今春光酒店)二楼的惊险场面。当年该楼的顶层是日本人开的"羽衣舞厅",是"皇军"的长官们寻欢作乐的主要场所。盟军轰炸日本占领的厦门,目标大多集中于停泊在海面上的日本军舰和机场的飞机,但也曾投错目标,误炸居民区。在洪卜仁的记忆里,有两个地方被误炸,一是鱼仔市,即今第八市场靠打铁街、开禾路一带,另一处是双莲池和大同路东段的林氏宗祠,也就是鳌岗小学。

抗战末期,身为中国盟友的美国,早已视日军基地为眼中钉,意图摧毁。日军负隅反抗,美军飞机曾被击落,幸有厦门渔民冒着生命危险,救护落难的美国飞行员,免落敌手。

1945年3月22日,厦门天气晴朗,能见度高。按照既定计划,美国海军一架重型轰炸机于凌晨4点,从菲律宾军事基地起飞,当日10时许到达厦门,对日军军事目标实施轰炸。

在轰炸禾山机场的过程中,日军疯狂反击,高射炮弹一颗接一颗,密密地连成一条线。轰炸机躲闪不及,被炮火击中,拖着浓烟烈火,朝距机场仅5里的同安县鳄鱼屿(今属翔安区)俯冲而去。半空中,机尾断裂,掉入靠近五通港的海中,机头机翼则坠落至距机场仅2.5公里的鳄鱼屿西海面。6名美军机组成员当场遇难,剩下7人生还。

飞机坠落后不久,日军出动一架战斗机和一艘快艇追击。7名美军士

第八章 抗战胜利后的厦门

兵慌不择路，竟然乘坐自备的橡皮筏，向厦门沦陷区的方向逃命，简直是羊入虎口。日本快艇向他们开来，日军的飞机则在空中盘旋，不断地俯冲、投弹、扫射。美军抱头坐以待毙。就在这生死关头，渔民陈则绵、陈肚等出现了。

陈则绵、陈肚、陈应德、陈本篆四位老渔民，当时还是20岁左右的小伙子。他们回忆说，当时正是农历二月初十日上午9时22分，正是退潮的时候，大家正在沉级（地名，在鳄鱼屿西）收蚝，从厦门那边传来的飞机声、枪炮声和爆炸声中，他们知道是盟军飞机又来轰炸厦门的日军基地。随着轰炸声愈来愈近，大家不约而同地抬起头来，只见禾山日军机场升起滚滚浓烟，就在一架飞机俯冲投弹时，突然白光一闪，飞机拖着浓烟烈火向他们飞来，美军飞机坠落了。渔民们被吓呆了，划船过去看，从机头玻璃窗里相继钻出几个黄头白脸、身材高大的"番仔"来。看见美国盟友处境危险，渔民们挥动手臂喊"往这儿来，往这儿来"，或许是飞行员惊魂未定，心存猜疑，他们急急坐上自备的橡皮筏，慌不择路向沦陷区划去。

空中有日军飞机，海面有日本快艇追来，如果不赶在敌艇到来之前救出盟军，飞行员是必死无疑的。不知是谁喊了一声"救盟军"，渔民陈牛（时年45岁）和他的外甥洪宗更（25岁）首先划船过去，其他几条船紧跟，最后竟有几十条船从四面八方围过来救人。渔民们边划边喊，满脸油污、一身血污的美军飞行员才明白过来，争相爬上渔船。7名飞行员被迅速分散在几条小船上，他们被藏在船舱底下，用收蚝的竹筐盖上。几十条船分散逃走。日军见状，无计可施，乱枪扫射一通便走了。

事后，渔民们得知，原来驾驶敌艇

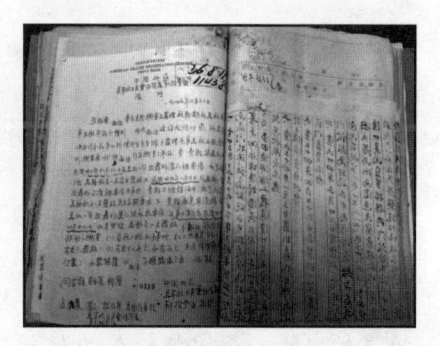

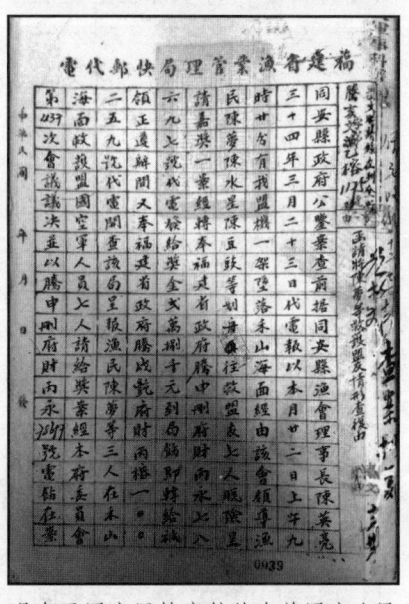

现存于同安区档案馆的有关同安渔民救助美军飞行员的档案

的人是被日军抓去的同安丙洲人，他对日军深恶痛绝，用各种理由蒙骗日军，使他们不敢靠岸追击。

渔民们载着美军飞行员回到陈下厝村，7位飞行员望着海面上还在冒烟的飞机残骸，放声大哭。在渔民陈君安家里，飞行员洗了澡，包扎了伤口，喝了热汤，心情才平静下来。通过乡人陈保罗的翻译，渔民们大致了解了情况，飞行员请求代找当地驻军，以便赴漳州美国空军联络处。

当天下午4时许，驻军一〇七师派人将他们接走。全村老少夹道欢送，美军飞行员拉着村民的手，一边走一边哭，临别时还将金笔赠送给村民，被村民们婉拒。在新厝仔大路口，飞行员跪在地上，流着泪，向全村人拜别。

当日殉难的6名飞行员遗体，相继被琼头、丙洲渔民发现捞回，"由保长备棺，安葬……尸上附中国、美国国旗各一面。……4月7日，由保长雇工，在盟友监督之下，重新发掘备棺，加添厚殓，转运漳州"。

渔民们勇救7名美军的义举受到美国驻华海军的高度赞扬，驻华海军司令官特向27位中国同安渔民颁赠银质纪念牌各一枚。我们看到渔民陈栓的纪念牌写道：

一九四五年三月二十二日，本国海军飞行员在中国福建省同安县马巷镇飞行出险，荷承陈栓尽力救护，获得脱险，免沦敌手。陈君爱护盟国，勇毅过人。铭篆之余，无以为谢，再颁数言，以表感忱而记毋忘。

27位渔民的名字分别是：

陈闲牛　陈则钳　陈则绵　陈春晓　陈春木　陈本篆　陈君安　陈烈闲
陈茂林　陈君乞　陈君留　陈生水　陈　露　陈清平　林君剪　陈乌番
陈　土　陈　肚　陈　山　陈良舌　黄长春　陈晴春　陈　是　陈应德
陈水生　洪宗更（以上均陈下厝渔民）　陈　梦（丙洲渔民）

除了美国军方，当时的福建省政府也给渔民们颁发了奖金。奖金由时任福建省政府主席颁赠给27位渔民。虽然渔民们在受领奖金名册上签字盖章，但70万元并未发到他们手中，钱不翼而飞，是否被国民党官员贪污便不得而知了。

据史料记载，战后美国专门成立了一个机构，用来搜索美军的抗日英灵。在中国，这个机构的名称为"中国地区美军抗日英灵保管处"。1947年，该机构下辖的第三搜索组来厦，奉命调查及处理抗战期间美机失事及飞行员阵亡情况。据抗战期间有关档案及报纸记载，1944年12月19日，有美军飞机一架（P-51鹰式战斗机）飞向厦门禾山日军机场投弹，被高

第八章 抗战胜利后的厦门

射炮击中，机身受伤，降于时属同安县的集美乡埭溪桥，飞行员爱华力荷（另一说为克科弗，28岁，美国南州人，少校军衔，属美国第十四航空队）安然无恙，由集美乡招待膳宿，后派员护送至漳州美国空军联络处。

1945年1月3日，美军飞机执行轰炸任务时被击中，坠入同安县三塘镇海中，一位名为"威廉汤"的美籍飞行员被渔民救起。同年4月29日，一架美军轰炸机在厦门执行军事任务时被击中坠落，飞行员在角尾（今角美）东溪桥附近获救。

第二节　欢天喜地庆胜利

1945年，沦陷区的厦门各报社虽然被日军占领，收音机被管制，但胜利的气息还是弥漫到了厦门人心里。

变化其实从7月份就已悄悄开始。当时日军严格控制老百姓家里的收音机，谁家有收音机都要登记。而收音机只能接收厦门以内的播音，中波和短波都被封死，为的就是封锁日本战败的消息。但有不少老百姓冒险收听来自重庆的广播电台，"当时广播里已有消息说，日本快支撑不下去了"——人们走在街上碰面，常常会就这些听来的消息驻足低声交谈，并且防着身边的汉奸或日本人。

广播的消息，再配上现实的变化，越来越让人们相信胜利在望。虽然厦门市面上的两份报纸，即日方办的《全闽新日报》和汪伪政权办的《华南新日报》都没有报道战事消息，但每天巡逻的日军却只剩下稀稀落落的几个人。

"我还印象深刻地记得在8月初，广播里隐约听见了'原子弹'的字眼，但具体是什么我也不知晓。"洪卜仁回忆，这个关键的字眼出现后，连街上稀稀落落的几个日本兵都不见身影。

8月14日晚上，地下抗日义士通过偷听电台广播得知停战消息，消息虽没有公开，但百姓间已是奔走相告。直到8月15日，有人暗地里收听到重庆电台的广播，称日本已经宣布无条件投降了。不久，在街上就可以听到按捺不住的鞭炮声，"刚听到消息，大家还只敢偷偷地说，有人高兴得不知道该做什么好。到后面，大家就大胆走上街头，欢庆抗战胜利了。"那些需要在暗地里偷听广播的日子一去不返，被压抑已久的情绪终于喷薄而出！

1945年8月15日是日本政府宣布无条件投降的日子。8月14日与8

月 15 日，仅隔一天，人们的心态却发生难以形容的变化。在厦门岛上，8月 14 日还看得到荷枪佩刀站岗的日本士兵，以及一些伪警察。8 月 15 日这天，整个厦门看不到那些耀武扬威的日本兵，也看不到那些伪警察在站岗。到了中午时分，只见成群结队的市民走上街头，奔走相告："臭日本仔投降了！"有的人说完后怕对方不相信，还郑重其事地加上："是真的！千真万确！"厦门市民的喜悦之情，难以言表。

有意思的是，在抗战胜利消息传来后不久，被老百姓称为"汉奸报"的《华南新日报》为讨好国民政府，突然摇身一变成了《新华日报》，并于9 月份刊登了日军在华最高司令官冈村宁次正式签署投降文书的消息。而《全闽新日报》在刊登日本投降的消息后就直接停刊了。在漳泉一带也有商人不断进出厦门，带来了福州出版的《中央日报》和南平出版的《东南日报》。市民也开始盼望国民政府早日前来厦门接受日本投降。

一、搭牌楼庆祝胜利

据洪卜仁先生回忆，相比正式投降前几天的偷偷摸摸，8 月 15 日这一天的厦门几乎到处都可以听到持续不断的鞭炮声和欢呼声。洪老回忆说：这一天，我从鼓浪屿搭小船到厦门，从轮渡码头上岸，走不多远，就可以看到中山路原工商联今黄则和花生汤店前的马路上，有人在准备搭制庆祝抗战胜利的牌楼。再隔几天，特别是 10 月 3 日厦门全面接收之后，更多人自发地结合一起，捐钱架设牌楼，中山路今新华书店门前、大同路大元路口、开元路磁安路口等处，都已耸立庆祝抗战胜利的牌楼。牌楼上有的挂着中国、美国、英国、苏联四个反法西斯同盟国的国旗，有的贴着四国领导人的照片，牌楼两侧贴着庆祝抗战胜利的对联标语，喜庆十足，到处是一片喜气洋洋的景象。

"我们那座牌楼就建在现在的鼓浪屿龙头路和泉州路口之间。"洪卜仁说，"当年我与邻居郑忠德、卢万金等几位年轻人一起凑了点钱，就让工人搭好了这座牌楼。"

约八米宽、两层楼高的牌楼吸引了不少人的目光，在牌楼的正反面写有"普天同庆"、"四海同欢"，而最顶端则写着"四大强国"。卢万金特地邀请了他的父亲、厦门文化名人卢文启为牌楼写了庆祝抗战胜利的对联，"这是当时鼓浪屿上唯一的牌楼。"洪卜仁说，牌楼在搭建时还安装了电灯，夜晚时灯火灿烂，吸引了不少百姓驻足观望。

牌楼搭建好后，美彰照相馆还为几位青年在牌楼前拍照留念，可惜年

第八章 抗战胜利后的厦门

代久远，照片已不知去向。

二、告慰天灵

1938年5月10日，日本侵略厦门杀害很多沿海村民，当地村民形成一个民俗日"日本仔忌"。每到农历四月十一日（即当年的5月10日），家家户户就会祭祀先人。

抗战胜利的消息让老百姓为之振奋，而除了张灯结彩庆祝之外，将消息告诉冤死的先人，以慰他们的在天之灵，也成了许多老百姓的要紧事。

厦门民俗专家杨纪波的爷爷便是在日本占领厦门期间不幸遇难，在8月15日得知消息的当天，他们一家也马上焚香烧纸钱，告诉老人家这个好消息。

据曾住湖里社的杨永成回忆，8月15日当天，他们立刻进行了极为隆重的祭祀仪式：开祖厝门，祭天公。不仅请来儒生读祭文、焚香，全族的人也都集中在祖厝，集体上香祷告，告诉祖先胜利的消息，"就连以前偷偷养的猪，这回也立刻杀了来祭天公"。

胜利的消息也传到了阴冷的山洞里。1938年5月10日，日军入侵厦门，黄厝溪头下社的村民纷纷躲进山洞里。同年12月，陈明山在山洞里出生，父母一看是男孩，不知是喜是忧。陈明山说，之所以取名"明山"也是有寓意的，希望有一天光明会来，照亮山洞。"5岁前都是穿长袍子，头发也是像女生那么长，3岁之前几乎没出过山洞。"陈明山回忆，那时流传着日本人会偷男婴的消息，父母担心他被日军劫走，于是将他打扮成女孩子。

直到有一天，父亲突然对陈明山说，以后可以不必再穿裙子、留长发了。陈明山这才知道，原来那天日本投降，抗战胜利了！"那时我就像一只原本关在笼子里的鸟，现在笼子开了。那天家里杀猪宰羊，热闹极了，还说要把生日和抗战胜利一起庆祝。"陈明山说。

三、金厦同庆

1945年8月15日，金门与厦门一起，沉浸在获得新生的欢庆之中。

金门是日本图谋占领厦门的跳板，因此1937年抗战一开始，金门就成为日军进犯的主要目标。在金门、厦门相继沦陷后，日本就将两地作为同一政区统治，因此抗战胜利时两地也是同一时间光复。

8月15日这天，深受蹂躏多年的金门人民扬眉吐气，还冲进了原来作为日寇最高指挥部的金门行政公署。当天许多因为沦陷后被迫与家人分居两地的金门同胞,在了解到当天厦门、金门的民间船只马上恢复航运后,当即就乘船回金门,在庆祝抗战胜利中家人也得以团聚。

在两地之间,也正因此有了一个有趣的故事。抗战胜利前,一名来自金门县的年轻文书娶了大嶝的一名女孩,他们的儿子刚好在抗战胜利前夕出生,而当时孩子的爷爷奶奶都还在金门,根本不知道自己已经有了小孙子。也就在那一天,这一家人带着儿子乘船回金门与爷爷奶奶团聚,三代团圆。

四、币制混乱,日焰嚣张

喜庆的氛围渐渐淡去后,由于暂时处于无政府状态,厦门街头显得有些混乱,街上摆起了赌博摊,有些人冒充接收人员抢着对汉奸财产贴封条。其中,币制的使用则更为混乱。洪卜仁回忆,厦门当时市面上流通了三种钞票,分别是日元钞票、中央储备银行的钞票以及厦门劝业银行的钞票。

"日军走了,这些钞票还能不能用,要怎么用,大家多有疑问。"洪卜仁回忆,为了避免风险,有的商户索性拒收,这也引起了一些不安,"大家当时心里头都乱,不知道怎么做才是对的。"

当时,厦门还有些日本人仍未离开,曾国柱老先生亲眼见证了在厦日寇投降后的猖狂行径。

敌人在厦发行伪币
(调查材料,单位:元)   民国三十四年九月

	由沪运来	现银撥银转来	运沪金额	本月底库存额	本月底止发行额
总　　计	1,078,787,000	335,176,000	100,000,000	214,017,883.78	1,099,945,710.72
壹万元		1,150,000		1,150,000,000	
五千元		22,810,000		22,810,000,000	
壹千元		82,916,000		82,916,000.00	
五百券	827,287,000	119,300,000	35,000,000	83,037,000.00	828,548,000.00
贰百元		1,600,000		201,200.00	1,398,800.00
百元券	137,000,000	101,550,000	24,000,000	6,657,600.00	207,892,400.00
拾元券	90,900,000	5,670,000	35,000,000	11,113,670.00	50,456,330.00
五元券	19,200,000	180,000	6,000,000	3,083,425.00	10,294,575.00
壹元券	2,800,000			2,030,506.00	769,494.00
辅币券	1,600,000			1,014,482.78	585,517.22

来源:根据厦门伪伪财产清查委员会调查材料编制
(厦门市档案馆档案,编号第三时期43下)

第八章 抗战胜利后的厦门

他还记得，抗战胜利之后的一天，只有6岁的他也吵着要玩彩旗，父亲就去中山路的文化商店买。买完旗子，他父亲从中山路走向行人较少的大中路时，遇到了两个日本兵——有一个日本兵一把抢过旗子，并把它撕烂；另一个日本兵则凶狠地舞动带鞘的日本刀，往他父亲头上砍去。他父亲一下子头破血流，趁着周边没人，两个鬼子扬长而去。所幸，行凶时那把日本刀带着刀鞘。他父亲后来被同胞发现，扶他到附近的私人医院缝补伤口，保住了性命，不过额头上的伤疤却永远成为这历史性一幕的"见证者"。

第三节 日军洽降气焰消

1945年8月15日，日本宣布无条件投降，厦门接受日军投降相关事宜也提上了议事日程。

当时，厦门和金门地区的陆军行政机关受降长官是严泽元少将，所有入厦机关和部队归他指挥。出生于1913年的抗战老人李度青回忆说，他到漳州九龙饭店向严泽元报到后，正式成为受降团的一名官员。8月16日，他率领水警60多人驻扎在漳州石码待命，准备作为回防厦门的先遣队，随时出发乘船回厦。

然而，厦门受降并非一开始就很顺利。1945年8月18日，严泽元派出代表向厦门区日军总指挥原田清一说明接降事宜，不料原田清一态度蛮横地拒绝了。原来日本宣布投降以后，驻华日军最高指挥官冈村宁次还抱死硬态度，幻想"是停战而不是投降"。至8月底，原田清一接到上级的指示，才彻底醒悟过来：日本战败了！

战后的厦门岛一度出现权力真空，一些流氓帮派、黑社会势力趁机肆意劫掠，一时间群魔乱舞，日军根本控制不了。侵厦日军的头领和领事馆迫于安全问题，派人来到漳州，请求中国方面的受降官早日莅厦。

龙海石码和厦门隔海相望，是当时漳厦交通的咽喉，严泽元便指定石码为接见地点，命令日方请降代表于1945年8月28日，来石码商会会所洽谈投降事宜。

原田清一于是主动派出海军少佐驹林力，以战败国军使的身份到石码洽降。驹林力带着一名翻译，乘船抵达码头。驹林力30多岁，矮矮胖胖，身穿日本军服，肩披一条白色降带，左手拿着白皮降书，右手拿一把较短的指挥刀。他一下船就脱下帽子，毕恭毕敬地端在手中，据说这是战败方向我军行大礼。李度青命令他前往石码商会指定接见地，一路上驹林力都是正步走，一扫往日嚣张态度。

听说日军来投降，街上人群奔走相告，因积愤已深，都要一睹为快。从码头到商会会所，国民党宪兵严阵以待。正是下午3点左右，天气炎热，人们默默地围在夹道上，一看到日军出现，群情激愤，驹林力一踏上码头，就被一群小孩投掷沙石。严泽元全副戎装，在会所接见了日方海军少佐驹林力、厦门总领事永岩弥生。

在石码商会，驹林力谈起东京情形时，脸色惨变。据说驹林力在东京的家已经被炸毁，何时回国尚不清楚。驹林力还态度恭敬地请求对在厦门的日侨宽大处理。

举行洽谈仪式时，驹林力换上海军制服，除去佩剑，向我方代表交上请降书。严泽元问到驹林力的军阶和职务，发现对方的级别太低，而且没有携带身份证明，马上命令他们返回，换人来谈。这一次不成功的洽降手续仅仅用了不到15分钟。

8月29日，驻厦日军最高司令部指挥原田清一派遣海军大佐松本和日本领事馆书记官林乃恭加上随从共六人，搭乘"阳台山"号电船到石码洽降。

同样是炎热的下午，日军降使经过的路线由保安队警戒，自电船码头经中镇路至商会会所，一路步步岗哨。商会附近，实行戒严，闲人不得接近，进入会场须持出入证。但街上则人山人海，观察者如堵，"途为之塞，两旁楼窗阳台万头攒动"。

日军登上码头后，指挥刀上挂出白布。松本大佐五十岁左右，个子瘦长，仍穿日本军服，肩披白色降带，左手白皮降书。与驹林力不同的是，他的右手拿着一把较长的指挥刀。

下午3时30分，接见开始，松本大佐毕恭毕敬地呈上请降书，恭聆受降官训令。厦门警备区司令部副司令阙渊少将当场宣读了第三战区司令长官、福建省政府给厦门日军最高指挥官原田清一的两份备忘录，由松本大佐签字。这一过程持续了约四十分钟。结束后，降使一行立即退出，循原路上船回厦门。这时候，石码的百姓撵着松本一直赶到码头，"打倒日本帝国主义"的口号声此起彼伏。

日方代表回厦门后，还就举行受降仪式的时间、地点以及接收、移交、造册等具体问题，多次来漳请示。直到9月25日，原田清一派人到漳州补送财产清册时，仍表示盼中国方面早日前往接收。

第八章　抗战胜利后的厦门

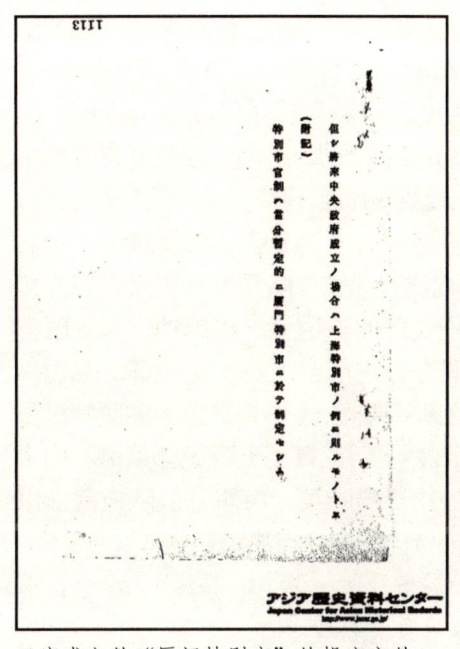

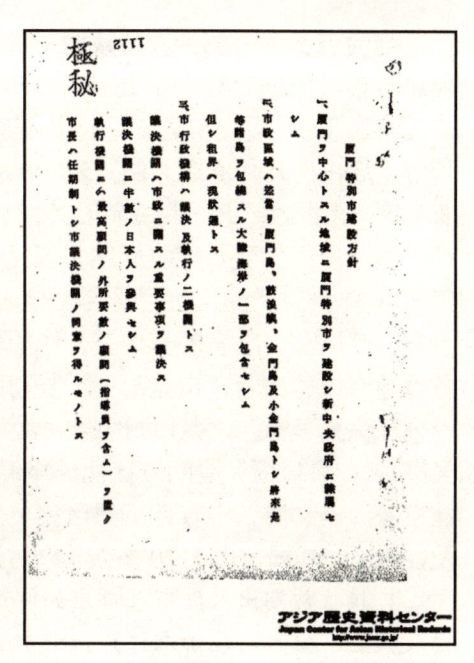

日寇成立伪"厦门特别市"的机密文件

第四节　接收厦门波折多

抗战刚刚胜利，厦门处于无政府状态，百业俱废，流氓横行。沦陷了7年的厦门群众，盼望中国政府能早日接收孤岛。

1945年8月15日日本投降后，国民党第三战区司令顾祝同和副司令、浙江省政府主席刘建绪立即组成"接收厦门委员会"，决定任命福建省保安处处长、保安纵队司令严泽元少将为受降主官，并为接收金门、厦门的主任委员。严泽元为黄埔三期毕业生，曾任驻日武官，熟悉日本情况，对日本的政治、经济、军事素有研究。同时，福建省政府委派省府委员黄天爵（海澄籍，厦大毕业生，后在台湾任国民党中侨委代委员长）兼任厦门市市长。

严泽元即日率领上校参谋丁维禧、秘书任仲泉，以及警卫大队长邬学义中校，英语翻译官陈振福（惠安人，福州协和大学毕业生），及一大群随从人员等，由大田、德化经泉州抵达漳州，租用龙溪九龙饭店办公。第三战区副司令长官部同时派参谋处长唐精武来漳协助。

【231】

当时市长黄天爵带领市政府一批人马在漳州待命，住在现厦门路的原福建省银行漳州分行内。此外，尚有漳厦党务督导专员黄谦若（惠安人，厦大毕业生），厦门市党部书记长谢联奎，市府代理主任秘书吴春熙、陈烈甫（后任厦大政治系主任、厦门市参议会议长）、严焰（后任市商会理事长）等一大批政要，一时将星云集，龙溪县长应接不暇。

关于厦门的受降接收问题，国民党当局曾多次开会，部署研究。1945年8月31日，严泽元在龙溪县政府以福建省保安纵队司令部名义，召开接收厦门座谈会。出席者有中美合作所华安班的陈达元、雷镇钟，漳厦区党务督导专员黄谦若，市党部书记长谢联奎，市商会严焰、庄金章，福建高一分院院长李襄宇，宪兵四团第一营营副郎文光，《中央日报》驻厦特派员吴邕，《中央日报》厦门分社社长郑善政，厦门三青团干事长郭薰风，中央社特派员冯文质，中宣部闽粤区厦分处指导员叶英，海军陆战队方馥藩以及各银行、邮局负责人20多人。经讨论做出下列八点决议：

1. 接收初期出入厦市人口应如何管制案

议决：出入均应请求许可，由市政府负责办理。

2. 交通船只应如何管制案

议决：设管制委员会，由保安纵队司令部、闽南区指挥部、市政府、市党部、三青团厦门分团、海军陆战队、水警队、厦市警局、宪兵连等9个机关组成之，并以纵队司令部为主任委员，其他各机关为委员，办理登记。

3. 禁止民间私藏军火及便衣携带武器，以维地方治安案

议决：由纵队司令部、闽南区指挥部、市政府等机关会衔布告：①对未曾领照枪支，限期缴呈警察机关保管；②前项布告同时请军风纪巡察团揭示民众遵照；③各机关公务人员因公携带武器者，应报请纵队司令部发给临时枪照。

4. 汉奸案件应如何统一处理案

议决：①设立"敌奸罪行调查委员会"，由下列机关组成：市政府、市党部、三青团、保安纵队司令部、闽南区指挥部；②检举汉奸应向"敌奸罪行调查委员会"检举，经初步侦查认有确证时，由宪警予以逮捕，移送司法机关办理；③委员会组织规程由市政府草拟。

5. 逆产应如何处理案

议决：汉奸经敌奸罪行调查委员会拘捕时，应同时标封其财产，并通知市政府管理之。

第八章　抗战胜利后的厦门

6. 关于善后救济柴米供应问题案

议决：柴、米、医药除由市政府准备外，鼓励商民自由营运，但交通工具须经管制委员会允许。

7. 机关人员迁入厦市，应如何予以规定案

议决：①机关进入厦市，应事先将人数通知保安纵队司令部；②各机关入厦先后由纵队司令部定之；③各机关进入厦市以驻旧地为原则，其无旧址者，由市政府设法调整；④应迁入市区各机关，以石码为集中地点，候船输送。

8. 禁止非法团体活动案

议决：①党部、政府认为健全者当然存在；②凡不健全者，由党部、政府派员处理；③非法团体，禁止活动。

9月12日，严泽元又召集接收厦门市的党政机关人员负责人开会，规定接收厦门的四点意见：

1. 接收步骤：前进指挥所进入时，其他任何机关团体人员，不必随同前往，党政机关须随接收部队同时进入。

2. 接收范围：包括各种设备、仓库、工事、器械、邮信等。

3. 接收之顺序。

4. 接收之纪律：凡扰乱治安、破坏秩序者，一律以匪徒论罪，并严禁便衣带枪私相授受。任何接收须在我接收长官及负责接收之机关与缴降之敌伪，按照所具清册点收，会同盖印。

受降主官严泽元在日本多年，一向讲究仪表，认为来厦受降，应有战胜国威仪，所有的工作人员不能像战时一样穿布军装。为此他派专人来厦门采购上等卡叽布，赶制笔挺军装并配备崭新皮鞋，一切准备就绪正待出发。

不料在与厦门日本海军中将原田清一洽谈接收事宜的时候，原田清一以"奉中国派遣军总司令冈村宁次之命，本地区应向中国海军投降，未便遵办"为词拒绝。

原来，国民党高层初时对受降接管这一大事步骤并不一致，尤其是海陆军双方。海军总司令陈绍宽电令海军第二舰队司令李世甲少将（李亦是福建省政府委员），为接收厦门日本海军的专员。8月20日，李世甲奉命率领海军陆战队第四团第一营（营长林苞）300多人，由福州马尾出发，于8月26日抵达集美，拟由集美渡海入高崎，准备接收厦门。此时福建省政府主席刘建绪已先派陈重率领省保安队一个团，集结集美待命接收厦门。陈

重对李世甲说，接收厦门是第三战区司令长官顾祝同和副司令长官兼福建省主席刘建绪做出决定并交省保处负责执行的，劝阻海军不要渡海。这时双方互不相让，气氛甚为紧张。

严泽元闻讯，乃邀请李世甲到漳洽谈。最后严泽元急电第三战区正副司令长官部请示。当时，国民政府中央陆军以何应钦为首主张台闽战区序列接收；而海军以陈绍宽为首则主张台、澎、厦门要港应归海军接收。眼睁睁看着集美海陆军双方陈兵对峙，都难以渡海。

这时，又发生了枝节，严泽元突然接到国民政府财政部来电称："奉总裁手谕：凡全国敌产，应由财政部统一接收处理。现派李致中少将兼厦门市接收组组长。"并称："在李未莅任前，不得擅自接收。"严接令后，急电敦促李致中来漳，但当时李尚在广州接收，一时无法前来。

同时，原来设在华安县的中美合作所第六特种技术训练班（俗称"华安班"）的副主任陈达元也率领4个营，计3000多人，认为应由他们来接收厦门。陈达元和另一个副主任雷镇钟（战前曾任市同文中学、中华中学军训教官），早在8月20日就命令4个营移防厦门附近。第一营驻海沧，第二营驻嵩屿，第三营驻石码，第四营驻海澄，随时准备过海接收。

由于多方插手，互相掣肘，情况相当复杂。最后第三战区副司令长官、福建省政府主席刘建绪亲自来漳坐镇，与各方反复磋商，但以谁为主接收厦门日军投降问题一直无法解决。

8月29日，日军虽已完成石码的请降任务，但国民政府方面因内部倾轧，仍无法来厦接收。此时日军已无法控制局面，日本海军中将原田清一多次派人到漳州呈送财产清册，表示急盼中国政府早日来厦接收。而国民党内部为争权夺利，钩心斗角，从日军投降起至9月20日，僵持一个多月。其间文电交往，大费唇舌，仍无法协调。

原来，9月9日国民政府在南京接受侵华敌酋冈村宁次投降后，已组织全国统 接收委员会，以何应钦为主任委员，海陆空三军选派人员参加，海军方面以海军总司令部中将参谋长曾以鼎主办接收日伪海军任务。9月下旬，曾以鼎委派刘德浦少将为厦门要港司令，要求刘赴厦协助李世甲办理接收事宜，何应钦同时命令第三战区，厦门受降改由海军主持。

至此，刘建绪不得不电令严泽元将各项清册图表移交刘德浦，并派保安团协助海军搞好接收工作。

刘德浦带上校参谋长郑沅、少校副官刘景篁和翻译李择一等由上海乘日本专机于9月24日抵厦，然后转至漳州龙溪与李世甲会面商谈，刘德浦

第八章　抗战胜利后的厦门

以接收厦门日本海军前进指挥所名义，向日本海军司令原田清一发布命令。同时李世甲用长途电话向永安的刘建绪报告准备与刘德浦率海军陆战队渡海的决定，并表示接收范围仅限原海军厦门要港司令部、海军厦门要塞、海军飞机场、海军厦门造船所、海军医院和海军电台等机构，其余地方行政单位、金融机构、海关、税务、司法、邮电等均不过问，请省方自行派员接收。刘建绪至此不得不同意。

刘德浦返厦后，立即命令原田清一编造投降官兵名册及舰艇、军械、弹药、物资等清册，并规定9月28日为受降日期。

1945年9月28日，海军在鼓浪屿海滨饭店（今鹿礁路2号）举行受降仪式。李世甲主持受降。这是厦门地区最高将领参加的接收日军投降仪式。参加仪式的有国民党海军第二舰队司令兼接收厦门海军专员李世甲少将、厦门要港司令刘德浦少将、参谋长郑沅上校及副官等人，李择一（福建省政府顾问）任翻译。

日方的驻厦海军司令原田清一中将及参谋长等5人，原田低声下气，向中方海军献上请降书，状极狼狈。

事后，我海军接收厦门日本海军舰艇4艘（最大为400吨的炮艇一艘，其余为机帆船），投降官兵共2797名，以厦门大学为战俘营。武器有步枪1000余只，轻重机关枪、机关炮数十，山炮几尊。这些武器被装上两艘机帆船，经布雷队官兵押送运往福州，交海军马尾要港司令部点收归库。

空军方面，有飞机4架，飞机用油711桶，大小炸弹290枚，车辆5部，由空军部派空军上尉萧棣信前来厦门接收。

李世甲在鼓浪屿主持受降后，即接到海军司令部指派他为接收台湾日本海军专员的任务。厦门的具体接收工作和遣返日俘事宜，则交由刘德浦继续办理。

9月29日当晚，严泽元、黄天爵召开"接收厦门委员会"紧急会议，决定所属各单位人员准备30日上午10时，从漳州赶赴石码集中，待命入厦接收。严、黄及机关高级官员即定10月1日专轮抵厦，其余各级机关2日向厦推进。

不料，当晚强台风袭击闽南，狂风大作，连续多日，船只无法启程，石码至厦门的交通全部受阻，严泽元等人全部被阻停在石码。10月3日台风停止，严泽元等人才上船入厦。

李度青先生还记得，10月3日受降那天，风止天晴，李度青雇了"金再兴"、"金再发"和"菲菲"三艘平底汽船，安排受降团官兵一百多人，准备入厦。不料那天早上临行前,码头突然来了很多人,大家都要坐船回厦门,互相挤压,女医护人员都上不了船。人们冲他喊:"为什么我们上不了!怎么还带女眷?"他解释说:"这些都是医护人员,没有医疗保障是不行的。"

受降团官兵有100多人,回厦的船只满载,所有人的心情都异常激动,大家感慨万千。由保安纵队先遣指挥官阙渊(新任厦门警备司令部副司令)率领前进指挥所宪警300多人,当天上午也从海沧乘轮船出发,10点抵达第五码头登岸,分乘2辆大卡车,5辆小汽车,绕市区一周。市民蜂拥,途为之塞,鞭炮之声不绝于耳。中午11时许,从石码驶来的三艘汽船同时到达厦门港内,码头早已经等候了数千名市民,鞭炮与欢呼声大作。

严泽元传令3艘汽船先在海面上鸣笛,再环行三圈,用以报慰沦陷了七年又五个月的受难同胞。这时岸上的同胞欢声雷动。

日军官兵及驻厦领事馆全体人员在码头上弯腰致敬,列队欢迎。午后3时,前进指挥所命令日军撤岗。10分钟后,市区各大街小巷,皆换上了保安团队及警察岗哨。全市人民欢欣若狂,争上街头,观看接管盛况。

下午3时许,严泽元等人乘坐的专轮抵厦,鹭江道上,人流拥挤,万头攒动,鼓掌欢呼。在大批军警保护下,严泽元等由中山路步行进入柏原旅社(今思明西路民主大厦),接受日军的投降。群众也拥着他们一路走去。半小时后,严泽元见围观市民仍围绕在柏原旅社门前久久不肯散去,于是登上五层楼,在阳台上挥帽致意,一时间人群里爆发出雷鸣般的欢呼声。

这是被压迫者翻身的欢呼,这是受欺侮者夺回尊严的欢呼。日寇铁蹄蹂躏鹭岛七年有余,厦门人流离失所,啼饥号寒,惊心忍命,度日如年。7年间,厦门经济损失惨重,社会发展大大倒退,日寇"抢夺厦民,奸淫妇女,逼良为娼,任意杀伐,摧毁教育文化机关、医院、渔船,强迫栽种罂粟,开设烟馆,征募兵役,滥发伪币,罪大恶极,罄竹难书"。厦门市政府在战后的厦门市抗战损失调查报告中,这样痛斥日军的罪行,并且写下这么一段胜利泪水泛现心酸的文字:

当民国三十四年(1945年)十月三日,本府莅厦接收之时,厦民列队迎接,其狂欢神情,莫不令人心碎。民众曰:"设日本再延六个月投降,则厦市将无中国人存在。"言词沉痛,闻者恻然。

厦门终于重光了。10月4日上午10时,厦门市政府及所属机关职员队警百余人,前去公园南路市政府大楼接收伪市政府与伪警察局。各项表册

第八章　抗战胜利后的厦门

清单，都已由日领事永岩弥生抄呈市长黄天爵审阅，并由伪秘书长陈见园导引至各科室点收。厦门光复后的首次升旗仪式随后举行，厦门的天从此晴朗了。

厦门、金门、鼓浪屿光复区的防务，经由严泽元重新部署，市区由保安第二团陈言廉部和华安班驻守，金门由保九团朱应波驻守，鼓浪屿由华安班驻守，宪兵第四团的一个营，协助维持治安。至此，厦门的接收和接管事宜宣告就绪。

国民政府因内部争权夺利，推迟来厦接收，致经济上损失惨重，若干机关的物资、财产散失，部分于日军投降后即被盗卖，另一部分日敌内部自行窃取，后来又被一些接收大员劫收。

10月12日，严泽元在第二次党政军团联席会议上，继续决议五点：

（一）成立报缴处，收缴散藏民间武器物资，限10月底自动报缴，逾期不报以军法从事，曾用款买进的武器物资，交出原发票由司令部代为追还原款，并严禁私自买卖武器及军用物资，违者处死；同时奖励检举，凡由检举查获之物资，以价值1%~10%奖给检举人，武器酌情核奖。

（二）伪币应即向银行登记，并由市府布告禁止进出口。

（三）日侨及台胞财产及日人占用之房屋，由市府组织清理委员会清查处理。

（四）组织台胞财产纠纷调解委员会，负责调解台胞一切产业纠纷。

（五）汉奸财产由法院及市府负责处理。

第五节　惩治汉奸伸正义

应该说，"汉奸现象"是抗战期间中华民族最大的"痛点"。

国家危难，大厦将倾，无数精忠报国的壮烈之士慷慨赴死，而部分同胞却变节投降，卖国求荣，认贼作父，助纣为虐，沦为民族败类。

一、肃清惩处汉奸

1945年10月3日，厦门日军投降后，国民政府宣告厦门光复，第二天恢复厦门市政府建制，黄天爵任市长，吴春熙为主任秘书，各局各部门恢复投入工作，各就其职，惩治卖国贼汉奸的工作被提上了日程。福建省保安纵队司令严泽元下令缉拿汉奸，十几天后，伪厦门市长李思贤、伪经济局长卢用川、伪财政局长金馥生、伪禁烟局长林济川、伪教育局长叶则庵、伪市府秘书长陈见园、伪秘书张修荣、伪金门特别区署长王廷植、伪金门特区署科长王天和、伪开发公司董事蔡文篇、伪稽征所主任陈刚池、伪法院书记长郭光斗、伪警长傅炳宽等19个厦门、金门奸逆被拘获，移交法院审讯，财产被查封。

除了厦门市伪政权的首恶，厦门市面上还有许多日籍台湾浪人在日据时期仗势欺人，为非作歹；一些商人投靠日寇，大发不义之财，暗助日军搜集情报；流氓地痞则附逆卖命，充当鹰犬，捕杀我抗日志士。这些都是厦门老百姓痛恨的汉奸。1946年2月，厦门市临时参议会第一届第一次会议召开，参议员丘廑兢、杨绪宝提案，许杨三、陈清波连署提议：

调查奸伪罪迹，以便向肃奸机关告发法办，俾伸国法。提案称：查厦鼓沦陷期间，敌人作恶，固属可恨，而一班无耻汉奸及附逆败类，摧残祖国，欺侮良善，尤为可痛。现虽有一部分就捕，但逍遥法外者，亦不乏其人，市民慑于淫威积习，亦多不敢告发。本会为代表民意机关，告发奸伪，责无旁贷，自应积极进行，而伸法纪。

办法：一、本会各参议员应负访查告发奸伪之责，如访得实情，当密报驻会委员会报请肃奸机关办理，惟驻会委员会须为保守秘密。二、本会应置意见箱，接受民众意见。

该"参议员投入访查汉奸"的提案，获市临时参议会通过，成为决议案。参议员吴雅纯又提出："厦门沦陷八年，民众冤苦最重，亟待伸雪"，动议："广征民隐，招纳民众告诉，以伸民冤。"临时动议案获得通过，由参议会通告，并登载厦门各报。

市政府和参议会发动群众检举、揭发汉奸，具体的肃奸工作则由金厦肃奸会负责调查汉奸罪行，交由司法机关审判处置。据《闽台汉奸罪行纪实》透露，肃奸会半年接收各军政机关移解汉奸案件及该会自行逮捕的人犯，总数为245名，属于汉奸者231人。231人中，除两人犯在侦讯中死亡外，被确定触犯《惩治汉奸条例》解送福建高等法院第一分院及该分院检察处讯办的有197人（包括日籍台湾人汉奸96人，本国本地人汉奸99人，另有一军人查无实据报批开释）。这其中，除了上述伪厦门市长李思贤、伪经济局长卢用川、伪财政局长金馥生、伪禁烟局长林济川、伪教育局长叶则庵等汉奸外，有一个民愤极大，即"军统局受训人员"林光明。此人1939年4月奉派担任厦鼓情报员，却叛变投敌，与日伪勾结破坏我兆和公司地下情报组织，杀害我地下工作者。金厦肃奸会遂"呈请委座处以死刑"。

第八章 抗战胜利后的厦门

此外，还有385个汉奸未逮捕，肃奸会将他们的罪行调查资料函送福建高等法院第一分院及该分院检察处继续调查。

金厦肃奸会在公开经办汉奸案件情形时指出，汉奸的财产都被查封，但多是不动产，"各汉奸并非无动产可封，实因已预早严备脱逃所致。观其在高检处获准保释之后，动辄交纳数十万数百万之保证金，即可知梗概。此外各汉奸委托律师所交辩护费，每案亦动需数十万元，由此可见各奸逆私藏孽钱为数尚多"。肃奸会因此提议司法当局和敌伪产业处理机关要切实调查，以防遗漏。另外，汉奸委托律师的辩护费、缴纳法院的保证金，应视同逆财，一旦判决没收财产时，要一并收归国库。

汉奸人人喊打，有人却打起歪主意，假借肃奸会的名义，在外招摇撞骗，私下向汉奸家属诈取财物。肃奸会为此破获了几起诈骗案，抓了9个人移送法院追究。这9人中，竟然有军委会华安特种训练班的高级军官。

惩治汉奸的工作从1945年10月起，到1946年四五月结束。本来惩治汉奸是件大快人心的事情，不料却爆出司法丑闻。高检处首席检察官张慎微将惩办汉奸作为发财机会，只要出钱，就可以将汉奸保出。一些不肖律师与张慎微串通，巨额贿赂到手，张即纵放汉奸，据传闻达百余人。消息一经披露，舆论大哗，引起社会强烈不满。市参议会、肃奸会相继向高层检举，张慎微受到闽台监察署检发惩处。

然而，1946年4月，张慎微堂而皇之地调到淮阴，而其调任前所负责的汉奸案件，根本不敢公之于众。《江声报》记者经过调查，"为使社会明了张慎微惩处汉奸之是非"，索性将肃奸会移送高检处交由张慎微处理的情况公之于众。其他各报也以大篇幅对张慎微的行为予以抨击。

《江声报》1945年5月16日刊发了一则新闻《奸逆处理启人疑窦，市参议会严切注视》，称：

厦市奸逆，包庇有人，掩护有人，为之奔走运动有人，而先后主办处理奸逆之机关，或纵而未捕，或捕之释放，或久押而迟迟不予侦查，或一经侦查而轻易准予保外。其间侦查起诉者，或大奸小罪，小奸大罪，扑朔迷离，遂令市民疑团莫释，舆论沸腾。市参议会对此，昨经召集全体参议员会议，由副议长严焰主席，决议大要为：

一、组织"厦门市奸逆处理研究会"，推党、团、农、工、商、教、妇女等首长及记者、律师、专家等共21人为委员。

二、网漏奸逆，督促严缉彻办。

三、保外奸逆，务请还押。

四、在押久未侦查者，促速侦讯起诉判决。

五、已侦查终结起诉者，汇案研究。

六、确无奸逆罪证之在押嫌疑犯，促迅查明开释。

七、就捕后释放之奸逆，予以发动检举，查实罪状，督促仍予拘押法办。

总之，对于奸逆之制裁，务求于国法许可下，采纳民意，尤当以全厦民众力量，作有效之督促，做到无枉无纵。

由此可见，在肃奸过程中，涉及司法不公，社会各界不甚满意。市参议会遂发动群众予以监督，以期公开、公正。

对汉奸的量刑，当时的国民政府有一定的尺度。伪省长以上处以死刑，伪部长一般为无期徒刑，伪次长为7至15年徒刑，伪局长为3至5年徒刑；普通通敌的，一律处以6个月到2年的徒刑。在此期间，一个个汉奸卖国贼被押上了历史的审判台，落得身败名裂、遗臭于世的下场。

厦高一分院判处汉奸表

姓名	担任伪职	判刑
卢用川	伪厦门市政府经济局局长	徒刑7年
林 谷	伪华南日报社编辑社长	徒刑8年
谢若濂	伪厦门主任审判官	徒刑1年3月
金馥生	伪财政局局长	徒刑7年
林鸿炉	伪大千娱乐场会计	徒刑2年6月
陈文东	敌武官府情报员	徒刑2年6月
萧炳荣	伪厦门市政府警察科科长	徒刑2年6月
王天和	伪金门行政公署建设科科长	徒刑2年6月
罗文兴	伪厦门维持会水警处总务科长	徒刑2年6月
陈振贤	伪禾山高崎保保长	徒刑2年6月
蔡添赐	敌海军警察队教授及翻译	徒刑2年6月
陈实民	情报员	徒刑1年8月
沈一峰		徒刑2年6月

第八章 抗战胜利后的厦门

续表

姓名	担任伪职	判刑
潘光汉	伪鼓商会主席	徒刑2年6月
李湘洲	敌情报员	徒刑1年3月
陈亚生	敌情报员	徒刑1年6月
杨廷枢	伪厦门高院检察处检察官	徒刑3年6月
吴兆利	敌情报员	徒刑5年
来汝麟	伪警局西区署长	徒刑2年6月
黄永生	伪鼓浪屿商会理事长	徒刑3年
许世昌	伪法院检察官	徒刑2年6月
洪德馨	伪警长	徒刑2年6月
陈水池	伪金门财政局局长	徒刑2年6月
林光明	反间谍	死刑
阮淡水	任敌向导工作	徒刑3年
陈逊武	伪情报员	徒刑2年
陈永泰	伪保长	徒刑2年6月
吴文魁	伪厦门警察局科长	徒刑2年6月
曾文雨	伪联保主任	徒刑2年6月
柯维甫	伪警长情报员	徒刑2年6月
陈尚庆	伪金门决战生活联盟筹备主任	徒刑2年6月
谭培启	伪侨务局长	徒刑2年6月
李思贤	伪厦门市长	徒刑15年
王志水	敌伪情报员	徒刑5年
陈见园	伪厦门市政府秘书长	徒刑2年8月
陈硕甫	伪劝业银行出纳	无罪
缪善华	伪看守主任	无罪
黄抱愁	伪警士	徒刑2年6月
曾贻发	伪情报员	徒刑2年6月
谭和钦	伪市府课员	无罪

续表

姓名	担任伪职	判刑
陈奎明	伪雇员	无罪
洪尧绵	伪警长	无罪
林飞	伪巡官	无罪
王安杰	伪巡官	无罪
张国粹	伪警士	无罪
蔡文篇	伪金门维持会参议	徒刑1年3月
叶则庵	伪厦门市府参议	徒刑3年
沈甲寅	依附敌特工	徒刑3年
萧金祥	伪保长	徒刑2年6月
江自成	贩卖鸦片	徒刑1年4月
王盛典	伪大千娱乐场董事及伪东区保卫团团长	徒刑2年6月剥夺公权2年
李仰青	伪厦门市政府财政税务科长等职	徒刑2年6月剥夺公权2年
洪舟	敌伪情报员	徒刑15年剥夺公权10年
陈世通	伪兴南俱乐部经理兼伪厦门市西区保卫团副团长	徒刑3年剥夺公权3年
林燕青	伪东区警察分局局长	徒刑6年6月剥夺公权3年
陈明华	伪北区分住所巡官	无罪
万陈畤	从事敌伪秘密工作	通缉
黄松涛	伪禁烟局第一课课长	1年6月缓刑2年剥夺公权1年
项克林	从事敌伪秘密工作	通缉

录自《闽台汉奸罪行纪实》

二、厦门三大汉奸罪行

李思贤

　　李思贤，年61岁，广东新会县人，毕业于福建公立法政专门学校。历任广东曲江、番禺，福建龙溪、永定等县审判官，福建高等审判庭推事，

第八章　抗战胜利后的厦门

福建霞浦、龙溪等县知事。1918 年，在厦门担任执行律师职务。

　　1938 年 5 月 11 日，厦门沦陷，李逃往香港，生活困顿，遂于 1939 年 1 月 11 日重返厦门。后受日敌特务部原中一的邀请，出任厦门司法处主任。伪厦门维持会成立后，李由主任改任维持会会长。7 月 1 日，伪厦门特别市政府成立，李思贤改任伪市长，兼任伪厦门市警察局长、伪劝业银行董事长、伪水电公司董事长等职。8 月，奉敌伪兴亚院厦门联络部长原中一的命令，赴日本东京面见平沼首相受训。1944 年 3 月，再由南京伪国民政府特任为伪市长，直到日寇投降为止。

　　李思贤受过高等教育，曾任国家高级公务员职务，竟恬不知耻，甘受敌人豢养，参加伪组织，为厦门第一号汉奸。其在伪司法处主任任内，滥用职权审理民刑事案件，破坏我国家司法权。在伪维持会长及伪市长任内，更利用职权，征集粮食配给伪警，设立男女中学 4 所，小学 16 所，幼稚园 2 所，实施奴化教育，强迫伪市府职员与小学生学习日语。

　　李思贤还开办统税十余种，公然创办鸦片税，开设烟馆，开设赌场，开设娼寮。吸取民脂民膏，印行伪辅币券，破坏国家金融。

　　在伪厦门市政府成立时，李擅以五色旗为国旗，将中山路改为大汉路，中山公园改为厦门公园。蓄意破坏国体，污蔑国文。甚至将厦门所有"英"、"美"字之商店招牌，一律强迫更改。如"华英"改为"华安"，"同英"改为"同兴"，"美昌"改"民昌"等。献媚敌伪，可谓无微不至。

　　李思贤奉命赴东京晋见平沼首相，旅费由敌伪厦门联络部负担，李虽称之为游历，实则秘密奉有特殊任务，需要亲赴敌国协同谋议。其充任市长，又有通谋敌国之具体事实。

厦门三巨奸：伪市长李思贤（右）、伪财政局长金馥生（中）、伪建设局长卢用川（左）

1942年4月，李思贤受伪国民政府命令，授权代表接受英美在厦财产，并与敌伪订立处分英美财产须得日方同意之协定。每逢伪国府"还都"周年纪念日、青年节、海军节、儿童节、伪中日条约成立纪念日，李都召开所谓市民大会，发表种种荒谬言论，诋毁重庆中央政府，反对抗战国策，为日军宣传所谓的大东亚和平。李思贤更在得意忘形时，狂妄地说："金馥生虽富，但贵不及我。"时金馥生为财政局长，把持一切，富甲一方。

厦高一分院于1946年6月1日判处伪厦门市长李思贤死刑，厦门民众莫不称快。但李思贤不服上诉，经最高法院发回重审，后来居然以李思贤在伪任内，有协助抗战与有利人民行为两项功绩，竟获改判有期徒刑15年。

李思贤辩护律师对其所谓功绩加以绝妙"解释"，即李思贤对伪国民政府编设伪保安队之命令，是因为在敌人铁蹄之下，不敢公然反抗，但其用拖延策略破坏厦门伪保安队之设立，是用一种"消极"的方法来协助抗战。而拒绝使用敌伪用票，则是直接的有利人民行为。凡此种种，都是为李思贤邀功，以免其处极刑。《江声报》为此抨击道：如果此类行为可称为功劳，则金厦数百大小汉奸，有此"功劳"者不乏其人。如果法官如法炮制，真可"救出"不少汉奸性命。

李思贤就任厦门特别市长时，统帅伪府大小数百汉奸官僚，发号施令，为所欲为，极尽人世间荣华富贵之能事。殊不知其落魄鹭岛，走投无路时，竟不惜将女儿奉献给敌寇权贵，以求荣禄。其卑鄙龌龊，丧尽廉耻，可恨亦复可怜。

厦门人士曾撰李思贤求官始末一文，当时传诵一时。原来李思贤于厦门失陷后，即赴香港与敌伪交接，谋求上海市伪官员一职，不得。失望之余，恰好厦门维持会成立，就托其义女吴锁云（台湾人，通日语）为他说项，一面又让他孩子李唐碧拜敌伪《全闽日报》社社长泽重信为义父。泽重信推荐李思贤为司法处主任审判官，但敌伪海军当局因为李思贤以前曾为厦门市抗日救亡后援会

《厦门日报》1951年1月20日报影

第八章 抗战胜利后的厦门

文化抗日委员,不信任他。后经泽重信特别为李思贤具保,李思贤才得到这个职位。此后李极力巴结司法处指导官堀田繁胜,不惜将自己的女儿李国华献给他。果然美人计成,不到3个月李即为维持会长。

其实伪维持会长洪月楷离职之后,会长一职是由伪秘书长卢用川代职的。卢用川想角逐会长一职,就联络市商会会长洪立勋,以地方各社团拥戴卢任会长的名义,一面又积极拉拢李思贤,想为己所用。谁知引狼入室,李反夺了自己的位子,卢悔已莫及,不肯将代职位移交给李思贤。此事触怒日寇,将卢扣押,卢用川险些连伪秘书长的位子也保不住,只好托林济川、张修荣两个汉奸(均能通日语)为他斡旋,最后屈膝认罪,才告无事。

李思贤投敌后,觉得日寇对他有知遇之恩,凡事唯命是从。第二年伪市府成立,李思贤当上市长。李十分感激日寇,上任不久,就带其子女赴日称臣朝贺,卖国求荣。更为国人痛恨的是,李思贤与敌寇协定割让金厦两岛条约,将金厦两岛拱手献给敌寇,得其赃款五万日元。此种卖国行为,国人皆曰可杀。

然而,经过种种曲折,一直拖到新中国成立后,1951年1月19日,大汉奸李思贤才被枪决。

金馥生

金馥生,年48岁,浙江绍兴人,福州公立法政专门学校毕业。历任福建各县承审员、科长及漳泉厦各地税契局长、印花税局长、财政局税务局科长等职。

1938年5月10日,厦门陷入敌手,金馥生携眷避居鼓浪屿。不久,应日副领事牟田的邀请,出任伪维持会财政科长。1939年7月,伪厦门特别市政府成立,改任伪财政局局长。1944年3月受南京伪国民政府明令简派,出任伪职达8年之久,直至厦门光复为止。

金馥生受高等教育,历任国家重要公务员职务,于厦门沦陷之日,立即应敌领事之邀出任伪职,认贼作父。金馥生推说被敌领事牟田诱迫,明知有罪,情有可原。殊不知厦门沦陷之日,稍有血气之人,无不悲愤,忍痛脱离魔窟,纷纷向内地撤退,决心与敌抗战。而金馥生却禄利熏心,甘心事敌。

一心叛国求荣的金馥生,任伪财政局长之外,又兼任伪机关多种职务,有厦门海外华侨公会监委、日华同志会参议员、厦门水产会监事、共荣会理事、厦门地方福利会理事、艺林社社长、厦门水电公司董事、厦门电汽公司监察人、厦门建设公司董事、劝业银行董事、家屋部管理委员会常务委员等，多达十多种伪职。金馥生利用政治上及金融商业机关的职权，把持全市金融，滥发伪辅币，操纵物价，从中牟利。开娼赌，贩烟毒，剥削民脂民膏。当时厦金两地民众处于水深火热之中，饿殍载道，而汉奸金馥生私人财富却日益富甲一方。

金馥生曾赴南京伪中央述职，伪劝业银行先后汇款数千万元供其使用。金派亲信阮振东、蒲金东，带其不义之财数万，秘密运到上海天津路建泰公司购置产业，一面组织厦榕线汽船公司，一面又经营上海福州间船业，统制货运，牟利无数。金还在厦门倒卖房产，从中谋利。而他为了邀宠，将厦门虎头山屋地献给敌伪海军司令部，公开献媚敌寇。

然而，厦高一分院却以其曾秘密协助我方地下工作者，免其一死，减处有期徒刑7年。

卢用川

卢用川，年58岁，浙江杭县人，日本法政大学速成科肄业。原任厦门烟酒印花税局课长。

1938年5月，厦岛陷敌后，卢即与日副领事牟田接触，受邀参加伪组织，出任伪厦门维持会秘书长。1938年10月，伪维持会会长洪月楷因不堪敌伪压迫，潜逃香港。卢用川受命代会长职务6个月，后李思贤继任伪维持会会长，卢用川仍退回秘书长原职。

1939年7月，伪厦门市政府成立，卢用川被任命为伪建设局局长，并兼任自来水及电汽通讯（电报电话）、水产各公司董事。

1943年6月，伪市政府隶属伪南京国民政府后，卢用川又被任命为经济局简任局长。卢在职期内，实行计口授粮，每人每月供给粮米由12斤减至2斤，人民日用必需品也加以限制，致使民不聊生，怨声载道。卢用川又与伪警察局、伪家屋管理委员会沆瀣一气，拆毁众多民房，致使民众流离失所，惨不可言。

卢用川为方便敌伪运输，还延聘日籍工程师，征募夫役，开辟靖山公路及由禾山至美仁宫公路。又先后于1941年10月13日、1944年7月1日，在伪《华南日报》发表"庆祝国庆说到和平救国"与"厦门特别市五周年纪念感言"两则谬论。在伪中日同盟条约成立周年纪念日，卢用川公然登台广播，诋毁重庆政府抗日政策。

卢用川原为中央公务人员，昧于大义，在厦岛沦陷之后，甘心附逆，

第八章 抗战胜利后的厦门

为敌服务,自始至终。且多行利敌害民之事,尤其公然广播诋毁抗战国策,罪行显著。经厦高一分院判处有期徒刑6年,可谓罪得其所。

汉奸卢用川任伪职7年,媚敌害民事例很多。当年厦门肃奸会调查组经过调查,特将该汉奸罪行摘要如下:

卢用川,原为包捐小吏,潦倒鹭门,恒与诸无赖为伍,素与周奸寿卿友善。厦门未失陷时,即与敌有往还。迨至失陷后,遂明目张胆,公然与以敌人交接。未几,周奸由上海电嘱其物色人员,以组织伪维持会。更喜形于色,夸示于人,将为官也。比及周奸由上海乘日舰返厦,伪维持会即告成立。所有附逆各员,悉皆彼二人以利诱势迫与诈骗者。时有张鸣者,原为日人之替身,彼谓我是前南京立法院长居正女婿,我丈人不久亦欲来参加,党国要人尚欲协力,何况吾侪与?于是英雄尽入吾彀。然大多数是穷耳,推胸饮泣,遗憾曷悲也。但张精明能干,又知卢为捐蠹,益卑视之,监督甚厉。卢故极力巴结日人而攻张。初日寇犹恐人不服,只派指导官八名而已,但卢欲讨好日人,则尽量延用,且同一职务,而日人之俸给恒厚于奸逆者二十余倍有奇,以致日系人员,横行无忌。伪警察厅督查司法两科,枉死于酷刑之下者,数以万计。推源祸始,卢奸实为厉之阶。其长伪经济时,统制物资,为虎作伥,一面与台人朋比为奸。其营利舞弊,可谓无孔不入。民国三十二年厦门米贵如珠,禾山则否,贫民赴禾山告贷或购米以充饥者,虽二三斤之微,亦被伪警扣留没收,毒殴无算,更须罚款惩办。甚有带碗饭者,亦如之。苛政猛于虎,其不饿殍载途者,几希矣。而卢奸不费一力,居然发数十亿不义之财,扬扬自得。其拆毁民房收买土地,以供敌寇者,无不迎合迁就。如敌只要拆毁民房十座,而卢则慷他人之慨,往往加倍以媚之。君不见乎,内水仙与碧山路,乡社为虚,颓垣瓦片,触目惊心,甚至大学官署亦所不惜。查厦门大学为闽南最高学府,华侨陈君血汁之资所建,乃卢奸等亦任其拆毁,不出一言劝阻,殊足悲矣。迹其罪恶,实不亚于李(思贤)奸也!

第六节 遣返日俘与日侨

1945年8月15日,日本天皇宣布无条件投降,厦门是沦陷区,国民政府本该早日派员到厦门受降,并将日军俘虏、日本侨民(以下简称日俘、日侨)集中看管,遣送回国。但由于"谁当受降官"之争未能及时解决,一直拖到10月3日,国民政府军政人员才进入厦门受降,接管日伪军政机关、企业。由是遣返日俘、日侨的工作，也推迟了1个多月。

厦门的日俘、日侨究竟有多少？现存于福建省档案馆的一份电报（由接受厦门日军投降的陆军少将严泽元、海军少将刘德浦共同署名，发给第三战区副司令刘建绪，发报时间1945年11月11日）显示，厦门的日俘共2778人，日侨910人。

厦门的日俘包括海军与陆军，其中海军2549人，军属52人；陆军229人。海军有"日本海军厦门特别根据地队"、"厦门在勤武官府"、"第九〇一海军航空队厦门派遣队"等6个"番号"，陆军只有一个由各部队抽调凑合的"美浓部队"。海军军阶最高的是中将，即海军司令原田清一，还有大佐、中佐和少佐；陆军军阶最高的仅两个中尉。厦门日本海军和陆军势力的悬殊，以及投降前夕厦门日军兵力的单薄，于兹可见一斑。

厦门的日俘集中于厦门大学，由海军要港司令部派员监督并在周围配备士兵加以监视。日俘集中营被铁丝网围着，日俘在里面盖了40多座铁皮小屋，还开辟了菜圃。

日侨起先分住6处，旋撤销一德里和灵应殿门牌14号两处，改在新世界（厦禾路临近厦门六中初中部）、虎园路武德殿（原为日本神社，今厦门宾馆）、深田内（旧名皇帝殿，沦陷期间被占为日本兴亚院厦门联络部）和信义里（现编门牌7号）4个集中所，每所各设有代表，由厦门市政府派员管理监护。信义里集中所的代表叫广户晴吉，住有日侨29户125人，每户住一个房间，男女老少都在一起，睡的是统铺。作息定时，5时半起床，6时点名，6时10分早操，6时半至7时半早餐，8时至10时作业和儿童教育；下午1时至3时体育运动，3时至5时沐浴，5时至6时晚餐，6时至8时读书和唱歌，8时点名，9时熄灯就寝。这个集中所还由各户集资办了一个贩卖部。武德殿集中所住日侨男46人，女49人。代表名叫齐藤康彦，原为日伪警察局副局长，会讲厦门方言。这里没有每户住一个房间的条件，而是像搭乘轮船的统舱那样，90多人都席地生活。深田内集中所住的日侨最多，男女共390多人，代表是滨田林藏，设有一个由常务、庶务、会计、厚生、膳食、卫生、娱乐、劳务、纠察委员组成的"管理所务委员会"。住房没有分户，采用和旅馆一样的编号，房门上还有姓名卡。没丈夫的妇女集中住在3楼。新世界集中所住的都是单身男子汉，绝大多数是商人，其中有些人会讲厦门话和福州话，代表名叫世盛治平。他们利用空地种菜，还办有一个小图书室，藏书370种。

遣返日俘、日侨的工作，由第三战区日本官民管理处厦门管理所负责，

第八章 抗战胜利后的厦门

"厦门港口运输司令部"执行，并由国民党党政军宪机关、海关、社会团体、厦门大学的代表和驻华美军代表，组成具体工作班子。1946年1月30日下午，厦门港口运输司令部召开上述单位负责人举行遣送日俘、日侨归国首次会议，经讨论作出五项决议：

1. 日俘、日侨携带回国的财物，分为初次检查和复查两个阶段。初查在集中所进行，上船前进行复查。日俘的初查和复查都由日俘管理所会同港口运输司令部、美军运输联络官派遣组和宪兵队共同执行。日侨的初查由市政府警察局会同港口运输司令部、美军运输联络官派遣组、国民党市党部、三青团厦门分团共同执行。复查由港口运输司令部会同市政府警察局、美军运输联络官和海关共同执行。

2. 日俘、日侨上船时沿途及码头的警戒，由驻厦军警担任。

3. 初查时间由市政府警察局和日俘管理所分别通知，复查时间由港口运输司令部通知。

4. 准备7天半的主副食品，供途中生活之需。

5. 由参加初查的各机关代表组成"扣留溢额财物保管委员会"。

翌日，厦门市政府又召开"遣送日侨回国"专题座谈会，讨论30日会议决议案的具体执行细节，形成十九条规定，主要有：

1. 日侨遣送时准携带30公斤物品，不得超过。

2. 每人准携带日币1000元，其他各国钞票不准携带。

3. 非必需的药品禁止携带回国。

4. 文件、书籍要经市政府审查认可，才能携带回国。

5. 日侨财物登记表由财政局印发。

6. 重要的日侨人物要留有照片。

7. 卫生检查由卫生局办理。

8. 日侨遣回前成立搜查、保管、监察、登记四个组；搜查组、登记组各20人，保管组、监察组各10人（单位和人员从略）。

9. 即日（31日）下午通知日本领事馆转饬日侨每人造具详细财物清册三份备核，应带物品限期次日（2月1日）上午8时前整理清楚，下午1时开始检查，超过规定者集中保管。

10. 即日通知各机关将征用日俘名册于2月2日以前送达日俘管理所备查。

1946年2月2日，厦大集中所的日俘经清点后送上美国军舰运载回国。但有三类日俘可以暂时不用遣返，一是在战争中对中国有帮助，可以拿出确实证据的人；二是一些参与市政建设的技术人员；三是犯有战争罪行的。在厦门的日俘中，被扣留的"战犯"共19名：松本一郎、管名瑞人、池田利平、长谷川寿夫、友金一、木匹直治、富高增木、引田佐金留、古山嘉四郎、久保卯一、浅川浅人、江住岩、四本尧明、岛田朋、佐藤力、武吉元海、三好正一、柳原兼次、正本寅夫。

日本方面是从广东派了个大佐参谋井上正规来厦门接洽日俘、日侨配运手续。遣返时，日俘每个人都背了约60斤的行李，从集中营出来经过中山路转赴太古码头（今客运码头），首批600多人的日俘队伍经过海后路时，益同人公会门外施粥厂（今中山路华联商厦）周围的难民，眼睁睁地看着日俘背后的行李，都愤愤不平。而市民围观者也认为当局太宽容了，这些日俘大多都在厦门掳掠东西，在集中所里就把抢来的东西换购日用品，个个吃得肥肥胖胖的。但是当他们得知回日本时，每个人最多只能带60斤的东西时，就把超重带不走的，全部在走的那天早晨烧掉了。为此，有报刊载文抨击道：与中国政府的宽容相比，日本人的气度太狭隘了，居心不良，与战时一模一样。第二批日俘2000人所携带的盐、柴及罐头等物，放置于太古码头，堆积如山，当局还派汽车帮他们运柴米，足够他们在船上吃7天半。这些日俘因为可以回国，个个都笑逐颜开。围观的厦门人，看了都不是滋味。

日侨的遣返始于2月8日。他们分别从4个集中所到太古码头（今鹭江道国际银行大厦对面）集合，分批登上小艇，转运至停泊港外的日本轮船"院柴丸"回国。日侨自带行李鱼贯穿过市区，市民围观如堵，纷纷指斥。谁都没想到日本人行装那么盛大，根本就不像是战败国。当时还有一个小病的日侨，竟想雇坐人力车，被监护警士阻止。

日俘、日侨集中待返期间，有几件可记的事。

1. 中国政府每月需承担日俘大米13.4万斤，副食品费用820多万元；日侨每月得供应人米1.4万斤，小麦粉188斤，糖和油500多斤，盐300多斤，燃料木柴2.5万斤。中国政府规定日俘给养参照国民党军的补给标准，另外还发给零用钱：将官每月8000元、校官每月4000元、尉官每月2000元。这些是要登记在册的，以便以后向日本索取赔偿。可以说，日俘、日侨的生活还是很丰裕的。他们没有受到虐待，遭到报复。饱受欺凌、苦难的中国人，展现了以德报怨的恢宏气度。

2. 复兴打捞股份有限公司向管理所申请征用具有打捞技术的日俘福岛寿雄等28人，协助打捞工作，实际上是包括他们的家属。日俘遣返前，福

第八章　抗战胜利后的厦门

岛等都表示志愿长期留在厦门服务，不愿回日本，甚至希望归化中国国籍。公司总经理叶金泰为此具呈市政府，市长黄天爵批转日俘管理所酌办。

3. 日俘集中后，厦门市政府工务局申请利用日俘劳力维修市政工程，其中汽车驾驶员6人，土木技工100人，技术指导20人，小工374人，共计500人，不付工资，仅提供副食品。据洪卜仁回忆，一些日俘曾在此期间修整中山公园，清理街道的水沟。当局利用日俘劳力原拟半年，实际仅两个多月即因日俘遣返而作罢。

4. 日侨尾崎幸则等29人请求归化中国国籍。在审查待批期间，有3人擅自从集中所潜逃。原来，女日侨荒关宫子已嫁给福清县高山乡人陈友通为妻，陈友通买通管理所的西区区公所人员和当地保甲长，将其妻带回福清原籍。另两名女日侨中岛久子、中岛昭治的丈夫也是福清人，又是陈友通的朋友，所以偕同荒关宫子一起潜逃。

晋江人王芳琼在台湾经商多年，1930年经人介绍与日本人三好召子结婚，后生一子。1945年到厦门，正碰上厦门光复，三好召子及其子被拘在集中所里，孩子还小，经常在集中所里啼哭，非常可怜，不久也将和其他日侨一起被遣送返回日本。王芳琼恳请市政府让三好召子归籍中国，得以一家团圆。市政府向上呈请，经奉陆军总司令电示，如果三好召子确实在战争期间没有敌对及危害国家的行为，可以不拘在集中所并准予入中国籍。

有些日侨就没那么幸运了，日侨青木静子两次申请归化入籍，为留在中国煞费苦心，不惜采用不正当手段。青木静子汉名陈秀青，嫁给台湾人陈思平做姨太太，生两男一女。后陈思平在海面走私船上被盟国战机炸死，青木静子就以未亡人的身份申请归化。但是因为她是姨太太，并未与陈思平办理结婚手续，政府不予批准。青木静子于是把别人的结婚照的头像换成自己和陈思平的，以制造假的结婚照，但被识破。

5. 新世界集中所有个日侨名叫神永铃泉，要求与深田内集中所的女日侨新居久米子同在一个集中所。据称他们是一对夫妻，不该分开，但经日本领事馆查证，那个女日侨只是该男日侨的姘妇而非夫妻，其双宿双飞的愿望无法实现。

6. 在集中所期间，有9个新生命诞生，5个死亡。暂时留下没遣返的57人，其中战争罪犯19人，技术人员9人，申请归化中国国籍的29人。19名罪犯移送海军要港司令部，5月21日预审后转送上报依法审理；9名技术人员于4月22日乘美国军用飞机赴广州集中；中岛久子等12名日侨获内政部核准入籍，可以不用被遣返日本。

日俘遣返后，所留口粮、行李、图具等物有十一座仓库之多，大都是在厦门抢掳之物。遗物由日俘管理所会同管理港口运输司令部及军政部厦门派遣组清理完毕，并造具清册。日俘遗物军用品大部分是旧军毯、蚊帐、药品等，由厦门派遣组接管；非军用品大部分是办公用具及日常用品等，由上述三个机关封存在厦大，一起保管，等上头决定后再作处理。有些不易保存的物品如食物，行政院准予立即拍卖，共拍卖面粉500余斤，黄豆200余斤，罐头数百箱及白米数百包。

清点日侨遗留物资也在同时进行，单单米谷就有6万多斤，其中糙米42008市斤，谷25644斤。光深田内集中所就有米21346斤，被褥805床，棉胎180床，毡124条，坐垫211条，枕头442个，蚊帐224件。

清点出来的日俘、日侨遗留物资，除了封存留待奉电处理外，有些划拨为救济物资，有些有偿供给部队。社会各界向上申请，把这些原本就属于厦门人的物资用于救济社会民众，经多方努力，有一部分物资就拨给社会使用。如深田内清点出来的物资，拨借给贫民习艺所被褥50床，蚊帐10件；救济院棉胎150床，被褥50床；市立医院被褥50床；隔离病院被褥30床；警局拘留所20床。军部厦门派遣组奉准将接收的日俘遗留副食品，如罐头、鱼、牛肉及油、豆、盐、干菜等，作为补助驻厦部队官兵营养。宪兵、海军陆战队、交通警察队等中央直属各部队都可以获得，但他们的副食费相应扣回。扣回的办法就是按照市价及官兵日支副食费定额折合适当价格，以每市斤计黄豆180元，植物油290元，鱼、牛肉236元，干菜80元，盐20元折算。各部队按照现有官兵人数，带钱到派遣组领取，总计该批物品估价一千余万元，所得价款缴存中央银行国库。各部队领到此项副食品后，依照规定，不得转让变卖。

日俘、日侨遗留物资除救济社会及配发给官兵外，还有一些物品也准予拍卖，具体物品数量、价格及拍卖方式如下：

1. 火柴共60篓，评定价格每小盒国币50元，由本市机关团体按照人数函请配购。

2. 日侨遗谷1.5万斤，评定价格每百斤8000元，由难童救济会备价领用。

3. 变质糙米750斤，评定价格每百斤8000元，由法院备价购领，发充囚犯口粮。

4. 寿星牌香烟一批，每小包评定价格30元，公开拍卖。

5. 无敌牌牙粉一批，每包评定价格20元，先提出八包公开拍卖，又圆

盒装牙粉每打评定价格1800元。

6.红料（建筑所用之灰砖瓦）每百斤评定价格4.8万元，酒精每听5加仑，评定价格2万元，定期公开拍卖。

其他如热水瓶、白布、肥皂、米酒、药材、毛毯、纸等物资，指定市商会、工会、海关、货特税局、中央信托局等机关负责调查市价后决定其价格。定价后，从1946年6月14日起至10月27日举行多场面向百姓的拍卖，拍卖场所分别在中山路106路临时拍卖场、深田路日侨遗物仓库、轮渡码头海滨茶园。拍卖品主要是衣服、家具、皮箱、碗碟、帆布袋、布料等日常用品等，多为普通市民购买。

在清点遗物期间，发生了一起案件。1946年3月8日，宪兵林威杰途径公园东路，碰到一辆人力车载着一件麻袋包裹，车后有一个头戴毡帽、穿着中山装、身披雨衣的人。林尾随其后，见行踪可疑，便上前检查，发现包裹中有二大捆帆布，问这些东西的来路，车夫告诉他是车后那个男子从深田路雇他载的。该男子称自己是市府自卫队的士兵，叫卢基伯，这批物品是奉命运往市府的。林威杰问他有没有搬物证明条，卢拿不出来。林威杰又对卢基伯进行搜身，从他腰间搜到一条带日本花的被单，口袋里搜出日本红茶一罐、福神菜两罐。此时，卢基伯吓得面如土色，不得已承认物品是偷来的。卢基伯怕承担责任，愿将这些东西送给林威杰，以求放他一马。林威杰不肯，把他连人带物抓到宪兵队。宪兵队认为事关重大，随即发动人马四出侦察，搜求有关线索，希望查找出幕后指使人。在日俘松本武官仓库内，还发现有毛绒西服，及衣料数套被人拆封盗去，三方所派保管人，全部被扣押追究。

当时，光复重生的厦门，百废待兴，物质奇缺，对日俘、日侨遗留下来的物资，除了日人留下的药品，因为不好鉴别，只好统一收纳外，当局极尽善用，这也从另外一方面说明市民百姓生活的困顿、艰辛。

第七节　战后损失大调查

厦门市收复后，国民党福建省政府即组织福建省抗战损失调查团莅厦，会同厦门市政府进行抗战损失调查，为时2个多月，以作为救灾施赈的依据。

一、总人口不及战前的 1/3

据不完全统计，战前厦门人口总数为 265631 人，战事发生时，随军迁入内地者约 3 万人，留厦的尚有 20 余万人。但到厦门收复之日，厦门人口仅有 8 万余人，此数目还包括当时住在厦门的日籍台湾人、日本人、朝鲜人在内，总人口不及战前的 1/3。

厦门沦陷前的 1937 年 9 月至 1938 年 5 月，遭受日军空袭和炮击共达 63 次（其中空袭 46 次，炮击 17 次），造成人口伤亡 75 人，其中死亡 38 人。（见《厦门抗日战争档案资料》，厦门大学出版社 1997 年 5 月版，第 45~46 页）

在厦门保卫战中，中国守军、保安队、武装警察、壮丁阵亡和群众遭到日军杀害者约 7000 人。（见《厦门市志》第 2 册，中华书局 2004 年 1 月版，第 1524 页）

沦陷后（1938 年 5 月至 1945 年 9 月），无辜百姓因各种原因导致伤亡者数以千计。据 1945 年 11 月国民党厦门市政府统计室编的《厦门市抗战损失》，1938 年 5 月至 1945 年 9 月，厦门市人口伤亡总数 1125 人，其中受伤 125 人，死亡 1000 人。《厦门市抗战损失》的"说明"指出："抗战损失调查，为时二月有余。惟因厦市收复未久，流亡外地民众还未返厦，漏报殊多。"因此，中共厦门市委党史研究室和厦门市档案局（馆）在合编的《抗日战争时期厦门人口伤亡和财产损失调查》一书中，引用该数据时也认为："此调查系战后根据民众填报材料编制，因时间仓促，漏报殊多，并不能反映沦陷期间厦门市人口伤亡的真实情况。"（见《抗日战争时期厦门人口伤亡和财产损失调查》，中共党史出版社 2009 年 6 月版，第 22 页）

二、沦陷期间厦门损失 2216 亿元

抗战时期，厦门由于战争破坏、敌军掠夺、死难伤病救治及流转迁徙等原因造成的财产损失数以亿计。据战后国民政府的调查，沦陷期间，厦门的财产损失高达 2216 亿元（1945 年币值），其中还不包括间接财产损失。

（一）市面萧条，十室九空

战前厦门工业虽有所发展，但并不发达。"沦陷期间，此仅有之工业，亦遭敌伪破坏，损失甚巨。"

战前原有手工业包括竹器、制绳、纺织及成衣等，有从业人员约 4 万

第八章　抗战胜利后的厦门

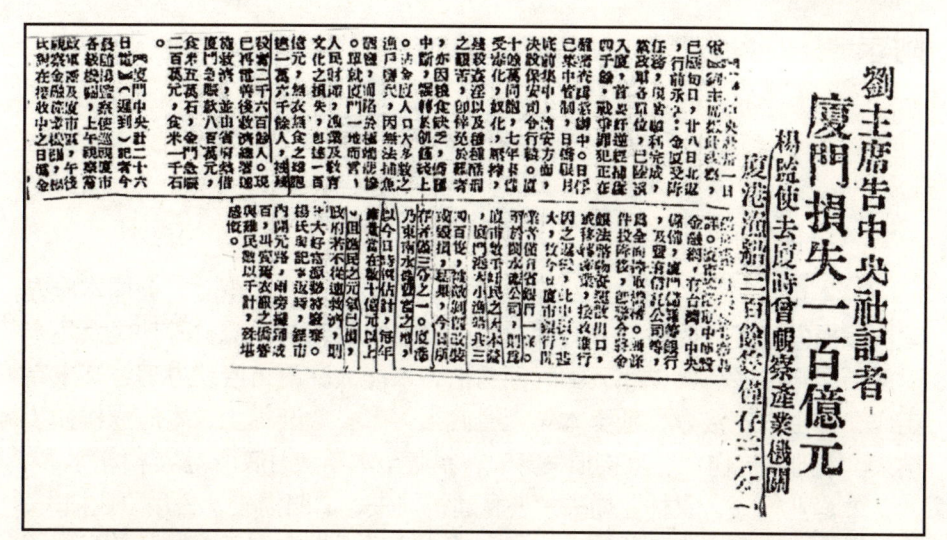

《中央日报》1945年11月1日报道

人。沦陷后工人减少约2.5万人，造成损失约5000万元（1937年币值）。

战前原有合乎《工厂法》规定的工厂21家，沦陷后各工厂均被敌伪没收，以停产7年半计，损失1364.98万元（1946年币值）。

战前厦门商业已具相当规模，共有约5202家商铺遍布厦门的大街小巷。沦陷后，因战事关闭1500家，损失约60万元。沦陷期间，日伪当局对粮食和果蔬实行统制，由几大公司垄断经营，厦门市面萧条，十室九空，原有商铺要么停业，要么人去楼空，能够支撑下来的，不过十分之一。

（二）九成渔民被害或改业

战前耕地4.2万亩，沦陷后减少1.35万亩，估计损失价值47356.23万元。

沦陷期间林业损失5700亩，约20万株，行道树损失300公里，约4万株，总计损失600万元。

因战事，渔民被害或改业约占渔民总数的90%，加上渔船渔具受损、渔厝被毁等，损失达103640万元。

附录一

厦门市抗战损失调查表

说 明

1. 本市收复后，省府即组织福建省抗战损失调查团莅厦，会同本府办理抗战损失调查，为时二月有余。惟因厦市收复未久，流亡外地民众还未返厦，漏报殊多。而该团又因时间匆忙，未能久驻厦市赓续办理，其未完工作，移由本府接办，延至本年六月底报告者，次渐稀少，本府遂作初步结束。本册人口伤亡、直接损失等表，系截至本年六月底所得数字编列。

2. 渔业损失，农林业损失，公私建筑损失，道路损失，公用事业损失，船舶损失，车辆损失，教育文化损失等表，系根据本府工务局及教育局调查，就损失全般情形估计填列。为使便利浏览起见，特一并编入。

3. 救济总署之沦陷区损失调查，系救济总署委办，以作救济施赈之依据，经本府于三十四年十一月办竣送署。内中数字，系先由各主办科市局派员负责调查，并经熟识地方情形人士数度审核评定，其准确性甚高，堪供参考。

4. 册内各表所列价值，除救济总署沦陷区损失调查系（民国）二十六年币值，一概系折合（民国）三十四年度币。

5. 本调查以付印仓卒，遗漏错误在所难免，希读者不吝指教，以便修正是盼。

概 述

本市为一海岛，居津沪港菲中心，与台湾一衣带水之间隔，尤为闽西南各县转运之枢纽，航路称便，形势重要。战前商业繁盛，为本省冠。抗战军兴，即为日人所欲攫夺之鹄的，经屡次进犯，不敌退却。迨民国二十七年五月十一日，倾其全力进攻，与我陆军第七十五师血战二日，遂乃沦陷。

日军登陆之初，即任意杀夺，到处焚毁。本册内列人口伤亡及财产直接损失等表，二十七年度者之数字，则皆系登陆时所造就成绩。据民众所报，当年亡六八五人，伤三四人（未据报者不计在内），尽系日军登陆时无辜横遭杀害者。财产损失达一九二，四〇二，五二二，〇〇〇元（未据报者不

第八章 抗战胜利后的厦门

计在内）。数目浩巨，诸此情形，即及想象日军登陆时屠杀焚毁之状态。

沦陷后，日军为进展其政治、经济剥夺政策，即拉拢一帮败类、地痞、流氓为傀儡，出面组织维持会，继改组特别市政府。卖弄花样，想尽办法，奴役厦民，消灭我中华民族。兹举其施诸厦民之一般毒策情形列后：

一、厦市人口在战前总数为二六五，六三一人（内市区一八一，〇九七人；禾山特种区五三，六八〇人；鼓浪屿三〇，八五四人），战事发生时，随军迁入内地者，约三万人，留厦者尚有二十余万人。厦市收复之日，所存人口仅八万余人（连日籍台湾人、日本人、朝鲜人计算在内），不及战前三分之一，其三分之二以上之人口，悲遭日人剥夺压迫，饿毙流亡。且所存在厦之民众，尽皆鸠形鹄首，嗷嗷待毙。而当时日人尤恐厦民逃入内地，增长我国国力，故屡次严密禁止，凡少壮者不得出境。老弱残废或疾病垂危者，始得申请，意欲一网杀尽后已。

二、居留厦市日人，有八六〇人，（日籍）台湾人七四〇四人，朝鲜人三六人，合八三〇〇人。倘连经常驻厦海陆空军计算，为数当在万余人以上。此外连其居住在台湾、日本之家属，一切给养靡费，无一非由厦民血汗榨出。见其在厦生活俱各优裕，拥握巨资，挥霍如意，态度骄奢等情形，更可想见厦民所遭受侵夺之惨痛。

三、当厦市粮食极度缺乏之时，日人所办理粮食配给，分配日人每人每月二十四斤，日本狗每头每月十二斤，（日籍）台湾人、朝鲜人十八斤，中国人则每人每月二斤，轩轾至巨，且统制甚严，无处购买，致饿死至众。

四、统制一切经济，凡进出口货物，均由日人统制，然后分配各组合，（组合尤为日台人所主持）。其利益由日台人垄断操纵，中国人莫想染指。如设立统制会，以统制外埠货物。设立交通船舶，以垄断方式与内地交换粮食、燃料。设立水产公司，以剥夺渔民利益。设立粮食管制，以剥取禾山农户。设立福人士膏局，毒化厦民，等等。剥夺设备，屈不胜指，可谓无不亟尽方法，搜罗殆尽。而中国人最上者只可为三盘商，余则为劳苦工人，如牛似马，尤恐不得一饱。

五、厦市人民自经日伪剥夺之后，但尚存有少数富户，或家中稍有积存货物者，而日人尤有不尽扑灭不甘之慨，妄指为抗日分子，拘押酷刑，家产货物悉数没收，直至于该人家破人亡而后已。

以上数点，仅系其显现不可磨灭之事迹，其余放纵下属，抢夺厦民，奸淫妇女，迫良为娼，任意杀伐，摧毁教育文化机关、医院渔船，强迫栽种罂粟，开设烟馆，征募兵役，滥发伪币，罪大恶极，罄竹难书。当民国

（一）人口伤亡

民国二十七年五月——三十四年九月

事件		伤			亡			医药费(元)	埋葬费(元)
		计	男	女	计	男	女		
总 计		125	72	53	1,000	744	256	895,634	949,115
二十七年	日军进攻遇害	34	16	18	685	500	165	146,514	87,265
二十八年	沦陷遇害	8	6	2	19	15	4	75,500	24,000
二十九年	〃 〃	7	6	1	25	23	2	30,250	14,000
三十年	〃 〃	3	3	—	36	36		135,550	18,000
三十一年	〃 〃	2	2	—	35	35		5,000	2,500
三十二年	〃 〃	1	1		9	9	9	10,950	34,900
三十三年	〃 〃	47	24	23	75	75	63	402,620	575,450
三十四年	〃 〃	23	14	9	31	31	13	89,250	193,000

来源：根据本市民众填报材料编制。

（二）直接损失价值折算(元)

民国二十七年五月——三十四年九月

	损失时价值	三十四年度价值(元)
总　计	673,481,313	221,635,400,244
二十七年	192,402,522	192,402,522,000
二十八年	8,137,500	6,542,500,000
二十九年	11,406,229	6,957,799,000
三十年	132,456,344	14,364,935,904
三十一年	19,689,408	787,576,320
三十二年	21,567,940	215,679,400
三十三年	76,515,560	153,031,120
三十四年	211,305,810	211,305,810

注解：34年度价值折算系照龙溪物价指数计算；27年1,000倍，二十八年804倍，29年606倍，30年116倍，31年40倍，32年10倍，33年2倍。

第八章 抗战胜利后的厦门

（三）直接损失分类
民国二十七年五月——三十四年九月

	损失价值(元)	百分比
总　　　　计	221,635,400,224	100.00
房　　　　屋	46,428,400,451	20.96
器　　　　具	54,421,033,050	24.56
衣　　　服	17,948,338,195	8.10
首　　　饰	4,993,846,654	2.26
图　　　书	1,323,499,600	0.60
现　　　款	3,418,431,276	1.54
粮　　　食	392,199,438	0.17
牲　　　畜	941,886,720	0.42
民　　　船	1,500,000,000	0.67
汽　　　船	543,000,000	0.24
车　　　辆	134,000,000	0.06
其　　　他	89,685,764,870	40.42

（四）公私建筑损失
民国三十四年九月

	损失数量	损失价值(元)	损失情形
总　　　计		46,155,000,000	
公私房屋	7651(幢)	46,000,000,000	拆毁夷平
公　　园	3(所)	30,000,000	二所全毁一所毁坏过半
堤　　岸	100(公尺)	100,000,000	崩毁
码　　头	3(座)	10,000,000	
仪器工具	全　部	5,000,000	全缺
重要图表	全　部	10,000,000	全缺

来源：本府工务局造送资料编制。

（五）渔船损失

民国三十四年九月

	战前渔船数	现存船数	损失价值(元)
总　　计	597	234	619,284,000
大型钓艚	52	2	210,000,000
二级钓艚	60	35	63,250,000
三级钓艚	150	80	122,500,000
四级钓艚	250	100	207,240,000
虾　　船	40	5	5,215,000
网　　艚	20	4	8,784,000
小 网 船	25	8	2,295,000

来源：根据本府统计室调查资料编选。

（厦门市档案馆，档案编号：第三时期43下）

三十四年十月三日，本府莅厦接收之时，厦民列队迎接，其狂欢神情，莫不令人心碎，民众曰："设日本再延六个月投降，则厦市将无中国人存在。"言词沉痛，闻者恻然。

附录二

救济总署沦陷区损失调查

（厦门部分）

民国三十四年十一月

一、沦陷区域

1. 本市面积计有110.8平方公里，人口战前为265631人。全部分为五区，沦陷区域占全市面积百分之一百。

沦陷日期民国二十七年（1938年）5月11日，克复日期民国三十四年

第八章 抗战胜利后的厦门

（1945年）9月3日，计沦陷2654日。沦陷时人民死1000人，伤25人，烧房屋7651座，汽船100艘，民船1260艘，汽车61辆，公路63公里。

2. 全市现在难民估计有29600人，逃出沦陷区外者约有11000人。难民中胥赖长期救济者14000人，一时失业者15000人，难民中平均每人衣服损失约值100元（民国二十六年价值）。

〔编者按：这份调查标明的沦陷日期和克复日期，均不准确。沦陷日期应为五月十三日（见《厦门市抗战损失调查表》的"概述"）；而日本投降后，国民党政府拖延至十月三日始接收厦门。〕

二、粮食

1. 本市主要食粮：①米；②面粉；③杂粮。战前各种食粮，平均每年产量：①米约20000担；②面粉无生产；③杂粮约10000担。战前各种食粮平均每年消费量：①米约1180000市担；②面粉约150000市担；③杂粮200000市担。输入之来源地点，以闽南各地，暹罗、仰光、上海等地。最近一年各种粮食产量：①米30000担；②杂粮50000担。最近一年各种食量消费量：①米460000市担；②面粉40000市担；③杂粮60000市担。最近一年各种食粮输入数量：①米约400000市担；②面粉20000市担；③杂粮30000市担。输入之来源地点，悉赖闽南各县。

2. 战前全市共有耕地面积42000市亩，（内水田18000市亩，园地24000市亩）荒地650市亩，农户8183户，内自耕农4415户，半自耕农1651户，佃农2117户。现时有耕地面积约60000市亩（内水田约20000市亩），农户约10000户（内自耕农约占50%，半自耕农约占20%，佃农约占30%），平均每年收获二次。

3. 敌人占领期内掠取之数量估计：①米1200000市担；②杂粮约100000市担（指敌人就地食用及外运者而言）。敌伪对食粮之统制甚严，日人每人每月配给二十四斤，台湾人十七斤，中国人二斤，并强行征买征购制度。农户除自食外，概由敌征购，付款极微，不及时价百分之一，在境内征派壮丁约有15000人。

4. 战前本市共有耕牛约27500头，沦陷后被宰杀食用及运走约5000头。战前本市种子原为缺乏，来源多由闽南各县系输入。现在种子更不敷用，估计被敌人掠夺约10000元（民国二十六年价值）。

5、战前本市应要肥料，以人粪为大宗，年产约800000市担，多输出闽南各地。沦陷后尽为废弃，损失约3200000元（民国二十六年价值）。现时估计约年产300000市担。

沦陷后，敌人掠夺耕具约有 5000 具，值 7500000 元。

三、交通运输

1. 公路：战前全境共有公路：①禾山公路；②市区街道；③鼓浪街道，共计 275 公里，被破坏约 60 公里。战前原有货车 22 辆，客车 45 辆，共 67 辆，沦陷后全部损失，连汽车附件、汽车材料，估计约值 200000000 元。

2. 战前共有码头 22 处，可泊轮船吨位 4763169 吨。海运航线概分五条：①上海、天津线；②日本、太平洋线；③台湾线；④吕宋线；⑤香港、南洋线。行驶之船只，每年平均约 520 艘，外轮约 460 艘，本国轮船约 54 艘。船只损失，民船约 1260 只，汽船约 100 艘。

3. 战前本市有飞机场一处，面积约 2 平方公里，可容飞机 3 至 5 架。沦陷后全被毁灭。

4. 战前共有邮局一处，分局三处；电报局总局一处，分局二处；电话局总局一处，沦陷后全部损失。损失主要器材：①邮局器具财产全部；②电报局电报机、电报附件、财产器具全部；③电话局电话机件财产全部。

5. 战前本市公用事业，如电灯、电话、自来水设备及供应情形：

①电灯设备：厦门有蒸气发动机四部，发电机二部，鼓浪屿有油渣动电机各四部，供应量每 KWH27000~28000。

②电话设备：总台 20 台及全部附件，电话机二千余架，用户约 2000 左右户。

③自来水设备：水池全座，水筒连厦门全市及鼓浪屿，供应量每年 169998000 加仑。

沦陷后，电灯损失约值三百万，电话三十万，自来水值六十万。

四、衣服

1. 本市主要衣服材料为棉布、丝毛织布，战前平均每年出产土布有 2100 尺。战前平均每年消费棉花约 260 市担，棉纱 200 包，棉布 88000 匹，丝毛织布 8000 匹，输入布匹约 67000 匹，来源多由上海、日本、香港等地。沦陷后，本市各布商被人掠夺约有 50000 匹。

2. 战前境内有织布工厂 2 家，每年产布 21000 匹，价值 192000 元。沦陷后全部损失，内有织布机 202 架。

第八章 抗战胜利后的厦门

五、房屋

1. 战前本市房屋计 17246 座，143207 间，构造多属西式楼房，建筑材料多以砖石，土木钢筋洋灰。因战事被毁房屋约 7651 座，遍及全市各区域，损坏程度平均占全市房屋百分之三十五。

六、工商业

1. 战前原有手工业：①竹器；②打索；③纺织。家庭副业：①养家畜；②成衣。从事各项手工业及副业人数约 40000 人，沦陷后工人减少约 25000 人，出产品估计减少约 50000000 元（民国二十六年价值）。

2. 战前原有工厂（合于工厂法规定者，工人在三十人以上）约二十家，每家资本约 80000 元，每年出产品值 1819772 元，出产品供给本市消费 1455900 元，外销 364122 元。

3. 战前原有商铺 5202 家，商铺种类以柴、米、薪、炭业、旅游、茶楼、饮食业、成衣业、糖油面业、海味干菜业、杂货业为最多，因战事停开约 1500 家，损失六十万元。

七、物产及贸易

1. 战前本市主要物产：①渔产品；②菜蔬；③杂粮。渔产品每年产量约 279110 市担，菜蔬 150000 市担，杂粮约 20000 市担。当地消费：①渔产品 182931 市担；②菜蔬 520000 市担；③杂粮 108000 市担。

2. 战前境内原有渔户 260 户，渔民 4500 人，渔船 500 艘，渔筏 2000 艘，渔产 279110 市担。自销百分之七十，计 182931 市担；外销百分之三十，计 78399 市担。渔商 32 家。因战事渔民被害或改业约占全数百分之九十，计 4050 人。渔船损失 430 只，值 1767800 元，渔民损失财产 1036400000 元，渔产品仅及战前百分之十五，计 37440 市担。

八、医药卫生

1. 本市原有医院四处，诊所 37 所，病床 95 位，中医 324 人，西医 45 人，护士 18 人。西药运用无甚普遍，主要西药以白药丸、白药粉、阿司匹买。

每年运入西药数量白药丸 20000 瓶，白药粉约 10000 磅。因战事医院设备损失计值 1000000000 元，外迁中医 45 人，西医 34 人。

2. 本市流行之传染病，有鼠疫、霍乱、痢疾等种。鼠疫发生地点常在市区为最甚，本地虽有经常防疫人员，惟防疫所需之药品、器材极端缺乏。

3. 本市市内环境卫生，除清道颇有办理外，其他均无整理。饮料多用自来水，其次用井水，饮水无施行消毒。

4. 境内牲畜瘟疫时常发生，平均每年瘟疫损失猪400头，羊25头，鸡5000头，有兽医二人。

5. 敌人在境内化毒政策，以鸦片尽量输入，并在金门鼓励栽植。烟馆设立约500所，运入毒品20000000两，毒化人民约10000人（指厦门区，其输入内地不在内）。

九、华侨

1. 战前本市旅外华侨约19000人，分布英属马来亚半岛，荷属东印度，菲律宾、西贡等地。每年汇款回家，每人约700元，计1500000元（民国二十六年币值）。太平洋战事发生后，本市华侨归国约有1000人，大多数集中于内地及本市等处。华侨国外及本地资产损失者，约有10000人，计100000000元（民国二十六年币值）。

十、学校

境内在未沦陷前有学校107处，私塾15处，教师385人，学生21560人，图书及仪器设备完全者有十分之三。因战事各学校建筑物损失35座，值2924500元，仪器及图书损失值5437000元，其他1573500元。

十一、灾情

沦陷期中发生灾害，有兵灾、匪灾、风灾、旱灾，范围遍及全市各区，尤以夏港、禾山两区损失为烈。损失总值1900000元。旱灾损失400000元，风灾损失500000元，兵匪灾损失约1000000元。

（厦门市档案馆提供）

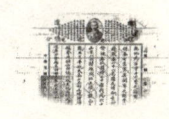

特　辑　新发现的厦门抗战报道

编者按：这里收录的35篇重庆中央通讯社剪报资料，是由在英求学的厦门籍学子陈子扬先生提供的。我们从他搜集的上百份旧报纸剪报中挑选出来，内容主要反映抗日战争时期有关厦门沦陷、日寇蹂躏厦门、日本经济掠夺、盟军作战等的通讯报道。这些内容以往未曾披露，弥足珍贵。

厦新任市长高汉鏊昨接事

【本报二日上海专电】　厦门电　厦新任市长高汉鏊，二日到厦接任。
【中央社厦门一日电】　厦市长李时霖辞职，照准。由高汉鏊继任。

南京《中央日报》1937年9月3日

敌机飞兴和被击落一架　传厦门昨亦发现敌机

【中央社绥远二日电】　二日下午五时，有敌机五架，飞兴和县附近上空窥察轰炸，当被我军击落一架，其余四架在空中急以机关枪扫射施救。该机拟启飞，我军急将该机炸毁。旋复有敌机十二架自张北飞来，亦被我军奋勇射击，狼狈窜去。

【中央社保定三日电】　敌机连日均飞我平汉津浦沿线各县窥察，日前有敌机二十余架，飞我大城县境之王家口附近轰炸，仅民房略有损伤。

【中央社马尼剌三日路透电】 据可悸方面消息，三日晨八时与九时间，有日本轰炸机一架发现于厦门天空，其意显在袭击厦门。

南京《中央日报》1937年9月4日

厦门港外敌舰逞暴　金门难民纷纷逃厦

【中央社厦门二十八日电】 二十八日晨九时，敌舰四艘在厦港外开炮八发，金门难民纷纷逃厦。

【中央社福州二十九日电】 据金门避出之难民谈：日前敌兵千余登陆时，我壮丁队百余奋力抵抗。因众寡悬殊，被迫缴械后，即被机枪扫射，忠勇壮丁均殉难。

南京《中央日报》1937年10月30日

敌图犯华南
拟先占厦门为根据地　并派浪人赴南澳活动

【本报广州十五日下午一时二十五分电】 敌军舰最近在浙闽沿海窥伺，将侵占厦门岛，俾作进犯我华南之根据地。又据厦门电，敌在金门，宣布将废汉文，短期内设立日文学校，六岁至八岁儿童须入学云。

【本报上海十五日下午二时四十五分电】 据悉，敌将大举攻厦门，企图占领，俾作进犯华南根据地。

【中央社汕头十五日电】 今日下午一时十五分，敌机一架，由台湾飞至饶平南澳窥察，盘旋片刻，即向南方逸去。又敌近派大批台鲜浪人，潜入南澳，阴谋活动。当局据报，已饬驻军严密防范。

汉口《武汉日报》1937年11月16日

敌在鼓浪屿捕我青年　并与英兵冲突

【中央社福州七日电】 由厦门逃鼓浪屿知识青年，被敌便衣队捕去百余人，指为抗日分子，并与英水兵发生冲突，形势颇为严重。嗣英兵撤退回舰，风潮始息。现厦鼓各国人士对敌之残暴，均极愤恨。

长沙《中央日报》1938年6月8日

特　辑　　新发现的厦门抗战报道

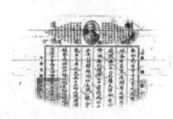

不受奴化政策诱惑　厦门依然是死市
无耻奸逆图组伪市政府　把戏虽翻新换汤不换药

【福建南平通讯】厦门，闽南华丽的商埠，自去年五月沦入疯狂的暴敌魔手之后，过去的繁荣毁灭了，成为死岛者已历十三阅月。十三月来，敌之统治厦门，初则以其狂暴之残杀手段为威胁，继则改用奴化政策而诱惑。然而，事实胜于雄辩，敌之狂暴，终非一切粉饰手段所能淹没。是以厦门在敌人统治下之一年来，居民依然稀少，工商业仍旧停顿，伪"治安维持会"虽分科设处，像煞有介事地摆着鬼样，结果只能"维持"死岛上沉寂的现状而已。这使敌人失望得很，于是驻厦敌酋宫田司令及内田总领等曾多番建议于东京敌阀，进攻漳泉内地以繁荣厦门，无如东京大本营以无兵力再在福建开辟战场拒绝了，遂使宫田、内田长期苦闷。

企图鱼目混珠

三月间，敌所谓"兴亚院"厦门联络部成立，海军少将水户春造，受任部长官。水户到厦，满想"建立功绩"，可是现实的环境限制着，教他理想只能在脑海里盘旋，不能兑现为事实。无奈何水户只好把"厦门伪维持会"的太极旗，改为与伪南北政府同样的五色旗，令厦门伪会与南京伪"维新政府"结起关系，并废"黄帝纪元"年号，恢复"中华民国"，企图借以鱼目混珠，勾诱我逃亡各地难民返厦。这便是水户到厦唯一的建树。可是事实回答水户的是：连这唯一的建树也毫无收效。

狐狸想穿虎皮

现在把戏又要翻新了，其实还是那么一套：驻厦诸敌酋因为感觉在中国的沿海各省，敌伪的场面在闽最为微弱，而且最近敌人又要加紧推行南进政策，想以厦门为根据地，于是决定演一套"狐狸穿虎皮"的把戏，把厦门伪"治安维持会"的名义，扩大为伪"厦门特别市政府"，支撑敌人在闽的空场面。伪"厦门特别市筹备处"，已于六月五日成立，筹备委员自然是伪会那些奸逆，伪会长李逆思贤挂上伪"筹备委员长"的头衔，委员是伪会里的首要喽啰，卢逆用川（伪秘书长），金逆馥生（伪财政科长），萧逆炳荣（伪警务科长），虞逆永枢（伪交通科长）及李逆自治（伪水警处主任）等。此外，敌人还因为怕这般奸逆不够忠实，特派一些日人参加，以便监督，而美其名为"顾问"的有：原忠一、小笠原及佐野等。

人间已无羞耻

伪"特别市政府"原定六月二十一日,伪会"成立周年纪念日"成立,现以鼓案悬而未决,敌人正穷于应付无术时,对伪"特别市政府"便暂搁着不提,筹备期间或挨长下去。

把戏无论什么样变总是假的,无耻的奸逆李思贤、卢用川等,却不知人间有羞耻事的,一面大发其设立伪"特别市政府"的谬论,一面加紧"筹备",希望能早些遂其奸志"沐猴而冠"。

事实告诉我们,厦门现在的人口,还不上五万,伪会的经费全靠鸦片毒品的捐税和伪"复兴奖券"强迫售卖的收入,以勉强维持,伪市政府的基础毫无,而敌伪却大吹大擂,也许这就是敌人组设没有政治基础的伪"市府"之所谓"特别"罢。(华南)

金华《东南日报》1939 年 7 月 15 日

敌伪蹂躏下的厦门

江茂夫

一个太阳两个世界

福建唯一的海口都市、富有南方青岛色彩的厦门,从去年五月失陷以后,到现在,足有二十个月了。岁月如流水匆匆过去,寒暑两易,散居内地与旅居南洋的福建同胞哪一天不在思念它,哪一天不在怀忆着这个小岛呢?

岁序又要更新了,二十九年的元旦又将来临,整个大陆隔着厦门,中间只横着一溪碧水,太阳高悬在空中普照大地。但一面是光耀射目,一面是阴霾沉沉,一个太阳两个世界。除夕前夜,加倍使人怀念厦门的苦难同胞啊!

政治阴谋

从二十七年五月以后,厦门的敌军,屠杀我无辜民众,不下五千,接着又要建立"新秩序",粉饰太平了。所以除了残杀外,改取了怀柔政策。(中略)

在"复兴"、"繁荣"的戏法下,泽重信(台湾总督府特派厦门特务机关长)之流,不断在香港及内地勾引一班匪首、奸徒与汪逆党徒到了厦门,扮演各种不同的戏曲,(中略)大有集合全福建的政治败类于厦门之概。

特　辑　新发现的厦门抗战报道

其次，厦门这些奸首，每一个都被引诱到台湾、东京、上海等地方去，一方面却叫汕头、广州等地的奸伪到厦门来，名为观光视察，实际上是每一个人都来千篇一律地阿谀"日本友邦"。

实际上一切伪政治权力，都在敌人流氓所扮成的顾问手中，正如洪月楷（前厦门伪治安维持会长）所说："敌人要杀害我同胞，发号施令迫我们干，早知做汉奸这样苦，我是决不干他妈的！"

林逆知渊不是好榜样吗？敌人温言巧语叫他喊"和平救国"，（中略）结果迷梦未成，反做了民族罪人。

经济掠夺

侵略者的战争，其最终的目的，是为了经济。被占据后的厦门，敌人大吹大播的，一面宣传"复兴"，一面加紧战区的掠夺。"福大公司"——厦门的满铁会社，为掠夺厦门的最大赃物机关，没收厦门电灯电力公司、公用电话公司、自来水公司，举凡大规模的企业，莫不被他们强夺殆尽。其次属于较大资本的商业，也被他们的势力所支配。敌军暗中鼓励台湾人，侵夺我们一切生产机关，连倒便屎也都在专利之列。

其次是"台湾银行"系统的掠夺。因为"台湾银行"的纸币，特别得到海军的支持，所以敌伪当局强迫厦门市须以日金为贸易单位，并将海关的收入，存"台湾银行"。并顺势强迫民间使用日币，自定价格，把我法币贬值特别低，海关的税收是改用日元作单位了，台湾的商人，以日金作交易的货币，法币就不断地走进"台湾银行"。（中略）

铜片辅币，早已看不见了，一元以下的军用票，被强迫使用，伪市政府也不放松，向东京定印了大批的五角至五分纸币，强迫市民通用。这是奸伪财政的唯一办法。

奴化教育

敌军的奴化教育，是他们极端注意的，（中略）敌人满想以厦门来作犯闽的根据地，不断嗾使汉奸和台湾浪人来扰乱地方治安，正是敌人替我们下了反日的种子，日本领事馆煽动台湾流氓来破坏我们的治安，给予厦门人与全省民众以极恶劣的印象。敌军得我厦门后，消极摧残我文化，轰炸图书馆，搜查各书店，原有的书籍，全部运至演武场焚化，就是消极的一例。另一方面，从去年九月以后，在市区成立小学校、日语讲习班（中略）之类的东西，名目繁多，教师是鸦片鬼、吗啡犯、流氓、讲古仙之流。（中略）敌人的报纸与汉奸的出版物，是送至门上的。

另一方面，学校里学生却消极抵制，无故缺席是普遍现象，殴打教师与质问教师的事，也层出不穷，由香港及内地秘密到厦的刊物，不论大小的报纸，每张售价一元，竟风行不歇，辗转传观，交替转售，破烂不堪，仍被人们如宝珍藏。前次湘北大捷，民众们为表示庆祝，借酬神为名大放爆竹，表示其内心的拥护抗战之意。

收买壮丁与侮辱妇女

在"繁荣"、"复兴"的阴谋之下，壮丁被敌认为极端重要的一种物品，去年五月以后，全是壮丁（包括一切奸伪人员与警察、商店伙计等），统计不上千名，对于厦门四周的工事敌人只好自己动手。接着敌奸狗眼就转移到鼓浪屿难民收容所，先以利诱，骗他们回厦居住，但不能成功，接着敌军就鼓动台湾浪人混进难民所内，假反日宣传，制造案件，敌人以此向工部局要挟驱逐壮丁，拒给粮食，强迫他们回厦居住，这样一来，以后他们要回归厦门再来鼓浪屿就受了限制。最先敌酋调他们做工，继之强迫调往上海、华中各地训练，从此即音讯毫无。（中略）

说到侮辱妇女，由于汉奸利用美色来巩固其地位，伪市长的亲女就曾送给敌海军特务机关长原忠一销魂一夜，其代价是担保其父不被陆军派排挤。其次被刺毙于鼓浪屿的伪商会长洪立勋，也曾将他的妻女去慰劳敌军视察员，奸宿三天，因此得到海军顾问的官职。伪警察局长之妻拜官下大佐做干女儿，实为侍妾，共餐同寝。还有白某之女，出卖肉体来博得一个检查员。于是厦门每当夜阑人静后，大街小巷，到处呼贼。大部分正是敌军头目，偷入人家奸淫妇女所做出来的勾当。

我们再看看敌军内部冲突，与奸伪分派，也是很有兴味的。倭寇海陆军的对立，是尽人皆知的事。占领厦门是谁的功劳呢？敌海陆军都是互争雄长，因此被他们所眷养的奸伪，也就各立门户。敌海陆军厦门特务机关的制造品——汉奸，货色是一样，原料也一样，可是商标则不同，销路也就互异。伪市长是海军一手所制造，在伪府里，他就与陆军制造的伪市府秘书长做了冤家死对头。在此影响下，台湾流氓与僭窜在市区的土匪，也就势不两立，火拼之事，不断发生。伪市府二狗口角，弄得敌酋对敌酋也唇舌相向。目前散布市面的小喽啰，虽算分槽而眷，不再争食，但有时难免各人眼红，结果苦了市区我同胞，为他们众矢之的。

尽管敌奸怎样荼毒我们，可是我同胞爱国之心从未消泯。洪立勋是被我爱国壮士干掉了。敌海军特务机关情报股长田村丰藏也是死于此路的。

特 辑 新发现的厦门抗战报道

许久以来,敌军哨兵与伪治安警察,无声无息地死去,已不知有多少了,伪警察背上贴着抗日标语,与海面发现台湾流氓浮尸的事件,都是敌伪所引为头痛而不敢宣扬的事体。此外,欧阳彩云烈女的身入虎穴,刺探敌伪阴谋,壮烈牺牲。老太婆放火烧屋,毁毙行奸敌军,与血魂团到处张贴标语,拥护抗战到底等可泣可歌的悲壮之事,不断发生,使敌伪坐卧不安。自从鼓浪屿案件,因英法的迁就而暂告解决后,厦门敌军确是踌躇满志,不过厦门同胞的复土运动,却并不因此而消弱。我们深信我军全面反攻的时间到临,这些敌伪们,会被市区内的同胞,一鼓消灭的。

一九三九年十二月二十九日

重庆《国民公报》1940年2月12日

日伪妄图"复兴厦门" 物资榨取的新花样

本报特派福建记者赵家欣

福建两大经济中心——福州、厦门之一的厦门沦陷日手后,立即成为日阀以战养战的物资榨取对象。由于居民大部分撤离,华侨的不受诱惑,漳泉货运的停顿,厦门的商业经济,一落千丈,市容萧条,使日阀感到无限苦闷。

日阀失望之余,喊出了一个迫切的口号来"复兴厦门"。厦门的繁荣条件,主要的是:一、人口众多,消费力旺盛;二、华侨汇款,金融灵活;三、漳泉内地与海外货运的沟通,厦门为集散中心,商业发达。丧失了这三个条件,厦门本身没有生产,没有繁荣的基础,必然会变成一个萧条零落的死岛。

"复兴厦门"的主要内容,便是针对着这三个条件努力,厦门沦陷的第一年,日人努力的成就,除了一部分难民被诱骗回厦外,别无效果。自从鼓浪屿政权被日人控制后,他们利用鼓浪屿控制漳属货物的外运,留难出入国华侨,驱迫诱骗居鼓难民返厦。这些无赖的行为,非但不能达到"复兴厦门"的目的,且更引起中国民众的仇恨心理。

厦门日伪御用报纸不断鼓吹厦门已恢复繁荣。如果不能达到上述的三个主要条件,繁荣永远不会是事实。日伪报纸吹嘘的作用,一方面在诱骗华侨和逃亡的厦门人,一方面在诱惑日台商人到厦门去发财!

"复兴厦门"既成为不可能的事实,繁荣的厦门只成为日伪憧憬的梦幻,利用厦门的经济条件作为以战养战的阴谋不由得不粉碎,在萧条零落的现状下，连伪组织经费的来源均成问题。

厦门虽已丧失了它美丽的灵魂；它毕竟曾阔过一时，这死人身上，尚有些衣饰可资劫夺，今天日伪在厦门的物资榨取，无异向死人身上劫夺仅有的装饰品。

作为榨取厦门物资的主要机构为福大公司。日人占领厦门后，著名的三大民办公司——电灯公司、自来水公司、电话公司立即落入该公司之手，其他一切大小企业，亦均由该公司包办。不久以前，该公司总行，为明了厦门分公司对厦岛经济搜括的成绩起见，特派董事长藤山爱一郎，专务庶田一尚，董事掘透等自台来厦视察，与日联络部取得密切联络，加紧搜括厦门各公私企业。

移植厦门的台湾人，至本年三月底止，已达九千一百四十五人，计男子五千七百九十三人，女子三千三百五十二人，女子除日台人眷属外，职业以妓女、女招待居多。台湾人到厦门抱的是发财的希望，他们以日本人为靠山，利用特殊势力，翻弄无奇不有花样，在福大公司一类榨取物资的托拉斯外，拾获一些余唾，拼命压榨。厦门虽然已成为干瘪的老人……却个个肥头胀脑，大腹便便。

伪组织的汉奸们，眼看繁荣厦门毫无希望，伪市府经费既不能以正常税收充付，日本主子亦绝不肯从腰包里掏出他们的豢养费，于是，汉奸们异想天开，勾结日台浪人，翻弄种种花样，搜括厦门的物资，一面充实自己腰包，一面孝敬日本主子。

烟、赌、妓院，是日人在沦陷区建立新秩序的工具，厦门当然没有例外。在日台汉奸的共同努力下，厦门烟、赌、妓院成为最繁盛的专业，也成为日台汉奸们的主要收入。鸦片大王业叶清和厦门沦陷后，成为亡岛上最活跃的人物，厦门鸦片贩卖大本营叫作福裕公司。伪公卖局长汉奸林济川主持推销事宜，大小烟厕遍布厦门大街小巷，主持者大都是台湾浪人，规模比较完善的雇有女招待侍候顾客，瘾君子于吞云吐雾之余，有可销魂真个；是以纷纷入彀，据说单就鸦片公卖一项，每月收入达数万元，日台浪人以及大小汉奸均沾其益。

厦门著名旅行社"大千"、"东亚"，成为赌博的大本营。东亚旅行社赌场由女汉奸吴某主持，每月缴献日联络部一万元，场内有台湾保镖数十名，赌客的对象是鼓浪屿一班公子哥儿及华侨。场内麻雀、天九、牌九、十二支仔、摊等赌局，应有尽有。一睹千金，结果全落入东客腰包去。除了这两个大规模赌场外，大小赌场，和烟厕一样的充斥着厦门的大街小巷，像

特　辑　新发现的厦门抗战报道

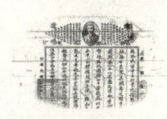

正当商业一样的公开。

厦门的汉奸报，颂扬"娼妓为繁荣本市的重要因素之一"，对"友邦"的公娼制度，大加赞扬。据伪市府公布，厦门妓院有九十八所，妓女总数达六百余名，这只是指公娼而言，而且是否仅这个数目，还是疑问。私娼寮的妓女，不曾计算在内。据估计公娼私娼，至少当在一千五百名以上，如果连舞场、食堂、菜馆、赌场、烟厕的女郎算起来，恐怕不下二千人，这个数目，在今天厦门的人口百分比数上，是个相当可观的数目。日伪的腰包里，填满这些可怜女郎的血泪钱，她们受尽种种压榨，不但要向伪市府花捐局缴纳大量花捐，还要向日台浪人缴纳大量私捐，在被恣意剥削之外，还得听任日台浪人作威作福。日伪在妓女们身上榨得一笔金钱，除了救济经济上的难关外，并用以作为麻醉我同胞的工具。（未完）

香港《星岛日报》1940年5月27日

日伪妄图"复兴厦门"　物资榨取的新花样（香港《星岛日报》1940年5月27日）

日伪利用鼓浪屿作经济侵略
在闽收买原料推销劣货　敲诈勒索无所不用其极

【福州三十日通信】日人军事失利，无法进展，为无可掩饰之事实，利用政治阴谋，实行经济侵略，亦为日人一向惯技。就厦门日军而言，以数百日军，据一死岛，以野蛮暴力，威胁公界，于是厦鼓由日人军事之据点，而一变为日人经济进攻之大本营矣。举凡彼之所需，莫不向此仅有之来源图谋攫取，收买原料，推销劣品，征收保护费，滥剥看头钱，无所不用其极。据商家消息，日人物资组合对我进口货物之抽税，秘密敲剥不算外，公开抽收者，棉纱每件五十元，肥料每包三十元，布匹每箱四十至五十元，大豆、小麦、面粉等，每包五元至十元，只此数种每月即可抽收五十万元以上，余如椰油、豆饼等，犹不计算在内。而出口果品，一经鼓岛，按件抽税，每件柑橘，抽一元至三元，向我剥夺可见一斑。已而利得人手，群丑分赃，尤为积极。附设厦市之劝业银行，其资金股本，多出明抽暗剥而来。伏诛之殷奸雪圃，月支干薪三百元，杨逆廷枢、李逆思贤、吴逆宪庭及奸亲伪戚，自一百至二百元者为数极夥，此日人之所谓正当银行者如是。而世界文明国所禁之鸦片，日人非但不禁，且加紧制造对我毒化。福裕公司原存鸦片无多，自叶清河到厦后，遂与伪公卖局长林济川，宴会于思明南路大家食堂，决定复兴福裕大星配制铁罐鸦片，唆使小汉奸，设法运入内地。策略既定，鸦片大王叶清河，又匆匆离厦，毒物或将源源向我进口，然最近我海防前线走私稍见敛迹，此种人所共见之毒化阴谋，断难得逞。日伪不得不将花样再翻新，别图出路，遂和一部人员，在鼓主持贩运仇货之进口，假冒商标，捏造证件，企图鱼目混珠，以交通船公然运进我内地，货样复杂，鉴别自难。过去者不提，就最近所得消息，布匹之改牌，杂货之捏据，尤层出不穷。后由台湾、烟台等地，运到数十万斤兽骨，其成本百斤原只六七元，经日伪在鼓一度作法，威迫会审公堂出具证明书，随后每百斤即涨价至三十六七元。此批骨价，日人已坐得十万元之利。惟我内地防范极严，进口极为少数。至于攫取我原料，最近较多数者有两种：一为菜子，一为黄枝子。因日人素缺染料，黄枝子为现成染料之植物，台湾、朝鲜亟需此项，遂由日人设立组合，预算以四十万元向我收买；其次为菜子（按菜子亦可作为爆烈品），我方虽禁止出口，而奸商仍是千方百计，暗中走私出口。现日人对厦门经济掠夺，愈见积极。大阪经济视察团复于日前来厦，领导该团为中田守雄、石井庄逸，及松源茂等，

特　辑　新发现的厦门抗战报道

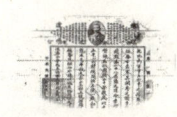

对厦门建设股份有限公司具体建设有：（一）该公司应以半数股权供日人投资，俾符"日支经济提携"之旨。（二）该公司应设有官股，而此项官股随时让与华侨，俾吸收华侨资金。（三）迅速召集各界绅商，宣布募股并解释营业进展之预料。（四）股金应降低为每股五十元，股内每五元分一份，使大富者入股，中富者亦可入份，以宽大吸收资金范围。（五）"特别市政府"应请其指导机关指定顾问，俾计划营业程序，等等。查该团之意，不但将霸占厦门工商业，且欲此榨取我人之资金也。

查漳州与鼓岛交通，自去年九月恢复后，截至今年四月底止，进口洋货达一千万元，出口土产仅百万元，影响地方经济甚巨，当局拟于六月起，

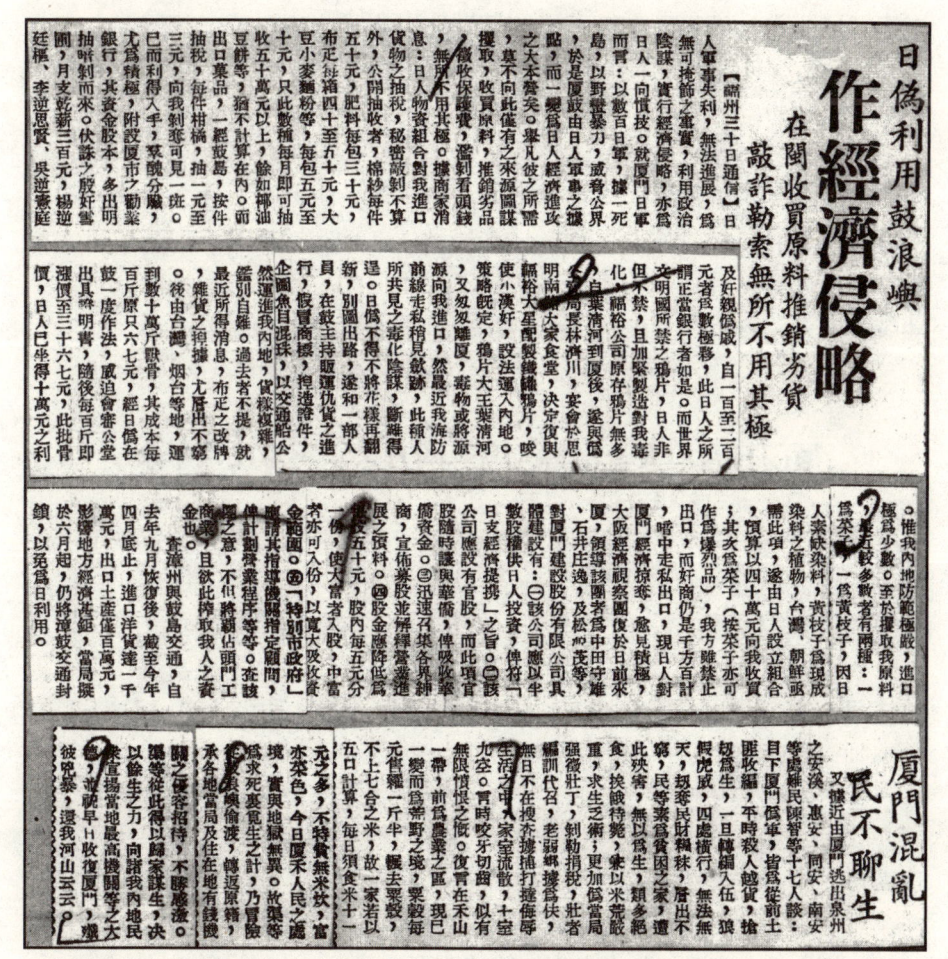

日伪利用鼓浪屿作经济侵略（香港《大公报》1940年6月16日）

仍将漳鼓交通封锁，以免为日利用。

香港《大公报》1940 年 6 月 16 日

厦门混乱　民不聊生

又据近由厦门逃出泉州之安溪、惠安、同安、南安等处难民陈智等十七人谈：目下厦门伪军，皆为从前土匪收编，平时杀人越货，抢劫为生，一旦转编入伍，狼假虎威，四处横行，无法无天，劫夺民财粮秣，层出不穷。民等素为贫困之家，遭此殃害，无以为生，类多绝食，挨饿待毙，兼以米荒严重，求生乏术；更加伪当局强征壮丁，剥勒捐税，壮者编训代召，老弱绑掳为夫，无日不在搜查掳捕打挞侮辱生活之中，家室流散，十室九空。言时咬牙切齿，似有无限愤恨之慨。复言在禾山一带，前为农业之区，现已一变而为荒野之境，粟谷每元售籴一斤半，辗去粟壳，不上七合之米，故一家若以五口计算，每日须食米十一元之多，不特贫无米炊，富亦菜色。今日厦禾人民之处境，实与地狱无异。故渠等为求死里觅生之计，乃冒险从鼓浪屿偷渡，转返原籍，承各地当局及住在地有钱机关之优容招待，不胜感激。渠等从此得以归家谋生，决以余生之力，向诸我内地民众宣扬当地最高机关等之大德，并祝早日收复厦门，歼彼凶暴，还我河山云云。

香港《大公报》1940 年 6 月 16 日

厦门日台浪人竟出售人肉　两月来杀害难民八十余

【中央社福州二十七日电】厦门沦陷已两载，我同胞在倭寇铁蹄下生命朝不保夕，而台日浪人依势横行，尤无忌惮。自本年三月迄至本月杪，难民失踪案层见叠出。两个月中，向居所报失踪案者，即达百起。上月二十六日晚，伪警局得报思明南路某牙科医院旧址，有暴徒密集，警探驰往包围，突入搜捕，结果擒获贩人肉刽子手台籍浪人两名，起出人头三颗，人肉则盛于碳篓内，另有残肢杂骨数担。据该台籍凶犯供称，彼等因无生意可营，且食粮恐慌，乃与日民三人，经营人肉屠场，秘密引诱男女难民入此陷阱。先以布巾塞口，捆绑屠杀，嗣用锅煮熟后，挑往各码头作为驴马肉贩卖，每斤售价六角。渠等两月来，共杀害八十余人。彼两人曾亲手宰杀难民十三人等语。此案暴露后，死岛两月来之失踪奇案，业经揭露。事后，倭寇禁止声张，但全岛人心惶惶不可终日。

特 辑 新发现的厦门抗战报道

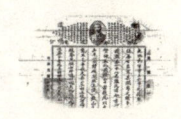

重庆《中央日报》1940年6月29日

厦门血魂团的今昔

本报特派福建记者赵家欣

　　过去两年间，海内外报纸曾不断刊载"厦门青年复土血魂团"活跃的消息，在布满日人爪牙的孤岛上，环境决定了爱国活动的困难。血魂团神秘的行动，在同胞们的感觉中几乎是传奇一类的故事。对于这神秘的团体，人们始终用惊奇的眼光来看它，血魂团究竟是怎么样一个组织呢？

　　在内地一个山城中，记者看到几个血魂团团员，有男的有女的，他们是在去年冬天日人大举搜捕血魂团团员时逃亡出来的，他们曾经在那沦陷的土地上跟日人搏斗过，曾数度越过死亡的界线，当日人先后捕去他们四十多个同志后，为了避免无谓的牺牲，在一个没有月亮的夜晚，二十四个年青人，在满腔悲愤的情绪中，悄悄地离开孤岛，让风浪把他们吹送到自由的祖国大地。在山城中，他们活泼地活着，他们用另一种方式努力守着他们的岗位。

　　二十七年五月，日人跨上了闽南第二片门户的厦门岛，两三天中，十八万的人口只剩下万把个老弱。厦门对岸的鼓浪屿，三万人口，剧增至十万以上。日人的残暴、汉奸的无耻，煎熬着年青人的心，仇恨的火焰冲破混乱沉郁的气氛，四个劳动青年揭起了"厦门复土青年血魂团"的旗帜。一年之后，血魂团有着近千的团员，大都是感受日人迫害的劳动分子，他们没有念过圣贤的书，他们没有居心想做英雄，凭着热爱祖国的心，在后援无继的孤岛上，他们英勇地跟日人搏斗。

　　二十七年中秋节，日人汉奸在中山公园（日人改为厦门公园）举行庆祝会。血魂团以极端沉痛悲愤的情绪，在这故乡沦陷后的第一个佳节举行成立会，他们用纸弹作为礼物，月明如画的中山公园，飞舞着血魂团的传单。日人汉奸接受了这份隆重的礼物后，开始惊慌了。厦门并没有"明朗化"，厦门人并没有屈服，他还得拿出更大的气力来应付孤岛上万万千千不愿做奴隶的大中华民国国民。

　　从此以后，日伪开始不安静了。血魂团团员那么神秘地出没在厦禾每一个角落，他们没有可能把日人赶出厦门，但他们的破坏工作足以打击侵略者的气焰，使汉奸知所警惕。

　　厦门港沙坡尾，渔民聚居的地方，在日人的炮火下烧成一片瓦砾。这冷静的一角,由于靠近海岸,日人不能派哨兵常川巡逻。血魂团团员抓紧了一个机会,黑夜里,四个团员的身边系紧一个手榴弹,摸着昏黑的途径,他们爬过几个山头,手榴弹一甩手,两个哨兵躺下了。当日军赶到时,壮士们早在黑暗中淹没了。一天一夜,全市戒严,无辜民众被捉去好几打。

  双十中学对面一座楼房,驻扎着福岛部队,血魂团壮士们抱定擒贼王的决心,把日人在厦门的军事中心机关破坏了,最低限度可使日伪丧胆落魄。这行动在经过一番筹划后便开始执行了,放哨、淋油、放火,各项工作都分配好了。依旧是一个夜晚,火光在"箭场仔"的上空冲破夜的寂寞。日人从甜睡中惊醒,慌乱中开始救火工作。据把风的血魂团团员说,日人把一包不知名的东西抛进火中去,火马上熄灭了,毁灭日人兵营的计划因此宣告失败。

  厦门文渊井有个藏书数百卷的厦门图书馆,这里面珍藏着古老中国的文化,日人对于它,涎垂三尺。他们计划把数万卷历代积聚下来的珍贵书籍搬运回国,这消息给血魂团知道了。他们不愿把这些书籍付之一炬,不愿意眼看着日人把它搬。于是,在日人尚未动手搬运之前,血魂团一把壮烈的火,焚光了数万卷历代积聚下来的珍籍。这事情,在今天血魂团的壮士们还是老感觉痛快的,但在日人却感到无限伤心,他们恨死了血魂团。厦门、禾山、鼓浪屿布满了猎取血魂团的爪牙,血魂团团员不断地失踪。当日人乘欧战爆发机会,攫取了鼓浪屿一部分行政权后,更肆无忌惮地滥捕中国青年。英美烟公司的青年经理被捕了,美国领事向日领事提出严重交涉,日方以无赖口吻否认曾捕捉此人。年青经理就此失踪。

  恐怖笼罩着厦鼓两岛,青年不断地失踪,血魂团团员不断地牺牲。去年冬天,恐怖的气氛达到最高潮。血魂团在巨大的压力下感到行动的困难,由于干部分子的不断丧失,不得不让一部分团员逃亡,以保存实力,另一部分团员在低气压下等待时机。日人以为血魂团已一网打尽,已宣告瓦解,可是在厦门、鼓浪屿、禾山,没有一个地方没有血魂团团员潜伏着。

  血魂团团员,大多是劳动分子,如工人、小贩、店员。由于日人嗅觉的广布,他们无时不过着紧张万分的生活,他们没有一定的经费,原因是没有人补助,需要钱,大家掏腰包。他们也没有一定的地址,事实不容他们有一定的地址。开会时,随便约定一个地点,在海边,在荒山,在破庙短时间的会谈后,便分头去执行各自的任务。他们加入血魂团的动机是什么?正如一个团员说:"不这样干,对不起不愿做奴隶而逃亡在外的厦门同胞。"

特　辑　新发现的厦门抗战报道

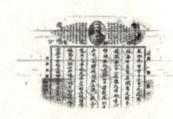

外国人对这些勇敢的中国青年是同情的。但他们不能有具体的援助。有一次，难民收容所附近火警，事后，在难民所地下掘出手榴弹两枚，一个英国女传教师看见了，快活得流出眼泪，她说："中国有救的，中国还有这样的人！"

地理环境决定了血魂团的行动，他们困难取得了外援和接济，这是失败的原因。同时血魂团自身也有许多缺点存在，没有健全的领导人物，没有严密的组织，他们的行动，只是凭着爱国和敌忾的情绪。同时，他们没有和各方面取得密切联系，他们的不断遭受日人迫害，团员不断地牺牲，和他们的组织疏懈很有关系，他们的秘密常被日人所知道，团员中有日人间谍混入，乃是很明显的事实。

在孤岛上，这股力量是值得珍贵的。目前他们虽遭受严重打击，不得不停止行动，但这个待爆的炸弹终于是日人的心腹大患，在低气压中，他们等待时机。有一天，光明将扫荡一切阴霾。

香港《星岛日报》1940 年 7 月 1 日

厦门日军大收捐税　搜购原料推销商品
加入鼓屿中外交易市场活动

【汕头二日快讯】　日军占据厦门，已成为在华南经济进攻的一个重要据点。当厦门失陷不久，各外国商轮，把货品移在鼓浪屿起卸，依旧和我内地商家通常交易。我当局则因客观情势的需要，不顾日舰侵入危险，把水道防线九龙江开放，让商人方便。但日军乘机收买原料，与推销劣品，加入鼓浪屿中外交易市场。同时又仗其威势，对商家大事（肆）征收保护费，设立捐税站。据调查，日人所谓"物资组合"，对我进口货抽税。除秘密敲剥外，公开抽收的，棉纱每件五十元，肥料每包三十元，布匹每箱四十至六十元，大豆、小麦及面粉等，每包五元至十元，出口货如柑橘等以件计，每件抽收一元至三元云。（南风社）

香港《星岛日报》1941 年 3 月 14 日

南进声中的厦鼓

东方明

【鼓浪屿通讯】　当日想在南太平洋投下它的赌注，兵源这资本的鸠集自然穷极其法，除在华缩短战线实行其局部"冻结"而调动一部外，对沦陷区的伥军征人补充以充炮灰，自更是切需的。由此，频繁的调动与转运，日伥们在厦门一进一出，煞是紧张忽惶。

近二月来，日运输舰一进一出，来自台湾而向南移，在海口则实行海上交通管制，以掩人耳目，实则驻厦的日伥，亦已大部抽调而去。

按驻厦部队原有日常延部队辖三队共三四百名，中除一部百余人驻金门外，余分驻夏禾沿海五通、高崎、钟宅、牛家村、枋湖与市内挑水巷、虎头山、胡里山等，并设后备队（约一百五十名），由岗田带领驻于禾山吕厝。其次有伥"和平救国军"二军团，第一集团军辖一二百人，有枪约七百杆左右，由仙游人张逆逸舟任司令，司令部设于公园南路。第二团则只有五百余名，枪三百杆左右。又有伥警五百余名。（乃厦门沦陷后，将手车夫、船夫、流氓、地痞组成受训的，每期四十余名，现已训完十五期，其干部警官多日人。）现则大部抽调往南日岛、百犬洋等地，并有一部调返台湾以调出台兵。

由于厦驻兵的空虚，乃不得不声势虚张，以防反战分子及我血魂团跟壮丁游击队的活跃，但一般民众却肚里明白，我壮丁游击队乃时时出而袭击，目前曾击毙禾山丁家宅伥警分所主干崛哲雄秀及日指挥官中元正，并击毙日军数人。嗣后，每于人僻地静的区域，守哨的日伥军更时时失踪，而尸身或浮海面，或见于乱石中，或见于山洞。连市面大汉路前月中张逆逸舟之父亦被爱国青年殴伤致亡。伥军之较有意识者与日军的反战分子乃时时破坏防御工事及作其他小破坏，较大者如十二月间市区民国路工事建筑原料储藏库，竟被纵焚毁，中仅木料、洋碳二项，其损失即达十数万，其他不计。

从此以后，日伥不分昼夜，严为戒备，除海面加严管制，入夜后即施紧急戒严，每五十步即驻一武装军士，并虚张声势，派兵四出巡逻，并向对岸开枪乱击，或令一部分伥军随时更换番号，惶惑民众。一面则派伥警巡查户口，乘机乱捕青年，任加酷刑，或逮捕富有者以资勒索剥削，又抽调夫役，赶设工事，一面则去电台湾，请运增援。而一般"有棺材无灵位"的□□，则深居简出，心旌惶摇。在这期中，一般留厦鼓的同胞，看见这狼狈相，除私心窃笑泄气外，有些被这些现象迷惑的同胞，竟认为日军将退出厦门了！这传闻很快地在每个空虚的心散开去。

日放弃厦门的嚣传可以说是一般同胞的惑于日退出南宁及放火广州与诸恐慌的错觉而发的。实在在日汪目前政策下，厦门是不会被放弃的。我

们从"汪日协定"看出了为厦门特辟长久占领一项，便可明白。而现在的厦门，不但是散布在闽各地□□特务的根据地，并且是对闽经济掠夺的据点（走私、收买）。至对侨汇的吸收，与对华侨的分化剥削更使它不想拔足。何况，在南进冒险中，厦门是一个优良的兵员军需的转运站。

至于这，我们从日汪的经济、文化各方面的措施也可以找到证明。

最近"市建设局"农务股，以农业为中心拟就一产业三年计划，并以金厦为烟草试种区，饬令农事试验场筹划进行。另将厦三大公司改组为厦门电气通讯股份有限公司，由华方伪市府旧电话公司处理委员会与日国际电气通讯株式会社及福大公司合办，日已先投资四十万（按资本定八十万），并选卢奸用川为董事长。对安定物价，除由台湾运来一小部粮食外，更令陈学海（伪商会监委）于往南洋考察途中尽量收买柴薪等燃料运厦接济。

在建设方面，于厦市北区警察署附近强占民有土地三千八百八十三多万丈以建博爱会厦门医院新址。又在公园附近大悲阁一带占一百七十六多万丈，以资应用。又划定收买填筑文灶社新马路两旁水塘，并採取文灶、塔厝两山一带砂石。

在文化方面，日总领事石川委令厦市日台奸侨民之区奸者为中等学校设立筹备委员会委员，由石川自任委员长。而伪教育局亦呈联络部派其修整双十中学以增设奴化教育之中学。其他在报纸方面亦拟有所蠢动。另，日东京第一高等学校，曾致函驻厦领事馆，欲在厦挑选青年二十名送该校习文科与政治科，并有种种优待，惟活动结果，一无所得。

自洪立勋一案的被捕与日夺鼓浪屿阴谋的暴露，已在居民心上投下一个暗影，然而那时鼓浪屿终于在英美绥靖政策下，让日人用"解除厦门政治威胁"和"搜捕消灭抗日活动"的借口下在十月十八日订立《鼓浪屿租借协定》，控制了鼓岛大部分行政权，甚至借口在康泰安置一尊大炮！

最近，因远东局势的紧张，及工部局长巴士凯的退休，一般人盛传驻鼓英美行将撤退弃放鼓岛。又传拟将权限移交苏联，以抗日本侵略。实则巴士凯的退休是按照常例的（任职二十年），现由副局长胡资基（苏联人）继任。胡氏就任后即表示："岛上治安，中外权益，决予彻底维护，如有非法侵害事件，必以强硬对付。"于是一般纷纷推测，到此反表乐观。

但企图夺鼓浪屿更重要的意义是经济的。其一乃"繁荣厦门"需要集居鼓岛的人民为基础，其二乃鼓岛与内地交通与货物进出的转运站；其三是华侨进出多驻足此地，自然，捕抗日分子，也是要项。因此，为"繁荣厦门",没有了鼓浪屿未免是"遗憾"!

　　配合着英美苏现在远东的政策,这万国租界大概不致被夺取的,然而日人却仍利用台湾浪人四出骚扰(如竟击伤巴士凯大人),深入地散布其控制的恶势力,而等待着南进的信号以便进一步实行掠夺!

香港《星岛日报》1941年3月14日

厦门敌军组伪"贸易公司" 阴谋侵夺华侨商业
爱国志士在厦活跃

　　【鼓浪屿三月二十七日通信】厦门奸逆近奉敌命,发展南洋贸易,阴谋夺取我华侨之商业,期在经济上响应南进政策,最近由伪商会请重要奸逆出面号召,诱致纸箔、米粉、面线诸业联合组织伪"南洋贸易公司",预定资本金一百万元,即将开始分向各途商及过厦华侨,勒派股金,然各途商及过厦华侨,皆予拒绝。

　　【闽侯三月二十五日通信】厦门自去冬起,粮食物资缺乏,已成严重问题,近以太平洋风云日紧,仰光来米断绝,粮食物价,突飞涨张,人心大为浮动。敌伪为谋解决此种问题,特派伪员赴台湾采购菜种、猪种,及将金门我沦陷区民众食物加紧搜括,并禁止猪肉出口,凡由厦购猪肉携过鼓浪屿一律予以扣留。燃料方面,刻下已臻绝境,居民拆屋毁房,比比皆是,蓊草价高,且购亦不易,现厦门所有树木,均只留得光秃树头矣。又:敌伪在厦虽多方防止我爱国志士活动,但事实上仍感束手。近以自来水池及水道,屡被我游击队破坏,水源屡见断绝,日前已电敌军派兵防护云。

桂林《大公报》1941年4月12日

敌伪毒化东北 厦门汉奸亦贩运烟土

　　【中央社讯】内政据部近据确报,伪满正扩大宣传其所谓"禁烟政策"。伪奉天省设立所谓"禁烟总部",指定海城至开原间十二县为所谓"禁烟模范区",到处增设所谓"康民医院",采用种种毒品制剂,以鸩害民众。就伪奉天省垣区一隅之地为例,登记烟民即达五万一千六百六十四名。据调查所得,此数犹不及实数五分之一。

　　【又讯】内政部据报,厦门伪市政府公卖局局长林济川月前由金门运来价值三千余元之土膏,分装一钱及五钱小盒二种,以"球狮"为商标,

特　辑　新发现的厦门抗战报道

配交各地汉奸，潜运内地销售。该部据报，业已急电粤闽等省当局严密缉办。

重庆《中央日报》1941年4月17日

厦敌防务空虚　辎重物资移港储藏　全市粮食用品奇缺

【本报福州通讯】　厦门敌海军根据地队部，改为警备司令部，力量单薄，防务空虚，敌酉井原歧雄深恐我再度攻入，乃除将严藏虎头山之辎重及物资运往香港□处外，并请求敌……台湾□□□协防……日夜在海面巡逻，其恐怖之状，一若惊弓之鸟。太平洋战争发生后，厦岛物资奇缺，粮食及日用品价格上涨惊人，市上白米，已无出售，仅有碎米。菜蔬一类，粗菜每斤一元以上，番薯每斤三元，柴每百斤百余元，尚难买到。厦门对岸鼓浪屿之敌，近亦因少数寇兵仅够防守海岸线地，市内无暇顾及，乃划鼓浪屿五个联保，并令伪工商局物色汉奸数人，充当联保主任，勒捐经费，分五元、三元、二元、一元。不敷之数，由伪工商局补助。

重庆《新华日报》1942年5月8日

魔窟惨状　厦门米源断绝
居民求食不得饥饿死亡　反日空气高涨敌寇恐慌

【福州通讯】　厦门近来米源告绝，汉奸以前所设之白米公卖所，原系自欺欺人之勾当，目前每日有鹄立门外求购食米者，达数百人。奸徒对此，毫无办法，致因饥饿而死亡之同胞，日有所闻。燃料恐慌，亦极严重。敌伪乃会商一新办法，除续将岛内树木砍伐外，并拆卸家屋烂木以救济。惟此种办法，须由伪建设局统治，于是奸徒又乘机敛钱。又讯：五月下旬，厦门公园伪市府门前发现大批抗日标语，敌驻厦领事当即命令逮捕伪市府职员十三名，且施以酷刑，汉奸群宵均岌岌自危。事前厦门规模最大之思明戏院，正值放映敌寇谎谬宣传之影片时，有人从二楼投掷爆炸物，当即着火焚烧，不及逃避而焚毙者三十余人。因此敌异常恐慌，现正多方戒备。

重庆《新华日报》1942年7月12日

死岛厦门　敌军力弱内部混乱　米粮缺乏劫案时起

【本报南平特约通讯】在军事和经济两部门来观察，厦门在中国南部的地位，始终是重要的。他不但握着福建省经济的总枢纽，而且也执口南海交通的锁链。作为日本南进根据地的台湾等地，和他又是那么接近，所以在战前就成为一块肥肉，为日本军阀垂涎之地。日籍台籍的浪民，随时扩张其势力，到了战时，这一块孤悬海外的岛屿，自然免不了被其掠夺。二十七年五月十日，厦门继金门之后，沦陷于敌手了。敌人侵据厦门，在经济上曾经对于闽侨的争夺，费了相当的心机，而结果是一无所获；虽说恐怖政策，不断施行，可也时常受到我们别动队的袭击。二十八年九月敌军情报部长田村崇丰的被刺，三十年十月二十六日台湾总督府驻厦特派员泽重信之被刺陨命，就是给日寇所谓"防务巩固"的一种答复。说到民众，更是难以屈服的，虽然敌人也会尽其力量，就文化、毒品、经济各方面施其狡计，而人心的内附，还是使敌伪特务人员感到头痛。我军无数次的渡海袭击，自必得到当地民众的帮助。而二十八年四月四日三个儿童对于日寇统治者的当头喝棒，消息不但传播到自由中国的国土，使敌人也觉得刺刀之下得不到和平。

太平洋战事发生了之后，香港的位置，代替了厦门。又因为敌人兵力不够分配，所以厦门敌人的防卫力，就逐渐薄弱了。现在敌人在厦门，不但不能进取，而且连防守都谈不到。现在握军政大权约为伪厦门警备司令部（以前是日本海军厦门根据地队司令部），司令井元美其雄大佐。"兴亚院"在厦门有个联络部，专掌政治进攻，部长官为福田良三少将。浪民大本营的特务机关：海军机关长为原忠一大佐（去年进攻闽海时的海军参谋长），陆军机关长为田中次郎少佐。为了遮盖人们的眼睛，厦门还有所谓日本总领事馆，总领事为由泽成二。机关这么多，必然的引起了许多的对立，这对立不但包括政治主张的冲突，就是权利上常常也因分赃不均而引起了火拼，这正是给我军别动队袭击的一个极好机会。

厦门的敌首虽是那么多，而兵力却有限得很，当初占厦门的时候，曾长驻过五千以上的海军陆战队，和十五艘的一小队战舰。以后战场不断的扩大，兵员不断的死亡，抽调已感困难，于是厦门的兵力也逐渐减少。尤其是太平洋战事发生之后，南洋方面又有五十万以上的陆军和一百艘以上的战艇陷入了更深的泥沼，国中既又无可抽召，则只好减少各地防守的兵力，于是厦门的防守力量更见薄弱了。现在厦门的兵力是不到一千的敌伪

特　辑　新发现的厦门抗战报道

军和在乡浪人，以及四艘商船改造的废舰，游弋于闽海各地。一小队飞机不时飞出轰炸各地，来虚张声势，并于八月初旬调曾在闽海嘉登等岛进行争夺战失败的林义和张逸周两股海匪去厦岛充实防务，这当然并未曾使怕死的人们就此心安，于是乃强迫厦岛居民于晚上出动巡逻，九时半后，即禁止通行，并决定如我军过海袭击，则缩短防线，坚守一两个据点，以待台湾之来援，而每日风声鹤唳，不知道冤屈死了多少个我们良善的同胞。

　　厦门人民的现状，苦不堪言，经过了五年来敌人的榨取，更加近日敌国物资缺乏，又想来厦门剥削弥补。鸦片毒品除公开贩卖外，还强迫偷运至漳泉一带售卖。同时并在闽海一带引诱人民走私以其国内剩余物品，如油、柴等件来换取石油、米谷、铜铁。经我海防部队严加监察后，这一路的买卖又断了。财富无处开发，厦门成为了死岛，一致米谷缺乏，人民几致绝食。所以日来抢劫食物的案件，层出不穷，而新调至厦门的林义和张逸周两股匪徒，也多因抢劫食物暴动而被禁押起来。

　　为着掩饰其病理的薄弱，和内部的混乱，敌方也常常发生过谣言攻势，由汉奸们带到内地来，说厦门集结了多少兵力，打算进犯某地某地，这当然都瞒不过我们的军政当局，而且是更坚定了我们别动队的心。最近半年来连续进攻三次，没有一次不获得极佳的战果，这也可看到敌我实力的消长了。（八月二十二日晓晨寄）

重庆《中扫联合版》1942年9月11日

今日鼓浪屿
贫苦同胞大都断炊　自杀案件层出不穷

　　【本报南平特约通讯】位于厦门西南仅隔一港的鼓浪屿，这多奇葩古树的小岛，绿荫匝地，景色宜人。自逊清光绪二十八年（西历1902年）辟为公共租界后，外人往来频繁，且多筑室作岛上寓公，乃日见繁荣。抗战以后，有些人视鼓岛为世外桃源，相率迁居，渡着悠闲的生活，厦门有几所中学则为避免敌机滥炸，也都迁移岛上。

　　由于鼓岛具有国际性的关系，又处于港沪的中点，且为内地对外交通的孔道，所以厦门沦陷以后，鼓岛变了暴发户，地方繁华，不下厦门，人口迅速地增加至二十万之众，舞场、歌榭、酒楼，通宵达旦，只要你有钱，你可恣意欢乐，浮华之风，令人痛心！

　　然而，鼓岛的抗敌情绪，并不低减，腐化分子究属少数，很多志士则在特殊环境中进行着抗建的工作。几千个青年学生也好学不倦，埋头苦读，并利用集会、壁报来宣传抗战。敌人虽唆使爪牙对鼓岛民众横加压迫，甚至惨杀、绑架，但鼓岛民众有磅礴的正气，前仆后继，对敌绝少屈膝。敌人所办的学校里，除了汉奸子弟就读外，谁也不愿意把自己的儿孙去受奴化教育。敌我分明，连学龄儿童也都知道，他们在路上假若瞧见日本儿童，也会怒目而视，复仇的种子原已深深地埋在他们小小的心灵里。

消除汉奸

敌人的骄横，使鼓岛民众的民族仇恨日益增长，敌方所张贴的花花绿绿的荒谬标语，实有玷鼓岛的清白，所以时被民众在暗地撕毁，掷在毛坑里。锄奸运动亦于二十八年春间在鼓岛如火如荼地展开，首先落网的就是汉奸洪立勋，命中要害，当场毙命。殷雪圃、黄莲航等虽被漏网，却已吓得魂不附体。自洪案等锄奸行动接连发生后，汉奸群丑，惶惶地如丧家之犬，不可终日，他们为苟全性命，从此便不敢明目张胆地公然干着出卖民族利益的勾当了。然而，汉奸活动遭受打击后，敌方竟据为理由，向鼓岛工部局大肆咆哮，提出苛刻条件，双方交涉，亘半年之久，工部局迫于淫威，终于接受了敌方的要求。从此，敌人对我民众的压迫和榨取，愈益凶毒，特工人员、汉奸走狗，密布全岛，助纣为虐。更奸诈的，敌方借口洪案派兵登陆，竟敢破坏租界治安，干涉工部局政权。从这时起，鼓岛就名存实亡，二十万人目击暴行，目眦欲裂，内心都怀着一股悲壮的情绪，而希望工部局勿助长侵略者的气焰，应有所作为。

像一座火山，突然爆发了，民国三十年十二月八日，敌人以卑鄙诡谲的手段，在太平洋发动战争，对英美作无耻的进攻，具有国际性关系的鼓岛，与上海公共租界同其命运，沦入敌手，居留在岛上的英美侨民，均失去自由，景色明媚的鼓岛，遂陷于黑暗之中。

敌人占有鼓岛后，为所欲为。在政治上，以种种方法诱惑民众亲日；在经济上，横征暴敛，且放纵日、台浪人霸占市场，独占利益；在军事上，"以华制华"，实行保甲制度，每晚勒派壮丁，警戒海岸线，防我进击。

敌酋授首

出其不意，攻其无备，三十一年一月八日太平洋战争开始后的一个月，我军突然登岛袭击，敌人仓皇失措，颇多损失，伪工部局总巡日人中山当场为我击毙。经此役后，敌人更加惶恐起来，时时防我进攻，虽然，此役战果所得不大，然予鼓岛民众的精神慰藉，收获实多。

特　辑　新发现的厦门抗战报道

　　由于市场全被日、台浪人垄断，物价遂加速度地上涨。由于粮食被敌人收刮，岛上粮荒程度日趋严重化，繁荣的鼓岛乃一天一天地贫困起来，民众在饥馑中有的度着凄凉的岁月艰苦支撑；有的直截了当的跳海、悬梁，了此残生。现值严冬，民众饥寒交迫，更无法维持其最低生活，所以自杀的案件层出不穷。据调查，贫民中每日仅能维持一餐的计有三百六十五户，共一千三百四十四人，两日中仅能维持一日伙食的计有三百七十二户，共一千四百七十九人，无衣无食的计有七百十九户，约三四千人，这些数字，都是根据敌人所发表，实际恐不止此数。哀此灾黎，何以为生？必然的，他们的生命将葬送在敌人的手里。

榨取劳力

　　在鼓岛居住的南洋侨眷，为数不少，自太平洋战争后，侨汇中断，侨眷生活濒于绝境。敌人利用时机，施展狡猾手段，尽力拉拢，企图从中榨取。但华侨洞烛奸谋，敌人狡计乃不得逞。最近敌人花样翻新，令伪华侨公会举行所谓华侨问题座谈会，敌方主张将全岛扩地作为华侨垦区，以全部收入，作为救济鼓岛华侨费用。实则敌方意在利用华侨的劳力，吮吸华侨的血汗，所谓"救济"，徒具美名而已。

　　鼓岛的黑暗，使许多人忍耐不住，一年以来，内迁者为数众多，尤其是青年学子，冒险犯难，纷纷归来，剩下的除少数为非作歹的汉奸外，都是些无力播迁、孤苦无告的善良民众，他们处于水深火热之中，天天在期待着光明，期待着祖国的胜利。（十二月二十一日燕寄）

重庆《中扫联合版》1943年1月9日

厦门鼓浪屿粮荒　敌伪无处搜括已濒绝境

　　【本报南平特约通讯】闽粤沿海日来曾受到敌人新的骚扰，十二月十六日有二十多艘敌舰在闽南晋江县石狮区永宁海面集中，希图登陆，经我海防部队炮击，始于十六日晨他逸。同时广东潮安属大港一带敌人，亦强行登陆，经我驻防军围剿，已将彼消灭。这两地扰乱性的小股战事，并不是说敌人尚有余力从事于不重要战场的战事，恰恰相反，我们在这小型的骚扰中，更可以反映所罗门遭新打击后敌人的恐慌。

　　金厦鼓一带敌人的现状更可以作为良好的证明。首先敌人的窘状，极尖锐地表现在粮食恐慌上面。据可靠消息，自太平洋战事发生以来，因海运受战事的影响及同盟国潜艇之打击，年余来敌人只有一次自沪运至碎米四万包供给厦岛。其余几全靠沿海内地的零星走私。敌人本规定平民每口每月购米十五斤，结果则除黑市外，未曾有一次由敌伪供给的。闽江口外川石岛的敌伪至以汽油及军用品向民众换取米麦番薯，其情况之严重，可想而知。金厦一带米每百市斤售价至六百元以上，于是困顿于生活线上的民众，遂日益增多。敌人在厦施诊所的公开统计数字为每日病人在二百七十人以上，鼓浪屿非正确的统计，日能维持一餐的有一〇三四四人，两日维持一日食的有一四七九人，无衣食的有一〇五〇人，急待施赈始能活命的有五八七三人。这将及三万人的人数，已占鼓岛人数百分之四十，而台鲜日人则占总人数之百分之三十五，其严重之情况又可想而知。

生活困难　贪污横行

米粮的恐慌、生活的困难，结果就只有贪污和裁员，贪污的为首自日人起，汉奸们在其中只能拾取唾余而已。日军金门派遣队队长漳山小耐，因贪污事件过多，被厦门敌司令部撤职回国。贪污既为日人所包办，搜刮又无可搜刮，汉奸辈在此时也实行裁员减薪，来维持濒于死亡线上的生命。厦门伪市长李逆思贤，乘日本侵华机构由兴亚院改为大东亚省之际，将伪市府所属之警务科、督查科、司法科、交通科及伪地方法院、伪水警察等机关，借以缩小范围，计裁撤员工四百余人。此辈失业者，除少数赴台湾、上海各地谋生外，大部仍留于厦鼓一带，致流落为盗为丐，甚至有饿死的、自杀的。虽说汉奸下场故应如是，而敌伪的无力支持，亦以暴露无遗。

防我袭击　寇怀戒心

在经济上是如是的恐慌，而防务也由经济的恐慌而疏忽。"一二八"的前数日，敌伪在金厦鼓一带就大肆清查，并于六日起戒严五日，每日下午六时以后断绝交通，其疑神见鬼，形状是如此可笑。然而敌人并非无因而发，数年来我行动部队之渡海袭击敌寇不知给予日人以多少次的打击。十一月十日厦敌曾举行招魂祭，追悼在厦岛被我行动部队袭杀的敌伪，计有三千多人。这三千多人的"无言凯旋"，都是在还未认清敌人之前被我行动部队杀却的，难怪敌人才这样地恐慌。除了这临时戒严之外，在军事方面，敌人鉴于太平洋战事的失利，在沿海各占领区都构筑工事，以防我方及同盟国的反攻。现在厦岛已开始建造小型船坞及半永久的海防工事，征工一万余人，人民死于征工的总在千人以上。在文化和经济方面，敌人在竭力拉拢华侨及麻醉青年，新任厦门总领事赤掘铁吉于十一月间到任，即

特　辑　新发现的厦门抗战报道

召集华侨组织华侨公会。现在伪华侨公会在敌人监视之下也进行其各种救济办法，空雷无雨，民众所得到的只是痛苦。至于麻醉青年，则由伪市府教育局学务科主持，拟于本年度寒假期中令各中小学校组织青年团，并在鼓浪屿厦门两地设立青年训练班，其课目为劳动服务、精神教育、时事认识等。这些丑恶的行动想要战胜有五千年历史的传统，将见到其徒劳。

不肖之徒　以物资敌

然而，在厦岛的敌人困在军事的尤其是经济的恐慌中时，一部分不肖之徒尚以物资敌，这实令人伤心。据调查，目前石码与厦门间的交通尚继续不断，船只入口所载多为自厦投向祖国怀抱的同胞，而出口船只则满载货物。自十一月十五日至二十日之间，只石码一地，计运出竹器、纸、笋、桂圆、番薯、水果等五六千担，这货物自必输运至厦岛。同时我们更探知敌人现正以高价，向我沿海一带大量吸收白米、油类、杂粮，而继这消息之后的，则为漳泉一带物价之空前高涨，这情形实值当局之注视。

我们知道政府曾通令如有将战时出口、进口之物品，私自运往敌区或出口者，即依妨害国家总动员惩罚暂行条例治罪。更因防止少数部队机关人员之假公走私，通令各地得启封查验，省军事当局亦规定厦鼓归侨须乘坐专备船只，并须在指定地点登陆，以防止走私资敌之情形发生。

所以我们相信，厦鼓敌人的枯竭情形，更益以我当局杜防之力，其经济的恐慌将导引其进入死亡之路。（郑晓晨十二月廿九日）

重庆《中扫联合版》1943年1月21日

厦门鼓浪屿漆黑一团

【本报南平通讯】数十年来的事实告诉我们：跟随日本帝国主义者的铁蹄同时到来的，就是鸦片、海洛因、吗啡、赌场、舞场……一切足以消沉意志的东西，这些也就是日本军阀的工具，是统治被压迫民族的手段。它以前对待台湾、朝鲜是这样，十年来对待他们东四省是这样，现在对待我们沦陷区、游击区的同胞也是这样，烟馆、赌场、妓院现在像雨后春笋在沦陷区之内设立着。

厦门，敌人视为中国东南部重要的据点，自从被占领到现在，已快要五个年头了，这"重要据点"的地位，引来了日寇铁蹄的蹂躏，也带来了一切麻醉青年的毒物，五个年头内，一切毒害同胞的设备，随着时日而剧增，鼓厦两地十五万同胞，除了受着敌人威力的蹂躏，还要在无形中受到敌人的毒化政策的残害。据调查所得，这些毒化政策的表现，可分为下面四种：

（一）赌场 这是榨取富人以及贫人的金钱的机构，下层劳苦同胞的榨取场所则遍地皆是，稍为热闹之场所，即临时附设一所赌场，以遂其榨取，所以这一类场所无法得知真确数目。至于高等赌场，则有三家，兴南俱乐部规模最大，资本为五十万元，由台湾人张静山主持，而后台老板则为兴亚院渡边右郎。次于兴南俱乐部的，为大千娱乐场，乃"警察局"所主办，而所谓"市警察局"根本即隶属于陆军省驻厦特务机关，所以这两个设立在厦门的大赌地，都是由日本人主持的。在鼓浪屿的赌场有同声联欢社一所，名义上乃安南人黄瑞甫主持，而实际则由所谓驻鼓领事馆操纵，这三家赌场，每夜在十时到二时的时间内，是全日最拥挤的时间，每夜金钱的进出在十万元左右，这可见规模之大了。然而，这样的地场，在里面"娱乐"，却没有一个日本人，日本人除了管理之外，曾受明令禁止入内，这更容易推测出日本军阀的居心。

（二）烟馆 毒化为日本对待敌国的一贯政策，抗战前鼓厦两地，就在日本人指使台湾流氓操纵之下，行使其毒化政策，现在被他占领之后，自更变本加厉了。单就设立的烟害来言，自日人鸦片商批购鸦片来发售的二盘商已有二十六家，自二盘家买来直接零售的三盘商则有三百五十余家，烟烟袅袅，几乎每条街市，必有三四家烟馆。吸食鸦片的人们，虽无真确的统计，而较可靠的估计数字则在三万至五万人之间，其他堕于吗啡、海洛因之中的尚不知有多少。鼓厦两地几成为烟鬼的世界了。

（三）妓馆和舞场 鼓厦两地公开之妓馆共百余家，操此神女生涯的台湾人、日本人及中国人各占三分之一。至于舞场，鼓浪屿现有两家，为黑猫舞场和大都会舞场，厦门则有一家蝴蝶大舞场。由于生活的压迫，无数仰息于敌人及其走狗的"职员"们，不得不令其妻女姊妹走上了这条途径。

（四）戏院 厦门的戏院计有五间，所谓市立鹭江戏院，即旧日的思明戏院，现已被焚于火，乃于旧日之中华戏院设立市立鹭江分院，由"厦门东亚共荣会"经营，票价以日元为单位，专门供给日兵娱乐，另有开明戏院与金城戏院，则开演二轮片，为中国人娱乐之所。另有龙山弥仔戏场，则唱演台湾戏，在鼓浪屿，则有鼓浪屿戏院与屿光戏院两家，专门开演电影。戏院中所开演之戏，除了电影、台湾戏、京戏之外，另有零郡社，一在鼓浪屿为新声戏社，一在厦门为鹭声国戏社。时常表演新剧，想以戏剧

特　辑　新发现的厦门抗战报道

的感召力来麻醉青年，然而中国青年真的被他们麻醉了吗？厦门失陷五个年头了，鼓厦青年受敌人的麻醉也已五年了，但中国的青年们却始终是中国的，一月间伪市教育局在开明戏院开演日本新闻片，楼上座位完全为日本籍学生，楼下座位为中国学生，当新闻片演至中国飞机为日本飞机所击落时，楼上的日本籍学生鼓掌高呼，等到中国飞机打下日本飞机时，中国学生也同样的欢呼来迎接祖国的胜利，日本军官和"教育局"的走狗们虽大发雷霆，结果也无计可施，这一点当就可以窥见中国人的心了。

只就上述四点，我们将可以看到敌人对于沦陷区的政策，而同时也可以看到中国人对于日本这一政策的反响，除了"老而不死"的汉奸之外，鼓厦大多数的青年还是我们自己的同胞，正是等待着祖国的拯救的。

重庆《中扫联合版》1943年3月17日

美机袭厦门　炸沉敌船扫射机场

【中央社讯】史迪威将军驻华总部发表第一一七号公报称：第十四航空队之密口尔式轰炸机，十三日又袭中国海岸日方，重点伏击海上之船只。长二百五十英尺之货船一艘被炸，中部直接中弹，引起猛烈爆炸，当即沉没。另有长二百五十英尺之货轮一艘被袭，弹落附近爆炸。海岸附近敌炮舰及触板亦轰炸。此役美机全数安返基地。

【中央社桂林十四日电】美新闻处桂林分处发表：（一）十四日美十四航空队轰炸机二次轰炸厦门港口，炸中敌长二百尺货船及长二百五十尺经过伪装之货船各一艘，起火燃烧。又若干汽油筒及厦门港口西南之货仓亦被炸。美机复扫射厦门敌机场，完成任务后，安全返防。（二）美十四航空队轰炸机队，昨飞袭厦门，扫射敌炮舰，炸沉长二百五尺货船一艘，另一艘被击中。该队并在福州口外低飞，袭击船艇，击沉长七十五尺小艇一艘，重伤一艘，我机未遇抵抗。

重庆《大公报》1943年10月16日

敌寇航运遭受威胁　在港设护航司令部
厦门敌寇被盟国飞机潜艇弄慌了　施行特别戒严

【永安通讯】敌寇最近在海南岛召开太平洋作战会议，敌酋矶谷奉召参加后，已经在十月底回香港，这次会议的结果，认为护航是目前的第一要着，所以指定了矶谷担任中国南海方面护航司令，由澎湖到海南岛一带水程航运，都由他负责保护，护航司令部设在香港，护航武力以敌海军第三舰队第二派遣队作基干，并且由敌海军省加派驱逐舰四艘，鱼雷快艇三艘和海军飞机十五架协助。

又最近盟国潜艇在我国东南沿海施威，敌舰轮屡受重创，敌人为了想减少台湾外围的威胁，就在台湾澎湖湾沿海布置水雷，并且设立海空防监视船，借以防范。十月三日拂晓，在澎湖花屿西南敌乙等巡视船一艘，突被暴风打翻，全船人员十名，四人灭顶，六人被救回金门。

又讯：盟军最近几次轰炸厦门，敌方船舰和军事设备都受了损失，敌人恐慌之余，在厦门和鼓浪屿等地的交通要道施行特别戒严，并且昼夜派出浪人和伪便衣探警四出侦察，搜查民众，检验行人，任意骚扰，逮捕嫌疑分子，半月来被敌人捉去的有几百人，滥用酷刑，穷凶恶极。此外，凡看到民众讨论国事，或关于这次盟机击厦的痛快事绩的，就加以反日分子的罪名，或诬赖他"指示盟机轰炸目标"捉去严办。

又伪厦门市长李逆思贤，十一月三日随同敌陆军特务机关长岛田飞往台湾，请求敌首台湾总督长谷川，拨一批飞机常川留在厦门，敌督认为当此盟机日形活跃，敌机留台无补实际，而且危险性很大，况且目下敌机有限，拨派困难，如有特殊需要，可由台南澎湖方面起飞接应，现在所能办到的，只是拨给空中收音机二架，以便察听空袭，李逆的要求没有达到目的，懊丧而归。

重庆《新华日报》1943年12月19日

德方昨广播称
盟机三袭上海 厦门、上海敌妇孺疏散

【中央社据柏林三十日广播】上海讯："敌"机昨夜对上海发动第三次袭击，地面高射炮队于下午十一时发炮猛轰。日方指陈"敌"机经空防部队轰击后即被逐退，落弹亦未引起任何损害。

【中央社南平三十日电】据悉，中美空军扬威东海厦岛，曾发生大火，敌机场、仓库、兵营、码头及一部重要建筑物被炸毁，损失殊重。敌已下令疏散日台妇孺，结束商业，并组所谓"率公防控指导"强征防空特别捐，强迫市民接受管制训练。

【中央社屯溪三十日电】沪讯：月来盟机连续击沪，敌寇恐惧万状，

已下令撤退侨民妇孺，所有财产由敌领馆接收，各商铺则委托奸商经营。其第一批撤退妇孺，已于旬前离沪北去。

重庆《中央日报》1944 年 8 月 31 日

中美机群袭敌　台湾、厦门亦均被炸

【中央社讯】史迪威将军总部二十六日发表第三百七十二号公报称：一、中国东部地区：二十三日及二十四日，第十四航空队战斗机及轰炸机猛炸衡阳至零陵区敌军供应线及阵地。我 B-25 式机分六队猛炸全县储藏区及铁路交通线，大火冲天。衡阳机场自被敌占领后，即遭我机袭击。中美混合大队战斗机袭新市区汽车厂，敌损失重大，并使高射炮火失去作用。我 P-40 式机扫射衡阳至祁阳公路交通线，燃料及弹药库均起火。我机并炸平汉铁路长台关之桥梁，毁火车头一辆，并另创其一辆。我机弹中铁路车站，并有汽油库一处起火。我战斗机猛袭日军向丹竹三路推进之供应线。二十三日我机袭阳梅之容县。二十五日我战斗机创西江之轮只六艘。二十四日我 B-25 式机袭广州之白云及天河机场，六十哩外可见火光。二十四日我 B-24 式机炸南京铁路线及储藏库之设备。二、台湾海峡：二十五日约八千吨之日方轮只（正在海上进行中）遭我 B-24 式机猛袭。台湾岛高雄要塞以西二百二十哩有油轮一艘被我炸沉，货船一艘负创。二十四日夜间，厦门之设备遭我猛炸。三、越南方面：我 P-51 式机炸沉及创伤敌方汽轮九艘。四、怒江：我 B-25 式机袭缅甸公路上敌方之储藏及军营地区，我战斗机扫射，并炸同一地区之日军阵地。

【中央社讯】据美新闻处中国东南部十四航空队基地二十四日电：日军在第十四航空队日夜猛击之下，力图于黑夜调动军队及供应品。日军向零陵桂林线三义之前进，显仍陷于停滞，美我战斗机整日进攻，使敌不能保持其供应也。日军复不敢空战，而水路公路在白日又完全呈空虚状态，同时我机恰于小镇发现敌军密集处及供应站，即予以轰炸。

重庆《大公报》1944 年 9 月 27 日

美机队连日广泛出击　重创湘粤敌供应线
台湾海峡沉敌船　厦门毁敌机

【中央社讯】据史迪威将军在华总部三十日发表第三百七十六号公报

称：第十四航空队战斗机及轰炸机，于二十七日至二十九日阻碍中国东部桂林丹竹区敌军之前进。战斗机于突袭中，轰炸海岸厦门之鹤（禾）山机场，毁地面敌战斗机五架。B-25式机于二十八日夜袭中，炸广州天河及白云机场及以西之三水。我机夜袭零陵湘潭间敌运输线，毁卡车二十五辆，击沉河上汽船两艘，创汽船一艘，并击毁供应邮驳船二十五只。又扫射并轰炸衡阳西南龙虎关敌军密集处。全县区桥梁一座被毁，另一座损伤，并扫射敌军。B-25式机两次炸敌军前进据点道线，发生大火，浓烟上达三千尺。距十里之处，中型轰炸机袭商泉头。P-51式机射击西江江轮，敌军正运输供应品至丹竹，我击沉并击伤二百尺之栀杆帆船各一艘。又袭连城及蒲州敌机场。越南西北方面，P-40式机炸谅山附近敌军密集处。P-38式机炸泰国达那桥以北另一敌人密集处，日占领之一工厂着火并毁敌人火车头，及车辆数辆。滇缅公路方面，P-40式机炸芒市及西南之停加桥。以上诸役，我机悉数返防。

【中央社讯】据史迪威将军在华总部三十日发表第三七五号公报称：二十七日，台湾海峡之澎湖列岛西北十五里，日方一万五千吨之捕鲸船一艘，为我炸沉。翌日B-24式轰炸位于西江上之三水，引起该地大火。该城西部继即发生爆炸。随行掩护之P-51式机，遭遇敌战斗机约十五至二十架，当重创其两架，可能另毁其一架，并使两架受伤。美机毫无损失。为给予向桂林进犯之敌军以打击，我战斗机曾袭击祁阳区内之敌军密集车辆，可能为坦克车。湘江上敌方沙船十二艘被击毁。全线区之敌桥梁、兵营、军队、马匹，及二十二艘载运军队及八艘满载供应品之沙船，均遭扫射与轰炸。本区内之供应站，亦遭攻击。我装有炸弹之战斗机，在接近敌向桂林攻击之东南钳形部队之先锋队方面，出击龙虎关区密集之部队与围场。B-25式机轰炸龙虎关，引起大火，跟即发生爆炸，烟雾高达六千尺。敌在龙虎东北之军营遭炸，道线亦被轰炸，西江之船只亦被扫射。越南方面，P-38式机轰炸兰杜及克鲁亚，并曾轰炸河内铁道终点之日军营。凡此诸役，我机均安返基地。

重庆《中央日报》1944年10月1日

黄河前线至怒江前线　美机广泛炸敌
并炸厦门敌机场阵地

【中央社讯】据史迪威在华总部二十二日发表第三百九十七号公报称：

①华中区：黄河前线方面，我 P-51 式机毁新郑与西平间平汉路之火车头三辆。②华南区：二十日第十四航空队 B-25 式机，袭广东前线之日军并炸桂平区西江前线，引起多处起火另创岸上设备颇多。同日我 B-25 式、P-51 式及 P-40 式机袭西江之三水，落弹百分之九十五中码头区，引起大火及重大损创。我机与敌机在该区发生空战，我毁敌机一架，可能毁一架，创一架，另毁地面之敌机一架。我机返基地时，并袭江面敌军之轮只，我 P-51 式机直接炸中厦门区巨型之轮只一艘。我机另毁摩托轮一艘，扫射厦门敌机场，敌方伤亡尚无统计。该处之仓库着火，炮兵阵地被我机扫射。二十日西江大河曲华军向桂平日军先头部队反攻时，我机两次炸同一地区之蒙圩与石嘴，引起大火，蒙圩已三分之一被炸毁。我 P-51 式与 P-40 式机袭蒙圩与桂平之围墙与日军之营房。我机俯冲轰炸桂平以西二里敌军集中营。我 P-51 式机炸桂平北端之江口，引起大火与重创。桂林前线方面，因气候恶劣，我机仅出袭一次。我 P-51 式机炸兴安县附近某铁路桥梁。③怒江前线：我 P-38 式机炸锡潘（译音）东北七里之铁路桥梁，该桥直接中弹三枚，毁桥拱两座。我 P-40 式机炸畹町以西穆斯（译音）之桥梁一座及丁戛之桥梁两座。以上各役，我机皆安返。

重庆《中央日报》1944 年 10 月 23 日

东南海面盟舰艇活跃　闽境敌军慌张
敌侨几全部逃匿厦门

【中央社南平二十四日电】据悉：盟国制海制空权迅速伸入中国海后，东南海面盟国舰队飞机最近益形活跃，大批潜艇亦开始广泛活动，截击或封锁敌方海运航线。闽浙粤敌舰最近两星期中被炸沉或击沉者，可能在五十艘以上。困处厦门、南澳、金门、福州之敌，在空袭威胁中纷纷迁避郊外，并将军火及其他物资迁移藏匿，敌侨几已全部逃匿厦门一地。自本月十日以后，全部商店均告停闭，海外仅留泊敌舰艇五六只，民众冒险渡归大陆者日众。

重庆《中央日报》1945 年 1 月 26 日

美机轰击宁波、厦门　豫鄂湘前线继续炸敌

【中央社讯】中国战区美军司令部四月一日发表第五四〇号公报称：

第十四航空队之 P-51 式机于三月三十一日袭中国东部海岸之宁波机场,击毁场上之敌机三架,击损另五架,未遇敌机抵抗。另一批美机,炸中国南部之厦门,扫射机场上之敌机一架,其他美机并袭击宿州机场及汉口以北之许昌机场。击损两机场之敌机各一架。P-40 式机击毁战斗机一架及运输机一架,并击损湘潭机场之另一战斗机。另一批美机袭同一目标,破坏机场阵地数处,并击毙敌军若干人。某瓦斯储藏室起火,房屋数所被毁,某无线电台被创。第十四航空队之战斗机及轰炸机,于三月三十日至三月三十一日炸在河南西南部黄河以南沿唐河前进之日军,予敌重创。同时中国空军之 P-40 式机袭老河口以北之敌军,击毙敌军二百五十人及军马多匹,并毁坦克及货车数辆。B-25 式机于三月三十日夜间炸汉口,结果未明。美机并炸汉口西北沿平汉铁路之安陆及许昌铁路车场,及西面之铁路兵站。中美混合队之 P-40 式机,于三月三十日击毙日军一百五十人,并炸唐河之某镇,老河口以北及唐河北面。美机轰炸并扫射浙川,并于袭南阳附近时,击毙敌军马七十匹、兵员四十人。B-25 式机炸汉口以北之信阳铁路车场,P-51 式机炸岳州以南桥梁数座、长沙西南之湘乡及岳州以北及长沙以北之其他桥梁数座,以及新市以北之公路桥梁一座,敌兵员及交通线遭猛炸。B-25 式机炸毁长沙及岳州间之铁路桥梁一座,袭机场阵地数处,并炸损公路交通线。B-25 式机炸靖港,烟焰高达七千英尺,长沙遥见火光。战斗机及轰炸机袭其河内船舶及公路交通线。越南方面中国之 p-51 式机轰炸高邦及谅山以南之富朗宋,扫射谅山机场及营区。P-38 式机分四批袭敌船舶,并炸黑河区之兵员及交通线。凡此诸役,我机九架未返。

重庆《中央日报》1945 年 4 月 2 日

厦门三童行诗稿　为精神动员示范
教厅奉令切实遵照办理

【丽水通讯】教育厅顷奉教育部令开,以奉军事委员会代电转,据陈嘉会函呈略称:近阅桂林扫荡报四月八日载福州五日电,厦门小学生周智惠、纪和亭、杨春龙于寇酋举行儿童节会场抗敌被害,特作《厦门三童行》古诗一首,以资宣扬,并拟请明令褒扬三童永为儿童节纪念,以正人心于蒙养之始基等语。查该三童以髫龄而明大义,抗敌不屈,致罹于难,洵属可歌可泣,实我民族正气之表现。自宜设法查明褒扬,并分颁全国各中小学校宣传,以为精神总动员之示范,即希照办等因。教育部经即呈请行政

特　辑　新发现的厦门抗战报道

院，转呈国民政府明令褒扬，一面转令分颁所属各中小学，从事宣传，以为精神总动员之示范。教厅奉令，复传转饬所属全省各中小学切实遵照办理。兹转录厦门三童行诗稿暨四月八日桂林扫荡报厦门三儿童新闻如下。

三童行序

民国二十八年四月四日，窃据厦门之寇，集伪立十小学学生于旭瀛书院，庆祝儿童节。寇海军司令宫田、领事内田、特务机关长泽重信、伪维持会指导官佐藤携玩具、饼饵赴会演讲，以庆祝儿童节与中日亲善命题，令作文，多交白卷。有周智惠、纪和亭、杨春龙三童者，年十三四，一童书"庆祝儿童节，打倒日本鬼"。二童书"还我河山，驱逐倭寇"。寇酋大怒，绑赴司令部。三童沿途大呼"拥护蒋委员长，拥护国民政府"。闻者感动，余为之痛焉，作《三童行》。（据四月八日桂林扫荡报福州电）

诗稿原文

二十八年儿童节，倭寇据厦恣欢悦。诡言保护诱儿童，畜头人鸣纳交结。旭瀛书院为会场，豺狼虎豹一齐列。妖狐鬼车居上头，两旁坐者皆奸孽。可怜十百小儿童，地域沦陷骨肉绝。忍尤含垢作学生，待死须臾汤沃雪。敌酋装出假惺惺，中日亲善翻两舌。恩物果子（倭谓儿童玩具为恩物，点心为果子）纷杂陈，劝降倭国须早决。命题作文试衷曲，群儿语塞不敢泄。中有三童周纪杨，谓秉正义要直说。前年寇军入苏浙，劫去儿童满车辙。后来又陷京与皖，儿童腹剖胫两截。残杀幼弱人道无，直欲灭种在一瞥。今寇战斗力已尽，又想速和弄假诀。不死终当为国羞，不说不使寇胆裂。永别城南锦缬儿，要作汪童忠魂烈。一童大书打倭鬼，二童大书倭寇灭。打倭灭倭死不休，还我河山愿流血。寇酋一见双目眙，恨煞儿童笔如铁。始知中国尚有人，儿童虽欺徒狡谲。三童就缚魂不惊，沿途大呼义声彻。上言拥护委员长，下言拥护国府热。观众凄怆泪暗吞，天昏地黑营门闭。从此童儿消息无，潮声日夜悲呜咽。金门岛、鼓浪屿，毓此三童成三杰。爱国捐躯在小童，人间丈夫应愧劣。君不见，石敬塘，引胡人寇蒙不洁。又不见，张邦昌，卖国求荣终蹉跌。救国无分老壮少，视此厦门三童我心折。

壮烈事迹

厦门三儿童在暴寇淫威下"要打倒日本鬼"。四月八日桂林扫荡报【本报福州五日电】（迟到）　厦敌在旭瀛书院举行儿童节，召集伪市立十小学

[297]

厦门三童行诗稿　为精神动员示范（金华《东南日报》1939年6月26日）

生参加，由敌海军司令宫田、领事内田、特务机关张泽重信、伪维持会指导官佐藤带大批玩具、饼饵到会，分给演说，并出"庆祝儿童节与中日亲善"题，命作文，多数均交白卷，中有周智惠、纪和亭、杨春龙三人，年仅十三四，一作"庆祝儿童节，要打倒日本鬼"，两写"还我河山，驱逐倭寇"于卷。敌酋观后大怒，令绑回司令部。但该三小孩沿途复大呼"拥护蒋委员长"、"拥护国民政府"不已。闻者皆为感动。

金华《东南日报》1939年6月26日

厦门儿童救亡剧团　活跃在西南战场上
近两年来三省长征工作详记

抗战的炮火生长起我们这群流浪儿，同时教育了我们，培植了我们。当我们家乡沦失的那天——廿七年五月十日，我们这群乳臭未干的孩

特　辑　新发现的厦门抗战报道

提，为了不愿做无谓的难民，更不愿做日人的小奴隶，便坚决地离开了父母，离开了弟兄，离开了可爱的家乡，跋涉在福建闽西南一带工作——从漳州徒步经漳浦、云霄、诏安至汕头，再由潮安经某地转入广州。在三十多县市的流浪中，在我们英明长官们领导下，一面工作一面学习中，我们获得了很多的经验，认识了许多救亡理论，与锻炼了稍为坚强的意志和较高技能。到香港，我们很愉快地会见着旅港的救亡工作者文化人、大教育家、小朋友。我们的行动曾惊醒不少的哥儿小姐，气死了日人的汉奸走狗，我们的热力曾掀起抗日反汪的怒潮与儿童界的活跃。在越南半年间，我们作宣慰侨胞的工作，报告祖国抗战的英勇，以及代表全国小朋友向侨胞致敬！向友邦人士宣传、呼吁！给旅越侨胞以深刻的印象，给友邦人士以良好的影响，给政府募集数目可观的慰劳金、慰劳品及各种贵重的药品。

投入祖国怀抱　去年八月十三日，暮阳堕入山坳时，我们从谅山再投入祖国的怀抱。在归途中，我们看到祖国的新生，我们是带着恐慌的心向生长中的祖国祝福！

过镇南关到龙州，已是静寂的夜半，我们只好借检查所作为临时的宿处。翌日的晨曦，警报声中，我们就开始与日机作回国后第一次的周旋。另一部分同志却在空袭下晋谒龙州当局，请示工作。那时，龙州民众正在疏散，日机不断飞来滥炸。我们在离开龙州前一天作了歌咏巡行和街头宣传，翌日即顺左江的流水向南宁的征途前进！

在南宁的活跃　在南宁，我们发动各校团体组织晨呼队，并运用我们的宣传武器——戏剧，深入到广大的民众中去，在中南戏院公演了三天，招待军政、民众、儿童各界，推动了南宁戏剧运动。为了安慰和教育被炸的难胞和鼓慰前线退回后方休养的受伤将士，我们带了侨胞的慰劳品去慰劳他们。同时我们进行南宁近郊各乡的农村工作，走过了十多个的村镇，做了千万个乡村的同胞的朋友。受福建同乡会、乐群社等欢迎和欢送，我们才于去年九月六日得广西绥靖公署派车接我们到桂林来。

经柳州到达桂林　来桂林必经柳州，我们到达柳州已是午后了，一大群可爱的民众包围着我们，向我们询问，我们随即整队歌咏巡行，绕遍了柳州的河南、河北两区。我们是宿在南强旅社的，柳州各界人士都来向我们访问，至夜间十二时，这些关心我们的同胞才与我们握别！

从柳州到桂林，汽车在公路上爬行了十四小时，蒙蒙暮色到达桂林市区。于是我们在贤明的白主任、李司令、黄主席的抚爱下工作着。

小剧场与儿童画展　"九一八"纪念，这里的戏剧界邀请我们参加筹建抗日小剧场演出，我们就参加演出《小毕三》，继之，我们又独自负责连续三日在金城剧院举行为筹建小剧场公演本团创作《铁蹄下的孩子》，得到了相当可观的成绩与热烈的好评。又于去年十月三日在乐群社举行"抗战儿童画展"，有布画《打倒汪精卫》、《精神总动员》、《空室清野》、《抗战到底》，并有粉笔画、水彩画、炭笔画、钢笔画、铅笔画等五百多幅，并将我们二年来的作品与工作的成绩和侨胞托我们带回祖国献给蒋委员长、白主任等与献给前方将士的锦旗四五十面，也都悬挂陈列出来。这次展览，促起了大人先生们对儿童艺术的注意，提高了儿童艺术水准。在数万人的口头上，眼光上给了我们很多宝贵的批评与安慰。

展开桂林近郊工作 不久，在敌机的空袭下，又赶往广西大学参加该校庆祝双十节和欢迎马君武先生回校的游艺大会。接着绥靖公署通讯兵团欢迎新兵入伍，我们团本部的工作同志，于去年十一月五日也赶赴白沙参加游艺会，并在当日绘制漫画标语。

桂南发生战事，永福县是一个可说为临时兵站的地方。我们受着永福各界及抗宣一队之邀，到永福作招待过境将士同保卫西南公演，白天在晴空下全体同志出发慰问过境的将士和在第一二二后方医院慰问伤兵工作。离开永福的那天早上，我们和抗宣一队的同志举行晨呼队，中午举行化装宣传，下午四时才乘着湘桂路的火车，在火灯时候才抵回桂林。

我们生活工作在岩洞内 "岩洞是我们的课堂"，"警报是我们的上课钟"，的确不错，当日机空袭时，我们拉起大群的民众，在七星岩的大洞里，上着抗日救国工作的课，如歌咏、演讲、报告时事、壁报……以及在警报中建立的"岩洞图书馆"，它是一个供给精神食粮的机关。这个工作干了半个多月，后来因各方面工作关系，我们只好暂时结束了。

组成"伤兵之友队" 当湘北大捷时候，便有由湘北转来桂林的光荣挂彩的战士们，我们为要服务受伤的将士们，给他们精神上的安慰和鼓舞他们重上前线。因此，四十八个同志组织"伤兵之友队"，往□□军政部第□第□陆军医院服务。

就在去年十月廿七日，"伤兵之友队"的队伍度过漓江流水，于太阳西斜才抵达大圩。我们即分成医院、地方二工作组，来进行动员民众服务伤兵的工作。起初，我们对伤兵时作普遍的慰问，代写书信，缝补衣服……经过一星期之后，我们与伤兵在感情上生活上都融合了，工作也更深入了，除了每周举行时事座谈会、出版壁报、时事简报外，并经常排练戏剧、歌咏，来共同究研与推进戏剧、歌咏运动。在"识字班"，我们以精神总动员

为教材，且每半月举行军民合作联欢大公演。桂南战事发生，我们响应保卫西南的号召，就扩大保卫西南的宣传。其次地方工作，我们组织了二个儿童团体，还经常担任这里三间学校的戏剧、歌咏、抗战常识及其他的功课，并协助镇长一切地方工作。

经过两月以后，我们的队伍在千万人热腾的欢送下，离开□□伤兵们和民众们。

南路工作队整装待发　在保卫西南的紧急号召下，除了参加保卫西南宣传周的工作外，我们的工作还要展开到前线去，因此就组织"南路前线工作队"。为使工作顺利，于是我们先派出四个同志组织成南路前线工作组，于去年十二月十一日出发至永福。后来因为交通的不便，就返回桂林，决定向当局请求得全队出发工作，这次我们出发前线是有很重要的任务的。

（一）为了表示我们小朋友勇敢的热忱，我们知道，自南路战事发生后，许多大先生都陆续出发前线去慰劳服务、救护……我们小朋友还没有人曾去过，虽然最近桂林儿童团体也派了两个小朋友代表参加抗日后援会组织的春节劳军代表团出发，但是我们感觉到这样还是不够的，我们小朋友出的力量还是很少，因此我们为着号召西南小朋友上前线去参加这次伟大的保卫战！

（二）我们要使得小朋友能够在炮火中锻炼得更加坚实，使得学习到许多宝贵的战地知识！

（三）我们要帮助前线失学流浪儿无家无依的小朋友，动员组织他们，帮助军队抗战。

（四）我们要给前线杀日的将士们以精神上的安慰和生活上的帮助，以提高他们杀日报国的情绪。

（五）我们要代表越南五十万侨胞向白主任及前线忠勇将士们献旗致敬！表示慰劳与拥护。

经过了相当时间的训练与准备，各方面的接洽已有头绪，才决定二月一日出发。结果因了桂南战事的转变，致使我们的队伍行程展延，但我们总决心要到前线去服务，去学习！把侨胞的热情带到前线去！

我们没有放掉学习　回国到现在，我们并没有放掉学习，可告慰爱护我们的先生们，我们是相反地要在工作中学习，向广大的人群学习，向社会学习，这是我们学习的最高原则。如今我们有了新的学习方式、内容与对象，大概我们经常要上的课有三民主义、抗战地理、中国历史、自然常识、数学这几个科目。横的方面还组织戏剧、音乐、文学、美术、英语、日文等研究小组，每星期日不断地举行时事座谈会、专题讨论会及请名人演讲等。这是我们的智慧的源泉，前进的路标，我们并没有放松学习！

四大工作汇记 （一）我们于去年九月间与新旅等儿童团体举行儿童运动座谈会，后来拟组织"儿童之友社"。（二）《少年纵队》也出版至第七期，《小钢炮》出版至四十期，街头《大众壁报》、《大家看》、《抗日画报》也出了十三期，《抗战儿童画刊》出版创刊号，我们的女少部（女同志组织的）与新旅、广儿团的女同志联合出版《女孩战线》半月刊。（三）最近派了一位同志参加"桂林各界春节前线劳军代表团"，出发前线，代表全桂林的儿童向前方将士们献旗。现在已抵达昆仑关最前线了。（四）三月五日又派出二位同志参加广西农业推广区，开展农村救亡工作。

二十九年的新生与希望 二十九年是我们新生的年头，且也是祖国胜利年，我们没有悲伤也没有哭，我们用欢笑的心情和实际的行动来迎接和庆祝廿九年的年头。元旦的那天，我们应□□高射炮连之续（邀），下乡作军民合作的公演，当天又即回桂林参加青年会欢迎新会员的演出……这就是我们新生的表现。

我们是一群孩子，又是家乡失陷的流浪儿。在祖国抗战的时代里，我们有着"团结全民、抗战建国"，"争取合理的生活和教育"的任务，但我们也有很多困难，如经济上的支绌。这些困难需要爱护我们的先生们给我们帮助的。

二十九年是新生了！我们希望着我们的任务能早点完成！达到中华民族的自由解放！

香港《星岛日报》1940年4月27日

提高警觉　鬼子特务诱骗厦门儿童
训练他们出来当间谍

【**永安通讯**】漳州电　厦敌特务机关，在去年四五月间招收了一批九岁到十九岁的男女儿童，设班施以各种技术训练，派汪逆文钟为班主任，训练期间六个月，已于十一月中旬完毕。现已由敌舰运到汕头，混入潮汕难民中间，到闽粤内地来刺探军情，指示轰炸目标。我方已注意防范。

重庆《新华日报》1944年1月21日

特　辑　新发现的厦门抗战报道

厦门一惨剧　青年不堪饥饿切腹自杀

【福州二日发专电】厦门米价又趋回涨，老秤每斗七百元，贫民苦不堪言。有青年一人因全家断炊数日，而切腹自杀。

重庆《大公报》1946 年 5 月 4 日

陷害鼓浪屿爱国同胞　日战犯十四名提公诉

【本报讯】日战犯松本一郎，年五十一，日兵库县人，厦门日领馆海军武官；管谷瑞人，年三十二，日枥木县人，厦门日本海军军法会议法务官；浅川浅人，年五十四，日长野县人，厦门日领馆警察署长；木皿直治，年三十三，日宫城县人，厦门日领馆警察署高等特务兼外勤监督；友金一，年三十八，日福冈县人，厦门日领事馆警察署高等特务；引田佐金吾，年三十六，日千叶人，特务；富高增木，年三十二，日大分县人，特务；岛田明，年三十二，日富山县人，厦门日领馆巡查兼看守勤务；佐籘力，年三十二，日东京人，日警察兼拘留所看守；池田利平，年三十九，日佐贺县人，厦门日本海军刑务所看守；政本寅夫，年三十三，日广岛县人，厦门日领事馆海军嘱托；长谷川寿夫，年二十八，日青森县人，厦门日领事馆武官府海军主计；三好正一，年四十四，日岗山县人，厦门伪警察局督察科长；久保田卯一，年四十三，日广岛县人，厦门伪警察局督察科警佐，等十四人，于我对日作战期间，均在厦门地方日本领事馆警察署及伪警察局等处充任要职，当我民国三十四年，日本投降前夕，我民众以爱国心切，精神至表兴奋，平日言论行动，渐表不满，该被告睹情愤怒，乃假以亲英美及血魂团等名词，大肆逮捕，酷刑拷问，并加以非人道之待遇，以致造成鼓浪屿及血魂团等事件。兹将其犯罪事实，分述于左（下）：

鼓浪屿事件被告松本一郎，及管谷瑞人、浅川浅人、木皿直治、友金一、引田佐金吾、富高增木等七人，于民国三十四年五月间，在厦门鼓浪屿地方，以我居民王清辉等系亲英美分子，共同开会议决将王清辉、庄缦星、黄世杰、钟昭（招）明、李世晋等三十余人，先后拘捕，施以酷刑拷问，致钟昭（招）明因过度恐惧，跳楼自杀；其他因伤致死尸骨无存者尚有多人，嗣王清辉等于监狱中，复受看守岛田明、佐籘力、池田利平，加以拷打、火烧等非人道之虐待。再被告松本一郎等，于搜捕居民李世晋时，并将其妻李玉英殴伤致死。

血魂团及公园炸弹案事件，被告久保田卯一、三好正一，乃分任厦门伪警局督察科科长，及警佐职务，于三十四年六月，对我居民曾晓光、李建成等多人，认系血魂团分子，加以逮捕，非刑逼供。至于政本寅夫，则以厦门公园炸弹案，滥捕无辜，在此期间，并曾强奸妇女王绣兰。再被告长谷川寿夫，系任日海军主计，负责货物出口事项，乃对我商民百般留难，勒索没收物品，借以肥己，其事不可胜计。上述事实，经我被害民众王清辉等呈诉厦门警察局转经港口运输司令部，将被告等一并捕获移解本市国防部审判战犯军事法庭。经数度侦查，罪证属实，日前由该庭提起公诉，定于日内开庭公审。

上海《前线日报》1948年4月7日

【后 记】

今年是中国人民抗日战争胜利暨世界反法西斯战争胜利70周年，为铭记这段惨痛、悲壮的历史，纪念来之不易的胜利，我们编写了《厦门抗战岁月》一书，试图较完整地对厦门的抗战史进行初步的梳理，并以通俗的语言加以描述。

本书的内容大部分来自于新近从中国第二历史档案馆搜集的档案资料，以及留学日本的朋友通过查阅日本相关档案寻获的材料，还有部分是编写组从前人的著述中选择辑录改写而成的。特别需要指出的是，本书的内容和编排方式，较前年编写出版的《厦门抗战纪事》，增加了许多鲜为人知的史料，内容基本没有重复，而且还附录了一部分老照片、旧报影、图表、地图等。总体而言，本书比之前出版的有关厦门抗战的历史书籍，史料面广量多。

本书能够顺利出版，得到了厦门市政协领导、有关部门的重视、支持和指导。中国第二历史档案馆、厦门市档案局（馆）、厦门市地方志办公室、厦门市党史办、厦门大学图书馆、厦门市图书馆、思明区侨联、龙海市档案局、厦门日报、厦门晚报、海西晨报、厦门工学院和文史界朋友陈杰中、朱家麟提供了资料线索和材料。九三学社厦门市委员会协助联系中国第二历史档案馆，在该馆档案利用处处长、厦门大学历史系校友杨斌的协助下，厦门守军阻击日军的战斗详报、阵亡将士名单等宝贵资料得以公开。本书采用的照片、报影等图片，由洪卜仁先生收集和提供。王可昌、白克瑞、李向群、叶克豪、洪明章、陈亚元、白桦等收藏家也为本书提供了部分老照片，在此一并致以衷心的感谢。本书的撰写分工如下：第一章，洪卜仁撰写；第二章，何无痕撰写；第三章，洪卜仁、叶胜伟撰写；第四章，宋俏梅、叶胜伟撰写；第五章，李向群撰写；第六章，洪卜仁、叶胜伟、黄挺撰写；第七章，洪卜仁撰写；第八章，洪卜仁、宋俏梅撰写。厦门大学出版社编辑薛鹏志等为本书的出版付出了辛勤的劳动。

距厦门沦陷已七十多年，有关厦门抗战的资料，还有许多不为我们所知和掌握。由于编写时间仓促，难免挂一漏万，轻重失衡。恳请读者给予斧正指导，不胜感激。

编　者
2015年9月3日

图书在版编目(CIP)数据

厦门抗战岁月/洪卜仁主编. —厦门:厦门大学出版社,2015.12
(厦门文史丛书)
ISBN 978-7-5615-5814-0

Ⅰ.①厦… Ⅱ.①洪… Ⅲ.①抗日战争-史料-厦门市 Ⅳ.①K265.06

中国版本图书馆CIP数据核字(2015)第299673号

厦门大学出版社出版发行

(地址:厦门市软件园二期望海路39号 邮编:361008)
总编办电话:0592-2182177 传真:0592-2181406
营销中心电话:0592-2184458 传真:0592-2181365
网址:http://www.xmupress.com
邮箱:xmup@xmupress.com

厦门集大印刷厂印刷

2015年12月第1版 2015年12月第1次印刷
开本:720×1000 1/16 印张:20 插页:3
字数:350千字 印数:1～2 000册
定价:50.00元

本书如有印装质量问题请直接寄承印厂调换